本书为国家自然科学基金项目（编号：71……
成果，并得到北京工业大学日新人才项目的资助。

城市化对家庭能源消费
和碳排放的影响机制

李艳梅　著

科学出版社

北　京

内 容 简 介

随着城市化的快速发展，中国的家庭能源消费必将上升，成为 CO_2 排放的重要增长点。有鉴于此，本书着重研究城市化对家庭能源消费和 CO_2 排放的影响。首先，探讨了城市化对家庭能源消费和 CO_2 排放的影响机理。城市化意味着人类社会生产和生活方式的转变，直接或间接地影响家庭能源消费的总量和结构，进而影响 CO_2 排放。其次，计量了中国城市化对家庭能源消费和 CO_2 排放的影响效应。随着城市化水平的不断提高，全国家庭直接及间接能源消费和 CO_2 排放总量都会持续增加，但是不同区域的影响程度存在明显差异。再次，分析了城乡家庭能源消费及 CO_2 排放的差异及原因。最后，对中国未来城市化发展及家庭能源消费与 CO_2 排放的增长趋势进行了判断，并提出相应的节能减排建议。

本书可供能源经济、低碳经济、城市经济等领域的政府决策者、工作者、科研人员和研究生等参考。

图书在版编目（CIP）数据

城市化对家庭能源消费和碳排放的影响机制 / 李艳梅著 . —北京：科学出版社，2016.6

ISBN 978-7-03-048430-7

Ⅰ.①城… Ⅱ.①李… Ⅲ.①城市化–影响–居民–能源消费–研究–中国②城市化–影响–二氧化碳–废气–排放量–研究–中国 Ⅳ.①F426.2②X511

中国版本图书馆 CIP 数据核字（2016）第 119713 号

责任编辑：刘 超 / 责任校对：彭 涛

责任印制：徐晓晨 / 封面设计：无极书装

科学出版社 出版

北京东黄城根北街 16 号

邮政编码：100717

http://www.sciencep.com

北京中石油彩色印刷有限责任公司 印刷

科学出版社发行 各地新华书店经销

*

2016 年 6 月第 一 版 开本：720×1000 B5

2016 年 6 月第一次印刷 印张：16 1/2

字数：330 000

定价：108.00 元

前　　言

自工业革命以来，世界城市化发展呈不断加速之势。如今，发达国家的城市化已基本完成，近80%的人口居住在了城市；而发展中国家正在跨入城市化快速发展的中期阶段。作为世界上人口数量最多的发展中国家，中国的城市化水平已超过50%，并且正在以每年超过1个百分点的速度增长。

随着城市化的发展，城市逐渐替代农村成为人类生产和生活的主要集聚地。作为承载人类生产和生活活动的两种不同的空间载体，城市和农村在能源消费总量和结构上有很大的区别。城市的基础设施扩张、非农产业发展及生活水平提高，都会推动能源消费总量的急剧增长和结构的快速变化。而以化石燃料为主导的能源消费增长，导致 CO_2 的排放量逐年增大，全球气候变暖已成为国际社会共同关注的焦点。城市化和能源消费以及 CO_2 排放之间存在着密切的联系，因此，城市化过程是影响全球气候变化的最重要的人类活动因素之一。

随着城市化的发展，在能源消费和 CO_2 排放总量增长的同时，各个最终需求部门的能源消费和 CO_2 排放也将发生不同的变化。其中，尤以家庭部门的变化最为显著。对于任何一个国家来说，随着城市化水平的提高，家庭部门的能源消费必将增长。如今，发达国家已基本完成了城市化，因此家庭部门已经成为仅次于工业部门的第二大能源消费主体。长期以来，中国的能源消费主要集中在生产领域，节能重点也集中于生产部门，尤其是工业部门。然而，随着城市化的快速发展，中国的家庭能源消费也必将上升，成为能源消费和 CO_2 排放的重要增长点。因此，中国今后的节能减排重点也将更加向家庭消费领域倾斜。有鉴于此，本书着重研究城市化对家庭能源消费和 CO_2 排放的影响，以期为中国城市化快速发展时期家庭节能减排战略的制定提供参考。

城市化与能源消费和 CO_2 排放的研究起于国外，早期主要研究城市发育对能源和环境的影响。自20世纪50年代以来，城市人口的剧增和规模的扩大，导致了许多资源和环境问题的出现，诸多学者尤其注意到了与城市化进程密切相关的家庭部门能源消费和 CO_2 排放的变化。中国对城市化进程中的能源消费和 CO_2 排放研究较晚，改革开放以来，国内部分学者围绕城市化发展规律、城市化与工业化的关系等方面进行了研究。随着城市化的快速发展，资源环境形势日益严峻，相应的研究也随之展开，主要集中在城市化与能源消费和 CO_2 排放关系的实证分析、能源消费和 CO_2 排放增长原因及预测分析以及城乡家庭能源消费和 CO_2 排放特征及对比研究等方面。

目前，国内外的相关研究主要着眼于国家或区域总体能源消费和 CO_2 排放方面，而专门研究城市化如何影响家庭能源消费和 CO_2 排放的文献却较少。但是随着中国城市化的快速发展，家庭节能减排的重要性将日益凸显。明晰城市化对家庭能源消费与 CO_2 排放影响的机理，探索符合我国国情的家庭节能减排路径，以期为充分挖掘家庭节能减排潜力、取得更好的节能减排效果而提供基本理论和政策分析依据。这正是本书的初衷。

本书在构建城市化对家庭能源消费和 CO_2 排放的影响机理基础上，分析中国城市化对家庭能源消费和 CO_2 排放的影响及区域差异，并对未来的发展趋势做出判断。

首先，探讨了城市化对家庭能源消费和 CO_2 排放的影响机理。城市化与家庭能源消费和 CO_2 排放相互影响。一方面，城市化意味着人类社会生产和生活方式的转变，直接或间接地影响家庭能源消费的总量和结构，进而影响 CO_2 排放。另一方面，家庭能源消费和 CO_2 排放也影响着城市化的发展速度和质量。

其次，在剖析城市化发展进程中家庭能源消费和 CO_2 排放的变化特征基础上，计量了中国城市化对家庭能源消费和 CO_2 排放的影响效应。随着城市化水平的不断提高，全国家庭直接以及间接能源消费和 CO_2 排放总量都会持续增加，但是不同区域的影响程度存在明显差异。

再次，分析了城乡家庭能源消费以及 CO_2 排放的差异及原因。城乡之间家庭能源消费以及 CO_2 排放差异巨大，主要原因在于消费支出的差异，其次还受到消费结构差异等其他因素的影响，并且不同的省份情况又有所不同。

最后，对中国未来城市化发展及家庭能源消费与 CO_2 排放的增长趋势进行了判断，并提出相应的节能减排建议。

前　　言

本书为国家自然科学基金项目（编号：71103012）的研究集成，我的研究生张红丽、孙丽云、赵剑锋、李中原、赵锐、陈豹、刘天舒积极参与了项目的研究工作，在此一并感谢。

书中不足之处，敬请广大读者批评指正。

李艳梅

2016 年 3 月于北京

目　　录

第1章 绪 论

1.1 研究背景和意义

1.1.1 研究背景

(1) 城市化是影响能源消费和碳排放的重要因素之一

世界各国的实践表明，工业化和城市化是国家现代化发展的两大引擎。自工业革命以来，世界城市化发展呈不断加速之势。2014 年，世界城市化水平已达到54%。其中，发达国家的城市化已基本完成，78% 的人口都居住在了城市；而发展中国家的城市化水平也已经达到了 48%（United Nations，2015），跨入了城市化快速发展的中期阶段。作为世界上人口数量最多的发展中国家，中国也正处于城市化的快速发展阶段，1996 年以来，城市化水平年均增长 1.4 个百分点，2013 年达到54%。

随着城市化的发展，城市逐渐替代农村成为人类生产和生活的主要集聚地。作为两种不同的承载人类生产和生活活动的空间载体，城市和农村在能源消费总量和结构上有很大的区别。城市的基础设施扩张、非农产业发展以及生活水平提高，都会推动能源消费总量的急剧增长和结构的快速变化。而以化石燃料为主导的能源消费增长，导致 CO_2 的排放量逐年增大，全球气候变暖已成为国际社会共同关注的焦点。城市化和能源消费以及 CO_2 排放之间存在着密切的联系（Parikh and Vibhooti，1995），城市化过程是影响全球气候变化的最重要的人类活动因素之一（顾朝林等，2009）。

（2）家庭部门成为能源消费和碳排放的重要增长点

随着城市化的发展，在能源消费和 CO_2 排放总量增长的同时，各个最终需求部门的能源消费和 CO_2 排放也将发生不同的变化。其中，尤以家庭部门的变化最为显著。对于任何一个国家来说，随着城市化水平的提高，家庭部门的能源消费必将增长（Perman et al.，2008）。而且这种增长既体现在家庭部门对能源商品的直接消费方面，更体现在对非能源商品和服务的消费而间接引起的能源消费方面，从而家庭部门消费对 CO_2 排放的影响也体现在直接和间接两个方面（Munksgaard et al.，2000）。

如今，发达国家已基本完成了城市化，因此家庭部门已经成为仅次于工业部门的第二大能源消费主体。甚至在一些发达国家居民家庭能源消费已超过了工业部门，如欧盟家庭能源需求在 20 世纪 90 年代就已超过工业能源需求（陆莹莹和赵旭，2008）。因此，家庭消费的节能减排在发达国家的理论研究和政策实践中备受重视。对多个发达国家的已有研究表明，家庭部门的能源消费和 CO_2 排放表现出两个特点：一是家庭成为主要的用能和 CO_2 排放部门；二是家庭用能和 CO_2 排放中间接能源需求所占比重非常高（Kok et al.，2006）。例如，欧洲家庭能源消费中，间接消费占 80% 以上（Biesiot and Noorman，1999）；美国家庭的间接影响是直接用能和 CO_2 排放的两倍多（Shui and Dowlatabadi，2005）。

长期以来，中国的能源消费主要集中在生产领域，节能重点也集中于生产部门，尤其是工业部门。然而，随着城市化的快速发展，中国的家庭能源消费也必将上升（Yusuf and Saich，2008），成为能源消费和 CO_2 排放的重要增长点（Guan et al.，2008），尤其是间接能源消费和 CO_2 排放的增长将更为显著（李艳梅和张雷，2008b）。因此，中国今后的节能减排重点也将更加向家庭消费领域倾斜。

有鉴于此，本书着重研究城市化对家庭能源消费和碳排放的影响，以期为中国城市化快速发展时期家庭节能减排战略的制定提供参考。

1.1.2　研究意义

（1）理论意义

虽然目前已有不少相关研究，但是大量的文献主要着眼于对国家或区域的实证分析方面，而少有文献进行理论剖析。本书欲在理论上做些探索，从能源产品需求和要素需求理论入手，结合城市化进程中生活和生产方式所发生的转变，构建城市化对能源和碳排放的直接和间接影响机理。

（2）现实意义

城市化快速发展期是中国现代化发展的关键阶段，这一阶段中国所取得的社会经济发展成果是前所未有的，但遇到的资源环境挑战同样是前所未有的，其中，尤以能源和碳排放问题最为突出。目前中国对节能减排问题的关注主要集中在生产活动领域，但对家庭消费研究不足，本书欲在该领域做些探索。

而且针对家庭节能减排问题的研究，大多数研究都将重点放在了家庭直接消费上，而对间接消费研究甚少。事实上，在城市化快速发展阶段，家庭间接能源消费和碳排放的变化非常显著。因此，对中国家庭节能减排的关注不能再仅仅停留在直接影响的计量和预测上，而应更多地集中在家庭间接能源消耗以及对碳排放的影响上。本书在分析家庭直接能源消费和碳排放的基础上，进一步将研究视角扩展到家庭间接能源消费和碳排放领域，以期为充分挖掘家庭节能减排潜力、取得更好的节能减排效果提供基本理论和政策分析依据。

1.2　国内外研究进展

1.2.1　国外研究进展

长期以来，对城市化的研究主要集中在城市化进程的阶段性规律、城市化与经济发展以及工业化的关系等方面。但是自 20 世纪 50 年代以来，城市人口的剧增和规模的扩大，导致了许多资源和环境问题的出现。从此，国外逐步开始加大了城市化发展对能源消耗及环境污染的影响方面的研究力度，尤其注意到了家庭能源消费和碳排放的变化。相关研究主要集中在以下三个方面。

第一，早期城市发育对能源和环境的影响。工业革命之前，虽然大规模的城市化尚未开始，但是燃料大量消耗和结构改变的大城市所产生的环境污染已开始逐渐引起人们的注意。例如，早在 1306 年，英国国王爱德华一世就曾颁布诏书，禁止伦敦工厂在国会开会期间用煤，以防煤烟污染（宋永昌等，2000）。

第二，城市化发展对能源消费和温室气体排放的影响。18 世纪中叶工业革命开始后，大规模城市化开始了，给人类带来重要文明成果的同时，所面临的资源环境问题也逐渐凸显。其中，城市化与能源消费之间的关系，尤其引人关注。已有研究揭示出，城市化水平与人均能源消费水平之间存在高度的相关性（Hiroyuki，1997），城市化进程的加快带动了能源消费水平的上升；而且还对能源消费结构提出新的要求，随着城市化的发展，发展中国家由石油替代煤炭消费的过程正在加速（Jones，1991）。而且城市化水平和能源消费及温室气体排放之间也存在很强的相关性（Wang，2014）。

第三，城市化进程中家庭能源消费和碳排放的变化。随着城市化的发展，各个部门的能源消费都将发生变化，尤其是与城市化进程密切相关的家庭部门能源消费方面，更是引起了许多学者关注。随着城市化的推进，家庭能源消费相应增加，并且结构随之发生变化：一是由直接燃烧煤炭和有机物而转向使用电力、石油、天然气等较清洁的能源；二是诸如煮饭、照明等基本需求所消费的能源比例下降，而空调、冰箱等家用电器的能源消费比例上升；三是居民出行方式的变化大大增加了交通燃料消费。因此，随着城市化的快速发展，家庭已成为发展中国家能源消费和碳排放增长的主要部门（Gates and Yin，2004；Zhang et al.，2015）。

1.2.2　国内研究进展

改革开放前，中国的城市化进展缓慢，对城市化的研究也非常薄弱。因此，中国对城市化的研究主要是改革开放以后的事情（叶裕民，2001）。起初国内对城市化的研究主要集中在城市化发展道路、城市化发展规律、城市化与工业化的关系等方面。后来由于中国城市化快速发展进程中不同程度地出现了资源短缺和环境污染问题，相应的研究也随之展开。其中，城市化进程中的能源消费和碳排放问题也引起了关注，这类研究主要集中在以下三个方面。

第一，城市化水平与能源消费和碳排放关系的实证分析。相关分析表明，中国的城市化水平与煤炭、石油、天然气消费量之间都存在较强的相关关系（Shen et al.，2005）；协整分析与格兰杰因果关系检验表明，城市化水平与能源消费和碳排放之间存在协整关系，并存在单向的格兰杰因果联系（刘耀彬，2007；孙慧宗和李久明，2010；徐丽杰，2014）。

第二，能源消费和碳排放增长原因及预测分析。对于中国能源消费或碳排放增长原因的研究，常常采用分解分析的方法，计量能源消费或碳排放增长的若干影响因素的贡献（梁进社等，2009；张成龙等，2013）。而对于未来能源消费及碳排放增长的预测，常常采用情景分析法，在设计未来发展情景时，城市化被作为一个重要的参数（Liang et al.，2007；国家发展和改革委员会能源研究所课题组，2009）。已有研究结果表明，城市化的确对能源消费和碳排放有着重要影响（林伯强和刘希颖，2010）。

第三，城乡家庭能源消费和碳排放特征及对比研究。国内对家庭能源消费和碳排放的研究，主要集中在农村家庭能源消费及其对环境影响的评价（Li et al.，2009）、城市家庭能源消费结构演变（王研和石敏俊，2009）以及城市与农村家庭能源消费和 CO_2 排放的比较（Cai et al.，2008）等方面。已有研究表明，无论是家庭直接还是间接能源消费以及 CO_2 排放，城市都远远高于农村（Wei et al.，2007）。

综上所述，目前国内外的相关研究主要着眼于城市化对国家或区域总体能源消费和碳排放的影响方面，而专门研究城市化对家庭能源消费和碳排放影响的文献却较少。但是随着中国城市化的快速发展，家庭节能减排的重要性将日益凸显。这正是本书进行研究的初衷所在。

1.3　研究目标和内容

1.3.1　研究目标

本书的研究目标有三个：一是揭示城市化发展对家庭能源消费和碳排放的影响机理；二是评价中国城市化发展对家庭能源消费和碳排放的影响效应；三是探讨中国城市化快速发展期家庭节能减排途径。

1.3.2　研究内容

在构建城市化对家庭能源消费和碳排放的影响机理基础上，分析中国城市化对家庭能源消费和碳排放的影响及区域差异。主要研究内容如下。

（1）城市化对家庭能源消费和碳排放的影响机理

城市化进程中，随着人口从农村向城市迁移，人们的生活和生产方式都会发生根本改变。由于能源是生活中的必需品以及生产活动所必需的基本生产要素，因此生活和生产方式的改变会直接或间接地影响家庭能源消费的总量和结构，进而影响碳排放。

（2）中国城市化进程中家庭能源消费和碳排放变化特征

首先分析了中国城市化的发展阶段及其发展特征，然后剖析了城市化发展进程中家庭直接能源消费和碳排放的变化特征，以及家庭间接能源消费和碳排放的变化特征，并进一步对家庭直接与间接能源消费和碳排放特征进行了对比。

（3）中国城市化对家庭能源消费和碳排放的影响效应

首先从时间维度分析了全国城市化发展对家庭能源消费与 CO_2 排放的影响效应；然后拓展到空间维度，基于全国 30 省（直辖市、自治区）（除港、澳、台和西藏之外）的面板数据，分析了城市化发展对家庭能源消费与 CO_2 排放影响效应的区域差异。

（4）中国家庭能源消费和碳排放城乡差异的分解分析

无论是全国层面，还是省域层面，城镇和农村家庭的直接以及间接能源消费和碳排放均存在巨大差异。这种差异的原因何在呢？运用分解分析方法，对全国和典型省份的城乡差异原因进行了分析。

（5）中国城市化快速发展阶段家庭能源消费与碳排放预测

从现在起直至 2020 年，中国的城市化水平将依旧保持较快的发展速度，以年均提高大约 1 个百分点的水平增长。因此家庭能源消费和碳排放也将随之发生相应的变化。以 2020 年为目标期，对中国家庭部门的直接能源消费和碳排放总量及其在终端部门中所占比重、直接能源消费和碳排放的燃料结构进行预测；并对间接能源消费和碳排放总量及其在最终需求部门中所占比重、间接能源消费和碳排放的部门结构进行预测。

(6) 中国城市化发展进程中家庭节能减排途径分析

在上述研究的基础上，探讨城市化快速发展时期家庭节能减排的具体途径。家庭直接能源消费和碳排放的减少途径可以概括为两条：一是节约家庭直接能源消费数量；二是优化家庭直接能源消费结构。家庭间接能源消费和碳排放的减少途径可以概括为三条：一是提高产业部门的能源效率；二是降低高耗能产业部门比重；三是提倡适度节约型消费模式。

(7) 中国城市化发展进程中家庭节能减排政策措施

纵观已进入城市化后期的发达国家的家庭节能减排政策，可以概括为激励型政策和约束型政策两类。据此，中国家庭节能减排的政策措施，也可以概括为激励与约束两种类型。具体而言，城乡之间，乃至不同区域之间又会有所侧重。

1.4　研究思路和方法

1.4.1　研究思路

本书研究的技术路线是：首先构建理论框架；然后运用数据收集、实地考察、数量分析等手段，对中国实践进行深入分析（图 1-1）。

具体而言：

第一步，构建理论框架，从能源产品和要素需求理论视角，揭示城市化发展进程中，生活和生产方式变化对家庭直接和间接能源消费和碳排放的影响机理。

第二步，整理归纳历史数据，对中国城市化进程中家庭能源消费和碳排放变化特征进行剖析。

第三步，运用投入产出分析方法和协整分析方法，从时间序列维度，计量中国城市化发展对家庭能源消费和碳排放的直接和间接影响；运用面板协整分析方法和分解分析方法，从省际差异和城乡差异两个维度，分析城市化水平对家庭能源消费和碳排放影响的空间差异进行比较。

第四步，在对历史数据进行分析的基础上，预测中国城市化快速发展期家庭

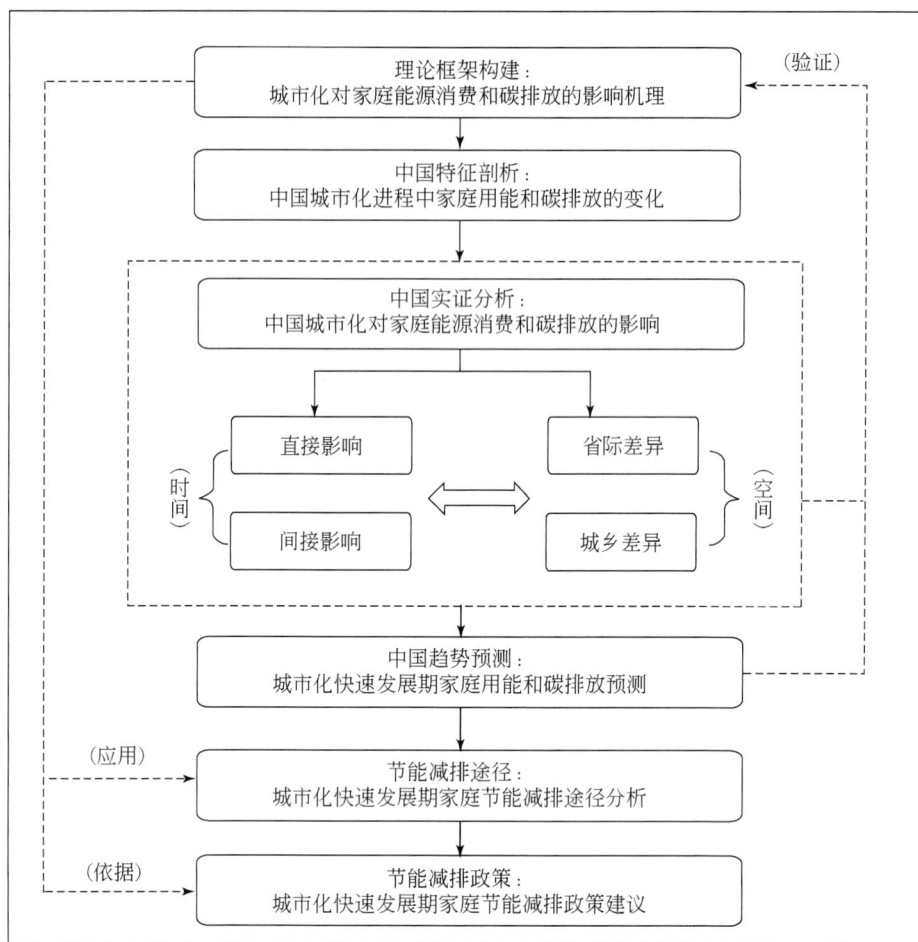

图 1-1 技术路线图

能源消费和碳排放变化趋势。

第五步，以理论分析为指导，以实证分析为基础，并进一步探索家庭直接和间接节能减排途径，并提出相应的激励和约束政策措施。

1.4.2 研究方法

本书采用了多种分析方法，主要如下。

(1) 投入产出分析

城市化发展进程中，家庭的直接和间接能源消费都将增长，并且后者尤为明显。而投入产出分析恰恰是能准确计量间接能源消费的分析工具，因此本书将运用投入产出分析方法，对家庭间接能源消费和碳排放进行计量和分析。

(2) 分解分析方法

分解分析方法是通过对数学恒等式的转化运算，把目标变量分解成若干关键因素进行分析，并计算各因素对目标变量变化的相对影响程度，主要有指数分解和结构分解两种技术。本书运用指数分解法分析了全国城乡家庭直接能源消费以及碳排放差异的原因，运用结构分解法剖析了城乡家庭间接能源以及碳排放差异的原因。

(3) 协整分析和格兰杰因果检验法

运用协整分析法分析城市化与家庭能源消费和碳排放之前是否具有长期稳定关系。进一步运用格兰杰因果检验法，检验二者之间是否存在因果关系。

(4) 空间面板分析

中国城市化发展水平的空间差异显著，如果只从时间维度对全国家庭能源消费总量和碳排放数据进行分析，恐怕难以揭示这种十分显著的区域空间差异。空间面板数据分析方法非常适宜于从空间维度对区域差异问题进行分析，因此本书运用该方法，对不同城市化水平地区的家庭能源消费和碳排放差异进行比较。

(5) GIS 空间分析

运用 GIS 空间分析技术，将中国家庭能源消费和碳排放的空间格局进行可视化表达，直观反映处于不同城市化发展水平的各个省（直辖市、自治区）家庭用能和碳排放的动态演化过程。

1.4.3　数据来源

本书中所涉及的相关数据，除特殊说明外，城镇人口、总人口和 GDP 等数据均来源于各年的《中国统计年鉴》。

能源消费数据来源于各年的《中国能源统计年鉴》；各类能源的 CO_2 排放系数来自 2006 年 IPCC（表 1-1）。

表 1-1 各类能源的 CO_2 排放系数 （单位：tCO_2/TJ）

原煤	洗精煤	其他洗煤	型煤	焦炭	焦炉煤气	其他煤气	原油	汽油	煤油	柴油	燃料油	液化石油气	炼厂干气	天然气
94.6	94.6	94.6	97.5	107.0	44.4	44.4	73.3	70.0	71.9	74.1	77.4	63.1	57.6	56.1

全国热力的 CO_2 排放系数根据 IPCC 计算方法得出，即以热力生产所消耗的其他能源产生的 CO_2，除以热力生产量；全国电力的 CO_2 排放系数也是根据 IPCC 计算方法得出，结果如图 1-2 所示。

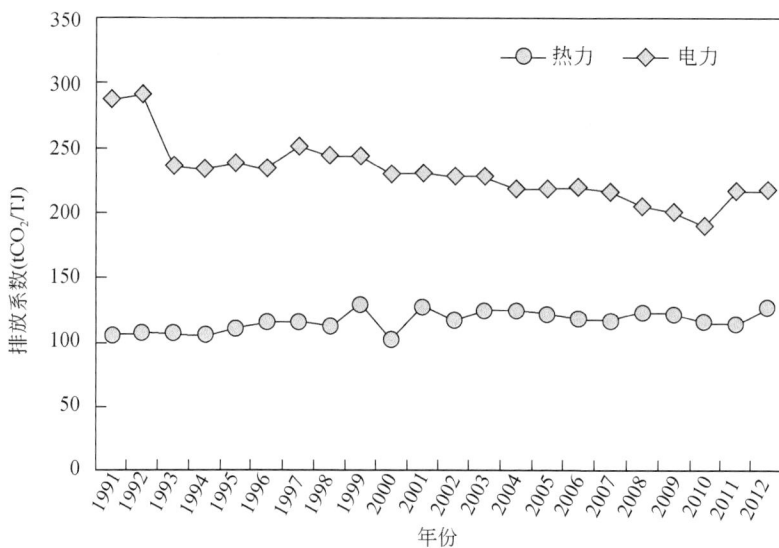

图 1-2 全国电力和热力的 CO_2 排放系数（1991～2012 年）

各省份热力的 CO_2 排放系数同样根据 IPCC 计算方法得出，即以热力生产所消耗的其他能源产生的 CO_2，除以热力生产量。由于 2000～2012 年各省的热力系数变化不大，故仅列出各省的热力系数平均值（表 1-2）。

表 1-2 各省份热力的 CO_2 排放系数值（2000～2012 年均值）

（单位：tCO_2/TJ）

省份	系数	省份	系数	省份	系数
安徽	116	黑龙江	155	山东	114
北京	88	湖北	122	山西	116
福建	112	湖南	110	陕西	149
甘肃	110	吉林	132	上海	102
广东	93	江苏	109	四川	105
广西	153	江西	134	天津	108
贵州	292	辽宁	130	新疆	109
海南	57	内蒙古	160	云南	149
河北	122	宁夏	120	浙江	104
河南	124	青海	245	重庆	98

各省电力的 CO_2 排放系数来源于 2009 年《中国区域电网基准线排放因子的公告》（表 1-3）。

表 1-3 各省份电力的 CO_2 排放系数 （单位：$kgCO_2/TJ$）

省份	所属区域电网	CO_2 排放因子
北京、天津、河北、山西、山东、内蒙古	华北区域电网	28.0×10^4
辽宁、吉林、黑龙江	东北区域电网	31.4×10^4
上海、江苏、浙江、安徽、福建	华东区域电网	24.5×10^4
河南、湖北、湖南、江西、四川、重庆	华中区域电网	31.3×10^4
陕西、甘肃、青海、宁夏、新疆	西北区域电网	28.5×10^4
广东、广西、云南、贵州	南方电网	27.8×10^4
海南	海南电网	22.7×10^4

1.5 研究对象与概念界定

本书以城市化对家庭能源消费以及碳排放的影响为研究对象，此处试图对"城市化""家庭直接能源消费以及碳排放""家庭间接能源消费以及碳排放"的概念和计算方法进行界定，并不是企图给出准确无误的概念和方法，而只是希望对本书的研究对象加以明确。

1.5.1 城市化

城市化对应的英文单词是 urbanization，也有学者称其为城镇化，其实这两个词并无实质性的差别，只是城镇化更强调城镇的作用而已，本书按照习惯使用城市化这一术语。

对于城市化的涵义，不同的学科分别依据各自的角度而有不同的理解。例如，人口学认为城市化是农村人口转变为城市人口的过程；地理学认为城市化是农村地区转变为城市地区的过程；社会学认为，城市化是由农村生活方式转化为城市生活方式的过程；经济学认为，城市化是由农村自然经济转化为城市社会化大生产的过程等。

虽然城市化已被公认为是当今世界上重要的经济、社会现象之一，但是关于城市化的定义，尚无一致的认识，不同的学者对这一概念作了不同的理解和阐述。本书认为，城市化是从农业和农村社会的生产和生活方式向工业和城市社会的生产和生活方式转变的过程。主要表现为人口由农村向城市集聚、产业结构由第一产业为主导向第二、三产业为主导转变以及随之而发生的其他经济社会特征变化。因此，城市化虽然集中表现为人口不断由农村向城镇迁移，但它绝不仅仅意味着农村人口进入城镇，而是经济发展和社会进步的综合体现。

对城市化水平的测度，有单一指标法和综合指标法。度量城市化最简单、最常用的指标就是城市化率，即一个国家或地区城市（城镇）人口占总人口的比重。虽然该指标存在缺点，如由于各国设市标准不同而存在差异，而且不能反映城市化的全部内涵。但是鉴于其既简单易行，又便于进行国际比较，本书还是采用全球通用的城市化率来度量城市化水平（李艳梅，2007）。计算公式如下：

$$UR = UP/TP \tag{1-1}$$

式中，UR 为城市化水平；UP 为城镇人口（居住在城镇范围内的全部常住人口）；TP 为总人口。

1.5.2 家庭直接能源消费和碳排放

家庭直接能源消费和碳排放是指家庭用于炊事、照明、取暖、洗浴、娱乐、私人交通等活动而对能源商品的直接购买和消费及其所引起的碳排放。家庭各类直接能源消费量数据通过《中国能源统计年鉴》获得；在此基础上，通过碳排放系数法计算家庭直接碳排放量，公式如下：

$$\mathrm{DC} = \sum_{i=1}^{n} \mathrm{DC}_j + \mathrm{DC}_e + \mathrm{DC}_h = \sum_{i=1}^{n} \mathrm{DE}_j \times \delta_j + \mathrm{DE}_e \times \delta_e + \mathrm{DE}_h \times \delta_h \quad (1\text{-}2)$$

式中，DC 是家庭直接 CO_2 排放量；DC_j 是家庭直接消费第 j 类能源所产生的 CO_2 排放量；DC_e 是家庭直接消费电力所产生的二氧化碳排放量；DC_h 是家庭直接消费热力所产生的 CO_2 排放量，DE_j 是家庭直接消费的第 j 类能源；δ_j 是第 j 能源的 CO_2 排放系数（数据来自于 IPCC 2006，详见表 1-1），DE_e 和 DE_h 是家庭的电力和热力消费量；δ_e 和 δ_h 是电力和热力的 CO_2 排放系数，计算公式如下：

$$\delta_e = \frac{C^e}{E^e} = \frac{\sum_{j=1}^{n} C_j^e}{\sum_{j=1}^{n} E_j^e} = \frac{\sum_{j=1}^{n} E_j^e \times \delta_j}{\sum_{j=1}^{n} E_j^e} \quad (1\text{-}3)$$

$$\delta_h = \frac{C^h}{E^h} = \frac{\sum_{j=1}^{n} C_j^h}{\sum_{j=1}^{n} E_j^h} = \frac{\sum_{j=1}^{n} E_j^h \times \delta_j}{\sum_{j=1}^{n} E_j^h} \quad (1\text{-}4)$$

式中，C^e 和 C^h 分别为电力生产和热力生产过程中产生的二氧化碳排放量；E^e 和 E^h 分别为电力生产和热力生产过程中的能源消费总量；C_j^e 和 C_j^h 分别为电力生产和热力生产过程中消费能源 j 产生的二氧化碳量；E_j^e 和 E_j^h 分别为电力生产和热力生产过程中能源 j 的消费量。

1.5.3　家庭间接能源消费和碳排放

家庭间接能源消费和碳排放是指家庭消费其他非能源商品和服务而间接消耗的能源及其所引起的碳排放。

家庭间接能源消费量以及碳排放量无法通过统计年鉴直接获得，需要采用相关方法进行计算。目前主要有投入产出分析、生命周期评价、家庭代谢分析以及生活方式分析（李艳梅等，2014）。考虑到数据的可获得性，本书利用投入产出方法计算家庭间接能源消费以及碳排放。

家庭间接能源消费计算公式如下：

$$IE = D \times (I - A)^{-1} \times YC \tag{1-5}$$

式中，IE 为家庭间接能源消费总量；D 为生产部门的直接能源消耗系数矩阵，其元素 d_j 表示第 j 部门单位产出的直接能源消耗量；$(I-A)^{-1}$ 为列昂惕夫逆矩阵，表示第 j 种产品增加一个单位的最终使用时对第 i 种产品的完全需要量；YC 为家庭消费支出列向量。

家庭间接 CO_2 排放总量的计算公式如下：

$$IC = C \times (I - A)^{-1} \times YC \tag{1-6}$$

式中，IC 为家庭间接 CO_2 排放总量；C 为生产部门直接 CO_2 排放强度矩阵；$(I-A)^{-1}$ 为列昂惕夫逆矩阵；YC 为家庭消费支出列向量。

C 的计算公式如下：

$$C = \begin{bmatrix} C_1 \\ C_2 \\ C_3 \\ \vdots \\ C_n \end{bmatrix} = \begin{bmatrix} TC_1/X_1 \\ TC_2/X_2 \\ TC_3/X_3 \\ \vdots \\ TC_n/X_n \end{bmatrix} \tag{1-7}$$

式中，C_j 为部门 j 的直接 CO_2 排放强度；TC_j 为部门 j 的直接 CO_2 排放总量；X_j 为部门 j 的总产出，其计算公式如下：

$$\begin{bmatrix} X_1 \\ X_2 \\ \vdots \\ X_n \end{bmatrix} = \begin{bmatrix} 1 - \sum\limits_{i=1}^{n} a_{i1} & 0 & \cdots 0 \\ 0 & 1 - \sum\limits_{i=1}^{n} a_{i2} & \cdots 0 \\ \vdots & \vdots & \vdots \\ 0 & \cdots 0 & 1 - \sum\limits_{i=1}^{n} a_{in} \end{bmatrix}^{-1} \times \begin{bmatrix} V_1 \\ V_2 \\ \vdots \\ V_n \end{bmatrix} \tag{1-8}$$

式中，a_{ij} 为每生产单位 j 部门产品，要消耗 i 部门产品的数量；V_j 为部门 j 总增加值。YC 为家庭消费支出列向量，其计算公式如下：

$$YC = \begin{bmatrix} YC_1 \\ YC_2 \\ YC_3 \\ \vdots \\ YC_n \end{bmatrix} = \begin{bmatrix} YC_1/YC_T \\ YC_2/YC_T \\ YC_3/YC_T \\ \vdots \\ YC_j/YC_T \end{bmatrix} \times YC_T \tag{1-9}$$

式中，YC_j 为家庭对部门 j 的消费支出；YC_T 为家庭对所有部门的总消费支出。

由于统计部门公布的投入产出表不连续，所以为了获得连续的数据以方便进一步分析，本书假设列昂惕夫逆矩阵 $(I-A)^{-1}$、家庭消费部门结构 $\dfrac{YC_j}{YC_T}$、中间投入率 $\sum_{i=1}^{n} a_{ij}$ 这 3 个变量在 2~3 年内保持不变（历史数据表明，其在 2~3 年内确实变化不大）。

并且为了与分行业能源消费的数据保持一致，将全国投入产出表合并为 15 个部门（表1-4）。将各个省份的投入产出表合并为 6 个部门，即农业、工业、建筑业、交通运输仓储邮政业、批发零售贸易餐饮业以及其他服务业。

表1-4 全国投入产出表的15部门

代码	部门
S1	农业
S2	采掘业
S3	食品制造业
S4	纺织、缝纫及皮革产品制造业
S5	炼焦、煤气及石油加工业
S6	化学工业
S7	建筑材料及其他非金属矿物制品业
S8	金属产品制造业
S9	机械设备制造业
S10	其他制造业
S11	电力及蒸汽、热水生产和供应业
S12	建筑业
S13	运输邮电业
S14	商业饮食业
S15	其他服务行业

第 2 章　城市化对家庭能源消费和碳排放的影响机理

如第 1 章所述，已有诸多文献围绕城市化与家庭能源消费和碳排放关系进行了研究。但已有文献都是基于实证分析方法，基于某个国家或区域的历史数据，对它们的关系进行数量分析和验证，而鲜有文献进行理论分析和归纳。本章将从理论分析视角出发，归纳城市化对家庭能源消费和碳排放的影响机理。

对于城市化的涵义，不同的学科有不同的理解。按照《中华人民共和国国家标准城市规划基本术语标准》的定义，城市化是指人类生产和生活方式由农村型向城市型转化的历史过程。因此城市化过程主要会发生两种转变，一是生产方式转变，二是生活方式的转变。前者是后者的前提和基础，后者是前者的目标和动力，两者相辅相成，不可分割。

实际上，如第 1 章所述，城市化虽然集中表现为人口不断由农村向城镇迁移，但它绝不仅仅意味着农村人口进入城镇，而是经济发展和社会进步的综合体现。城市化是从农业和农村社会的生产和生活方式向工业和城市社会的生产和生活方式转变的过程。主要表现为人口由农村向城市集聚、产业结构由第一产业为主导向第二、三产业为主导转变以及随之而发生的其他经济社会特征变化。

城市化与家庭能源消费和碳排放相互影响。一方面，城市化对家庭能源消费和碳排放产生重要影响。由于能源是生活中的必需品和生产活动所需的基本生产要素，因此生活和生产方式的改变会直接或间接地影响家庭能源消费的总量和结构，进而影响碳排放。首先，生活方式的改变，直接影响着家庭能源商品需求的数量、结构和碳排放。其次，生活方式的改变，也会影响其他非能源商品和服务需求，进而间接影响能源要素需求和碳排放。再次，生产方式的改变，直接影响能源要素需求。这种能源要素需求数量和结构的变化，会影响生产部门的能源消费和碳排放，进而影响家庭间接能源消费和碳排放。

当然另一方面，家庭能源消费和碳排放也影响着城市化的发展。首先，充足的家庭和生产部门能源消费，是保障城市化发展的重要物质基础；其次，家庭和生产部门碳排放量的多寡,影响着城市化的发展质量(图2-1)。

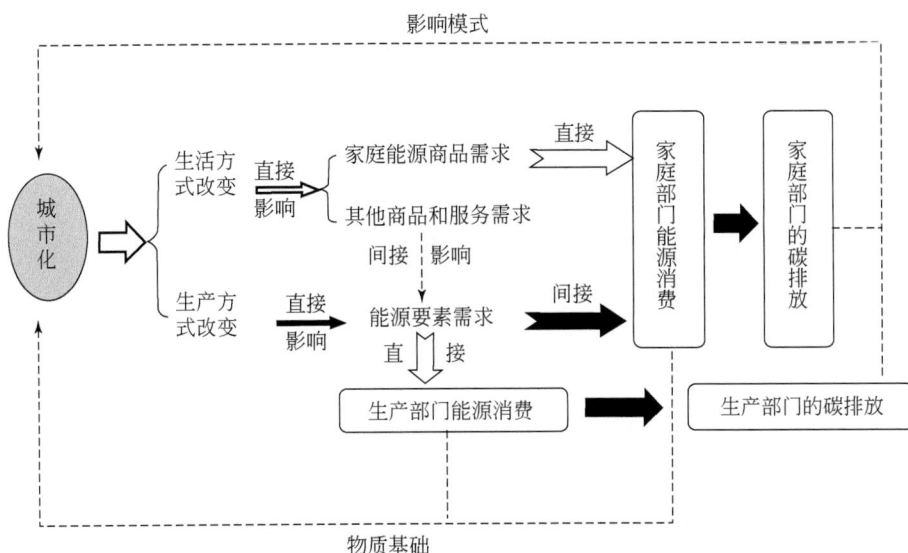

图 2-1 城市化与家庭能源消费和碳排放的关系

2.1 城市化对家庭能源消费和碳排放的影响机理

2.1.1 城市化进程中生活方式和生产方式的转变

如上所述,城市化发展进程中,家庭生活方式由农村型向城市型转化。概括起来,主要表现为如下三个方面的特征:第一,家庭聚居空间从农村向城市转移;第二,从事职业从农业向非农业转变;第三,收入和消费水平从低向高转变。

2.1.1.1 城市化进程中生活方式的转变

(1) 家庭聚居空间从农村向城市转移

城市化首先表现为大量农村人口进入城市,城市人口比重不断提高。因此,城市人口占总人口的比重是国际上最通用的衡量城市化的指标。从世界范围内来看，自 18 世纪中叶的产业革命以来，城市人口在总人口中的比重不断提高，城市逐渐成为人类的主要聚居地。1950 年，全世界只有 30% 的人口居住在城市。到了 2014 年，全世界已有 54% 的人口居住在了城市，在北美这一比例高达 82%，欧洲高达 73%。非洲和亚洲的比例分别为 40% 和 48%，但是发展的速度更快，预计 2050 年分别会达到 56% 和 64%（United Nations，2015）。

城市化浪潮在世界范围内的兴起和发展，使得家庭的主要聚居空间发生了从农村向城市的转移，聚居形态从低密度分散向高密度集中转变。随着家庭从农村向城市集中，其生活活动的空间范围也从农村向城市转移。

（2）从事职业从农业向非农业转换

人口从农村迁移到城市以后，首先发生的变化就是从事的职业由农业转变为工业或服务业，身份从农民变为了工人、商人或其他。因此城市化过程中，除了产业结构发生变动以外，还伴随着劳动者的就业结构转变。

钱纳里和塞尔奎因的研究显示，城市化水平上升与非农产业的就业比例的上升基本同步（工业化与城市化协调发展研究课题组，2002）（表 2-1）。

表 2-1　城市化与就业结构变动

城市化（%）	12.8	22	36.2	43.9	49	52.7	60.1	63.4	65.8
非农业就业比重（%）	28.8	34.2	44.3	51.1	56.2	60.5	70	74.8	84.1

资料来源：钱纳里和塞尔奎因，1989；工业化与城市化协调发展研究课题组，2002

中国的城市化水平与非农产业就业比重也表现出相同的发展趋势（图 2-2），1978～2012 年，以城市人口占总人口比重衡量的城市化从 18% 上升到 53%，提高了 35 个百分点；同期非农产业就业人口比例从 30% 提高到 66%，增加了 36 个百分点。可见，城市化水平不断提高的过程，也是非农产业就业比例不断提高的过程。

一般来说，在城市化的初期阶段，从农村迁移到城市的人口主要从事劳动密集型的轻工业生产活动；到了城市化和工业化的中期阶段，由于资本和技术密集型的重工业的加快发展，从事工业生产的劳动力相对减少，从事服务业劳动者开始增多；到了城市化和工业化的后期阶段，第三产业成为吸纳劳动力的主要产业。2012 年，我国三次产业就业人员的结构为 34：30：36，第三产业已经超过了第一、第二产业。

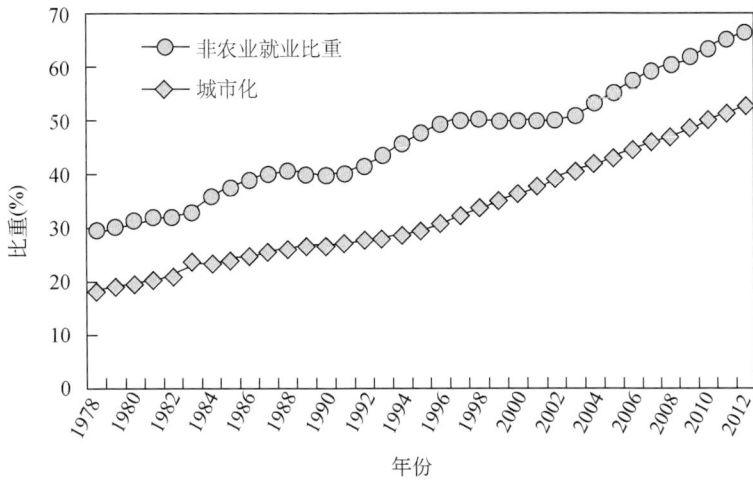

图 2-2　中国城市化与就业结构的变动（1978～2012 年）

资料来源：《中国统计年鉴》2000～2014

（3）收入和消费水平从低向高转变

城市化过程中，随着收入水平的提高，居民家庭的消费水平不断提高、消费结构不断升级。

1）城市化对收入的影响。许多学者的研究证实，城市化与经济增长之间存在密切的关系（周一星，1995）。因此随着城市化水平的不断提高，经济规模不断扩大，全社会的总体收入水平不断提高。对中国 1978～2013 年的数据进行回归分析，结果显示城市化水平与人均 GDP 高度相关，相关系数达到 0.93，而且，城市化水平每提高 1 个百分点，促进人均 GDP（1978 年不变价）增长 247 元（图 2-3）。

消费是收入的函数，收入的变化是导致消费变化的重要原因。城市化与收入增长之间存在着密切的关系。按照托达罗的观点，人口之所以从农村转移到城市，是因为预期个人收入会增加（迈克尔，1999）。农业劳动者迁入城市的动机主要取决于城乡预期收入差异，差异越大，流入城市的人口越多。用公式表示为

$$M = f(d), \quad f' > 0 \tag{2-1}$$

式中，M 为人口从农村迁入城市的数量；d 为城乡预期收入差异；$f' > 0$ 为人口流动是预期收入差异的增函数。

— 19 —

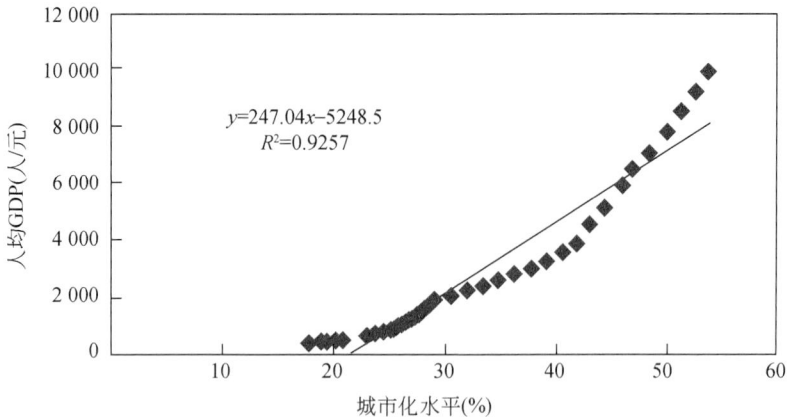

图 2-3　中国城市化与人均 GDP 增长（1978～2013 年）

资料来源：《中国统计年鉴 2014》

农业部门预期收入等于未来某年的实际收入，现代工业部门的预期收入则等于未来某年的预期实际收入与城镇就业概率的乘积。这样城乡预期收入差异可以表示为

$$d = w\pi - r \qquad (2\text{-}2)$$

式中，w 为城市实际工资率；π 为城市就业概率；r 为农村平均收入。

事实表明，城镇居民家庭人均可支配收入确实远远高于农村居民家庭人均纯收入。图 2-4 显示了中国改革开放以来城乡收入的变化趋势，城镇居民家庭人均可支配收入年均增长 12%，而农村居民家庭人均纯收入年均增长 8%（1978 年不变价）。因此城乡收入差距不断扩大，二者差异从 1980 年的两倍扩大到 2013 年的 3 倍。由此可见，城乡预期收入差异导致农村人口向城市迁移，农村人口迁移到城市以后，个人收入确实会增加，因此城市化过程伴随着人均收入水平的不断增长。

2）收入对居民家庭消费的影响。收入的增加会促使居民家庭消费支出增加。由图 2-5 可以看出，1990 年以来，城镇居民家庭的人均消费支出与城镇居民家庭人均可支配收入，农村居民家庭人均消费支出与农村居民家庭人均纯收入都保持着同步的增长。并且随着收入之间的差距不断拉大，消费支出之间的差距也越来越大。

城市化过程中，当人口从农村迁移到城市以后，除了收入变化促使其增加消费之外，消费习惯和生活环境的变化也会影响其消费行为，而且原有城市居民的

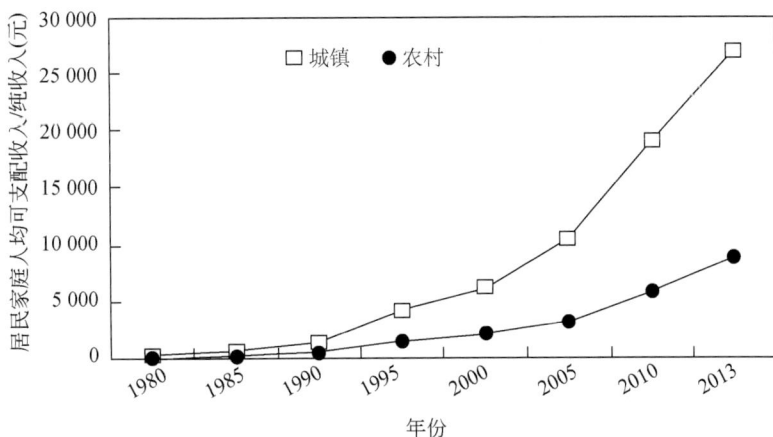

图 2-4　中国城乡居民家庭人均收入差异（1980～2013 年）

资料来源:《中国统计年鉴 2014》

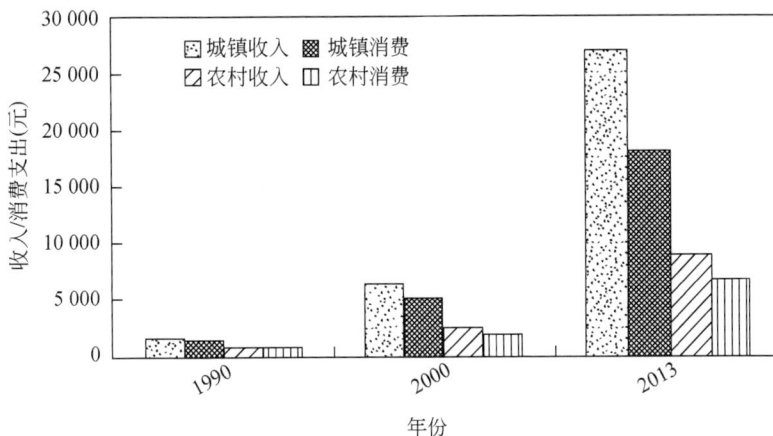

图 2-5　中国城乡居民家庭人均收入与消费支出（1990～2013 年）

资料来源:《中国统计年鉴 2014》

消费行为还会对新迁入城市的居民消费产生示范效应。另外，居民的消费还会受到供给和基础设施的约束，由于城市比农村拥有更完善的基础设施和更丰富的商品和服务供给，因而城市居民的消费水平往往比农村居民高出许多。2012 年中国农村人口占全国总人口的 47%，但农村居民消费只占全国居民消费的 22%，城乡消费与人口比重的差距高达 25%。

城乡居民除了在消费水平上存在巨大差异外，消费结构也显著不同。改革开放以来，城乡居民的消费结构都在不断升级，农村和城镇居民家庭的恩格尔系数都在不断下降，而且二者的差异也在不断缩小。1978～2013 年，分别从 68% 和 58% 下降为 35% 和 38%（图 2-6）。说明与城镇相比，农村居民更多地支出用于食品消费，而用于住行、文化教育、服务等消费支出相对较少。因此，虽然城镇与农村的消费结构都起了很大的变化，但城镇的消费结构还是优于农村。

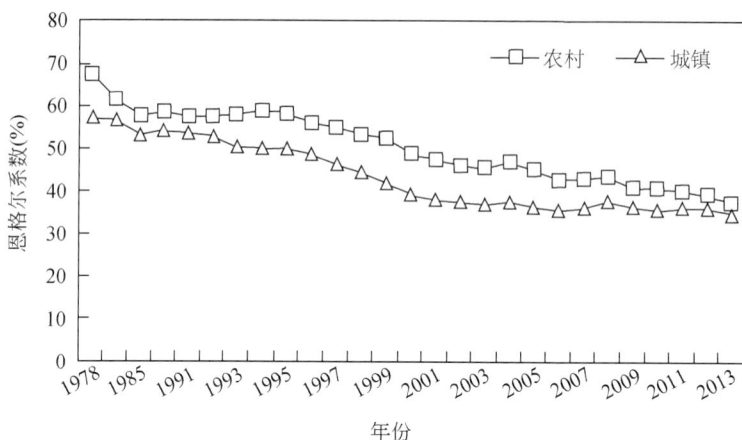

图 2-6　城镇和农村居民的恩格尔系数比较（1978～2013 年）

资料来源：《中国统计年鉴 2014》

2.1.1.2　城市化进程中生产方式的转变

城市化意味着生产方式的改变，即从传统农业和农村社会的生产方式向现代工业和城市社会的生产方式转变。从空间形式上来看，生产活动从农村向城市集中；从生产的组织形式上来看，自给自足经济向分工经济转变；从结构上来看，农业的产出比例逐步下降，非农产业的产出比例逐步上升，而且各产业内部的结构也在不断演进。

（1）生产活动聚集空间从农村向城市集中

虽然城市的产生大约已有五千多年的历史，但是在前工业社会时期，也即农业文明占主导地位的阶段，城市数量少、规模小，维持着一种低水平的发展。18 世纪中叶工业革命开始以后，工业化和城市化成为经济和社会发展的两大主旋律，二者相辅相成，不可分割，工业化是城市化的经济内涵，城市化是工业化的空间表现形式（叶裕民，2001）。

在传统的农业社会，虽然也有少量的城市，但是规模小、水平低，主要依附于农业经济的供给，除了简单的手工业生产之外，本身几乎没有生产物质财富的能力。工业化的兴起和发展，工业生产向城市的集中，使得城市规模迅速扩大、数量迅猛增加，而且功能不断完善。城市不再仅仅是政治、军事管理的中心和日常交易的场所，更成为了社会经济生产活动的中心，人口、资本与资源不断向城市云集，城市逐渐成为人类生产和生活的集聚地。因此，工业革命兴起后，真正意义上的大规模城市化才开始兴起。

自此，城市开始逐渐占据社会生产的主导地位，工业生产和从事工业生产的人口在城市的集中，导致为工业生产和人口提供服务的活动也相应地在城市集中，因此城市成为工业和服务业的集聚之地。所以，城市化不仅是一个人口从农村向城市转移的过程，而且还是一个社会生产活动从农村向城市的集聚过程。城市不仅是人口的主要集聚场所，而且是社会财富的主要产出之地。城市地区的经济产出在整个社会经济总产出中的比重不断上升。1800 年，世界 GDP 的大约 5% 来自城市。到了 2000 年，世界 GDP 的大约 75% 来自城市，其中这一比例在城市化水平高的发达国家达到了 90% ~ 95%，在发展中国家也达到了 60% 左右（张雷，2004）。

（2）生产组织形式从自给自足经济向分工经济转变

早在古希腊、古罗马时期就有了关于城市起源于分工的思想萌芽。古典经济学的代表人物亚当·斯密在《国富论》中指出，城市和农村是一种不同的分工，农村给城市供给生活资料和制造资料，而城市则为农村居民供给制造品；而且城市内部的分工更加细化，出现了专业的木匠、泥水匠、鞋匠、缝匠等专门的职业。

新兴古典经济学认为城市的起源和城乡的分离都是分工和专业化演进的结果。由于农业生产需要占用大量的土地，因此不可能集中在一个小区域内；而工业生产不需要占用大量土地，故可以分散布局，也可以集中布局。那么，工业生产为什么会选择集中布局呢？原因在于商品生产具有专业化经济，即专业化程度越高，生产效率也越高，同时商品贸易也会产生交易费用（运输、储藏、交易的风险等）。

因此，如果交易效率（专业化经济带来的生产效率提高与商品交易费用的比较）很低，人们就会选择自给自足，此时没有市场，城市也不会出现。假如交易效率得到一些提高，分工结构就会从自给自足变为局部分工，出现半专业化的农商品生产者和半专业化的工业品生产者，并且工业品生产者居住在农产品生产者的附近，以节约交易费用。此时，还没有产生城市。如果交易效率进一步提高，不但农业和制造业之间产生分工，而且在制造业内部出现进一步的分工深化，如出现专门的制衣、修建房屋等职业，为了节省不同制造业者之间的交易费用，工业品生产者选择集中居住，这时城市出现。制造业者集中的范围，或者说是城市的合理规模的确定，取决于集中带来的交易效率和交易费用的比较。

城市出现以后，由于集中在城市的工业品生产者的专业化水平、生产效率以及来自市场交易的收入会高于居住在农村的农业生产者，所以农民会选择从农村迁移到城市，如果城乡之间可以自由迁移，那么最终会达到城乡之间收入均等化。

（3）主导产业由农业向工业再向服务业转变

产业结构变动与城市化发展之间存在密切的关系。西蒙·库兹涅茨于1966年最早指出产业结构变动对城市化的影响是由产业的不同属性引起的。由于各产业产品的生产方式、所需技术及产业关联度等属性的不同，技术密集型产业和服务业只有在城市中，才能获得规模经济效益。而农业需要大规模使用土地，因此农民的居住地适合在比较分散的农村（西蒙·库兹涅茨，1989）。

随着经济的发展，主导产业由农业向制造业和服务业为主转变，这种结构变动需要劳动力、资本投资和居住地点向城市转移，由此带动了城市化进程。此后，钱纳里和塞尔奎因于1975年对经济发展各个时期的产业结构变动和城市化发展的轨迹进行了实证分析，发现在城市人口不断增加的过程中，工业和服务业中的劳动力份额也在不断增加。原因在于工业化过程中生产结构的变动，会引起生产要素，如资本和劳动力等从农村向城市转移，即带来城市化现象（钱纳里和塞尔奎因，1989年）。在库兹涅茨和钱纳里之后，其他学者从聚集经济、人力资本状况、技术进步、经济政策等方面探讨了产业结构变动与城市化的关系（Davis and Henderson，2003）。

中国学者李培祥和李诚固（2003）按照诺瑟姆"S"形曲线所揭示的城市化发展规律，将城市化发展分为三个阶段：初期阶段（城市化率30%以下）、加速阶段（城市化率在30%到70%）、高级阶段（城市化率70%以上），并认为城市化发展各阶段产业结构与城市化间存在对应关系：城市化初期对应于产业结构中农业占主导，工业次之，服务业比例最小的状态；加速时期产业结构特点是工业比重最高，服务业次之，农业最小；高级阶段则是服务业、工业、农业依次排列。

综上所述，国内外学者的研究证明，产业结构变动与城市化发展之间确实存在着密切的关系。而且，在城市化发展水平由低到高的过程中，产业结构变动主要表现出如下的趋势：

第一，农业与非农产业之间的结构变动，表现为农业产值比重不断下降和非农业产值比重不断上升。从产业结构角度来看，城市化过程是一个经济产出不断地由农业转向工业和服务业的过程；在空间上，即表现出经济产出不断地由农村转向城市的过程。

钱纳里和塞尔奎因（1989）的研究显示，城市化水平上升与非农产业在GNP中所占的比重的上升基本同步（表2-2）。

表2-2　城市化与农业和非农产业的结构变动

城市化（%）	12.8	22.0	36.2	43.9	49.0	52.7	60.1	63.4	65.8
非农业产出比重（%）	47.8	54.8	67.3	73.4	77.2	79.8	84.4	86.2	87.3

资料来源：钱纳里和塞尔奎因，1989；工业化与城市化协调发展研究课题组，2002

中国的城市化水平与非农产业产出比重也表现出相同的发展趋势（图2-7），城市化水平不断提高的过程，也是非农产业产出比例不断提高的过程。

第二，非农产业内部的结构演变，表现出轻工业—重工业—服务业的依次演进。一般来说，城市化的初期、中期和后期阶段与工业化的初期、中期和后期阶段基本对应。在工业化和城市化的初期阶段，大部分国家都以轻工业为主导产业，因为轻工业以农产品为原料，而且所需资本投入少，还可以吸纳更多的劳动力。此后，随着技术进步和消费需求结构的升级，重工业逐渐超过轻工业，工业化和城市化进入中期阶段。重工业的发展造就了一大批需要广泛社会服务的现代企业，以及一大批进入中高档的消费阶层，从而为服务业的迅速发展提供了前提和基础。城市化的后期阶段，服务业在经济中占据主导地位，并为吸纳从农村转移到城市的劳动力提供了巨大的空间。

目前，中国正处于工业化和城市化的中期阶段，重工业成为经济发展中的主导产业和拉动经济增长的引擎。2012年，工业总产值中重工业所占比重高达72%，而轻工业只占28%。一方面，城市化的快速发展所产生的巨大市场需求是

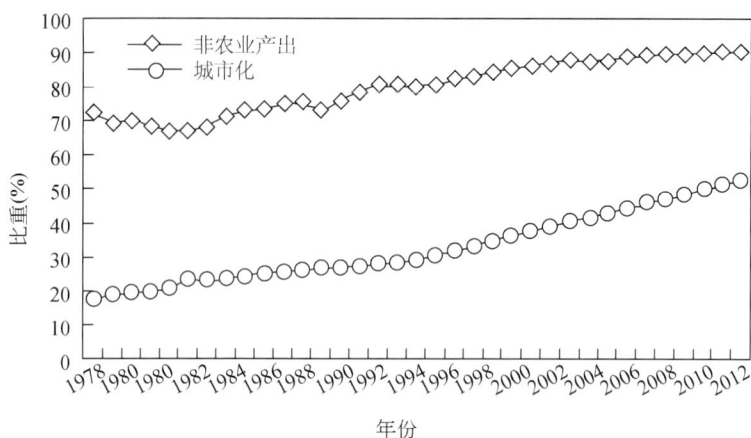

图 2-7　中国城市化与产业结构的变动（1978～2012 年）

资料来源：《中国统计年鉴》2000～2014

重工业发展的主要原因之一，城市化快速发展过程中，随着城市数量增加、规模扩大，城市建设固定资产投资的增加，以及居民消费的升级，对电力、石油、钢铁、水泥等能源和原材料的需求激增，导致重工业规模不断扩大。而且城市化的快速发展也为重工业发展提供了空间聚集条件。另一方面，工业化带动城市化发展，已被国内外的许多文献证明（钱纳里和塞尔奎因，1989；叶裕民，2001）。作为工业化的一个阶段，改革开放以来中国重工业的发展也起到了带动城市化发展的作用（李艳梅和张雷，2008a）。

2.1.2　对家庭直接及间接能源消费和碳排放的影响

2.1.2.1　从农村向城镇集中

（1）家庭直接能源消费和碳排放总量从农村向城镇集中

人口在城市高度集中以后，家庭直接能源消费也向城市集中。2012 年，中国城镇只占到总人口的 53%，但家庭直接能源消费却已占到了 61%（图 2-8），家庭直接能源消费与人口比重差异为 8%。

家庭直接 CO_2 排放方面，城镇占了 59%，与人口比重差异为 6%（图 2-9）。这说明城镇家庭的能源消费结构略优于农村家庭。

— 26 —

农村39%

城镇61%

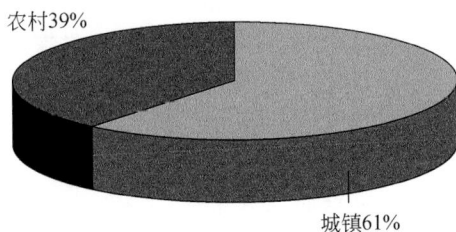

图 2-8　中国家庭直接能源消费总量的城乡分布（2012 年）

资料来源：《中国能源统计年鉴 2013》

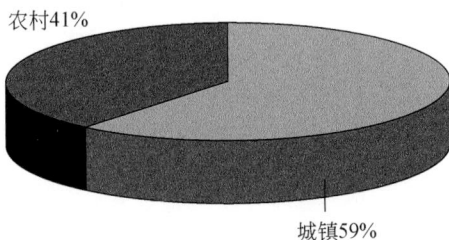

农村41%

城镇59%

图 2-9　中国家庭直接 CO_2 排放总量的城乡分布（2012 年）

资料来源：根据《中国能源统计年鉴 2013》进行计算

　　城镇家庭直接能源消费量随着城镇人口的增加而不断增长，1996～2012 年，中国城镇人口从 373×10^6 人增加到 712×10^6 人，增加了近两倍；同期城镇家庭直接能源消费量从 84Mtce 增加到 170Mtce，也增加了两倍（图 2-10）。

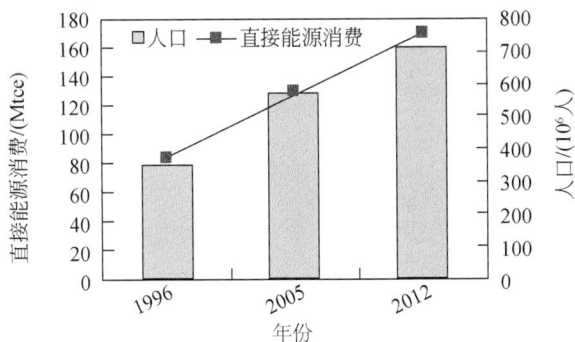

图 2-10　中国城镇人口增加与家庭直接能源消费增长（1996～2012 年）

资料来源：《中国统计年鉴》2000～2014；《中国能源统计年鉴》2000～2014

城镇家庭直接 CO_2 排放量从 230Mt 增加到 566Mt, 增加了 2.5 倍（图 2-11）。可以预计，今后随着更多的人口进入城镇，家庭直接能源消费总量将更大，并且在城镇的集聚程度更高。

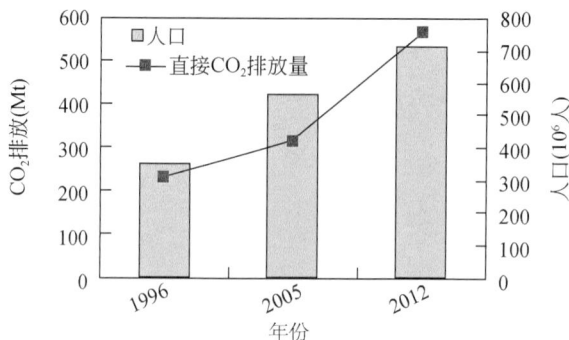

图 2-11　中国城镇人口增加与家庭直接 CO_2 排放增长（1996～2012 年）

资料来源:《中国统计年鉴》2000～2014;《中国能源统计年鉴》2000～2014

（2）家庭间接能源消费和碳排放总量从农村向城镇集中

人口和生产活动的主要空间从农村转向城市以后，家庭间接能源消费也向城市集中。2012 年，中国城镇只占到总人口的 53%，但家庭间接能源消费和 CO_2 排放却都已占到了 79%（图 2-12 和图 2-13），家庭间接能源消费和 CO_2 排放与人口比重差异高达 26%。可见与家庭直接能源消费和 CO_2 排放相比，家庭间接能源消费和 CO_2 排放在城镇的集中度更高，约占总人口 1/2 的城镇人口，消费了近 80% 的家庭间接能源和 60% 的直接能源；承担了近 80% 的间接 CO_2 排放和 60% 的直接 CO_2 排放。

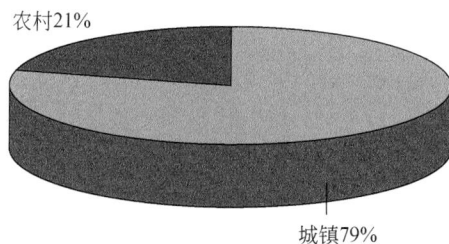

图 2-12　中国家庭间接能源消费的城乡分布（2012 年）

资料来源：根据《中国统计年鉴 2013》《中国能源统计年鉴 2013》及

《2010 年中国投入产出表》计算所得

— 28 —

农村21%

城镇79%

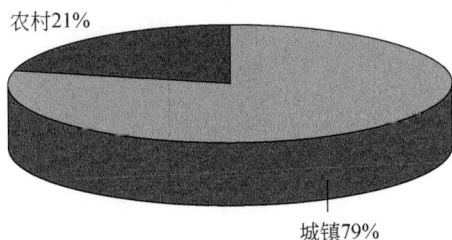

图 2-13 中国家庭间接 CO_2 排放的城乡分布（2012 年）

资料来源：根据《中国统计年鉴 2013》《中国能源统计年鉴 2013》及

《2010 年中国投入产出表》计算所得

城镇家庭间接能源消费量随着城镇人口的增加而不断增长，1996～2012 年，中国城镇人口从 $373×10^6$ 人增加到 $712×10^6$ 人，增加了近一倍；同期城镇家庭间接能源消费量从 235Mtce 增加到 488Mtce，也增加了一倍（图 2-14）。城镇家庭间接 CO_2 排放量从 683Mt 增加到 1396Mt，也增加了一倍（图 2-15）。可以预计，今后随着更多的人口进入城镇，家庭间接能源消费总量将更大，并且在城镇的集聚程度更高。

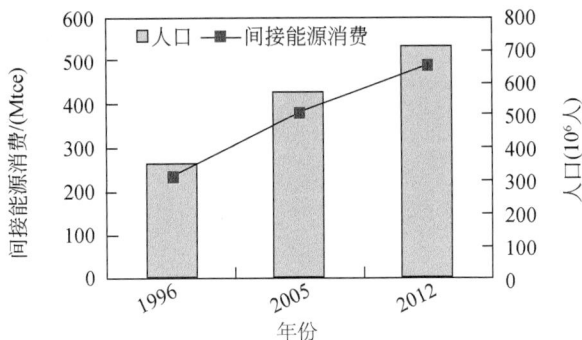

图 2-14 中国城镇人口增加与家庭间接能源消费增长（1996～2012 年）

资料来源：根据 1997～2013 年《中国统计年鉴》、1997～2013 年《中国能源统计年鉴》

及 1977、2005、2010 年的《中国投入产出表》进行计算

2.1.2.2 随收入提高而增长

（1）家庭直接能源消费和碳排放随收入提高而增长

城市化过程中，居民收入水平提高会增加对能源商品的直接需求。假设有煤炭和天然气两种能源商品可供消费者消费，当消费者的收入增加后，如果两种商

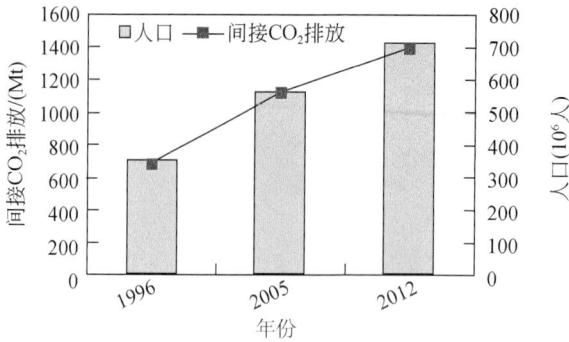

图 2-15　中国城镇人口增加与家庭间接 CO_2 排放增长（1996～2012 年）

资料来源：根据 1997～2013 年《中国统计年鉴》、1997～2013 年《中国能源统计年鉴》

及 1997、2005、2010 年的《中国投入产出表》进行计算

品价格不变，预算线将平行外移，在同样的价格水平下，消费者可以消费更多的煤炭和天然气（图 2-16）。

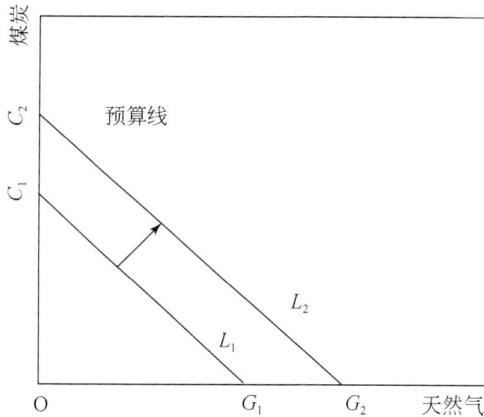

图 2-16　收入增加对直接能源需求的影响

　　如果假设其他因素保持不变，直接能源需求 Q_d 可以被表达为消费者收入 Y 的函数，常见的形式为

$$Q_d = k_d Y^\alpha \qquad\qquad (2\text{-}3)$$

这里 k_d 为常数；α 为直接能源需求的收入弹性。α 越大，直接能源需求对收入的变动越敏感。Herendeen 等（1976）对美国家庭收入与直接能源消费的关系进行了研究，结果显示，直接能源需求的收入弹性 $\alpha = 0.5$。当家庭变得富裕时，直接能源消费增加（表 2-3）。Li 和 Zhao（2014）的分析表明，北京市城镇居民人均

可支配收入水平每提高 1 个百分点，家庭人均直接能源消费上升 2.6 个百分点。

表 2-3　美国不同收入的四人家庭的人均直接能源消费（1961 年）

支出项目	直接能源消费［GJ/（人·年）］		
	穷人	平均	富人
住宅直接消费	43	58	131
汽车燃料	15	31	38
合计	58	89	169

资料来源：Eden et al.，1981

与上述过程相对应，由于收入水平提高增加了家庭对能源商品的直接需求量，相应地也会增加碳排放量。例如，Liang 等（2013）的研究结果表明，随着收入水平的增长，消费水平的提高，一些现代化的设备开始走进城镇和农村家庭，这就会增加城镇和农村家庭的直接能源消费以及碳排放量。Yue 等（2013）的研究结果表明，收入水平是影响家庭能源消费和碳排放的重要因素，收入水平提高会增加能源消费量和碳排放量。李艳梅和杨涛（2013）的分析表明，人均消费水平的提高是促使城镇和农村家庭直接能源消费和碳排放增加的重要原因。

（2）家庭间接能源消费和碳排放随收入提高而增长

城市化过程中，人口从农村迁移到城市，收入水平必然上升。收入水平上升以后，会促使家庭购买更多的更好的能源商品，这就是对直接能源需求的影响；同时，家庭部门对其他商品和服务的数量和质量的需求也会增加，而这些商品和服务的生产过程都需要消耗能源，因此造成对能源的间接需求。因为能源是一种基本的生产要素，几乎任何商品和服务的生产都需要使用能源，因此对任何商品和服务的消费都会间接消费能源。如消费者购买一辆小汽车，生产小汽车需要钢铁，炼钢过程中会消耗电力；而且炼钢过程中还会消耗生铁，在生铁的生产过程中也会消耗电力；而在生铁的生产过程中还会消耗冶金设备，在冶金设备的生产过程中还会消耗电力等，这个过程可以无限下去，从而消费者购买一辆小汽车会引起许多次的能源间接消费。

如果假设其他因素保持不变，间接能源需求 Q_i 可以被表达为消费者收入 Y 的函数，常见的形式为

$$Q_i = k_i Y^\beta \qquad (2\text{-}4)$$

式中，k_i 为常数；β 为间接能源需求的收入弹性。β 越大，间接能源需求对收入的

变动越敏感。

能源部门把自己的产品分配给国民经济的各个部门（包括能源部门自身在内），同时也把产品分配给每一个社会消费成员，其联系面之广几乎没有任何一个其他的部门可以与之相比。产业关联理论揭示出在经济活动的过程中，各产业之间存在的广泛的、复杂的和密切的技术经济联系。产业关联理论的基本分析工具——投入产出分析方法最适宜于分析部门之间的这种广泛联系，因此研究者也常常用投入产出方法分析能源消费问题，其优点在于可以把间接能源消费计算出来。

Herendeen 等（1976）利用投入产出分析方法对美国家庭收入与间接能源消费的关系的研究结果显示，当家庭变得富裕时，间接能源消费也会增加（表2-4），并且间接能源需求的收入弹性 $\beta = 1.1$。

表2-4　美国不同收入的四人家庭的人均间接能源消费（1961年）

支出项目	间接能源消费［GJ／（人·年）］		
	穷人	平均	富人
食品	11	21	44
房屋	6	26	70
衣服	4	6	23
医疗	4	6	15
汽车及维修	3	10	19
储蓄、投资、保险	2	5	98
教育	1	1	9
娱乐	1	2	7
交通	—	4	29
合计	32	81	314 *

* 原文中的数字是316，怀疑有误

资料来源：Eden et al. , 1981

比较表2-3和表2-4的结果，可以发现：随着家庭变得富有，直接和间接能源消费都增加，但是直接和间接能源消费之比却会下降。从穷人变为富人，能源消费总量中直接能源消费比例从65%下降到35%；而间接能源消费的比例从35%提高到65%。说明随着人们的收入水平和生活水平不断提高，间接能源消费的增长大大高于直接能源消费的增长，而且间接能源消费比重高于直接能源消费比重。

对其他国家的研究也支持了这一结论，如 Park 和 Heo（2007）对韩国的研究显示，1980～2000 年韩国家庭能源需求的 60% 以上都是来自于间接需求。Reinders 等（2003）对欧盟 11 国的研究表明，家庭的间接能源需求与家庭的总支出线性相关；但是直接能源需求与家庭总支出的线性拟合不好，原因在于各国之间的气候存在显著差异。Pachauri 和 Spreng（2002）利用投入产出表对印度的数据进行分析，结果表明印度家庭能源消费上升的主要原因是实际人均支出的增加，并且全部能源消费中的大约 75% 是间接消费，而直接消费的能源中大部分都是非商品能源。Vringer 和 Blok（1995）对荷兰的研究发现，1990 年荷兰平均每个家庭的全部能源需求是 240GJ，其中 54% 是间接需求。

2.1.2.3 结构不断发生变化

（1）家庭直接能源消费和碳排放燃料结构变化

更高的收入除了使得城市家庭能够消费更多的能源之外，还会促使城市家庭不断地从劣质的燃料消费转向优质的能源消费。也就是说随着居民对能源消费的支付能力提高，不但对能源需求的数量提高，同时对能源需求的质量也在提高。Sathaye 和 Meyers（1985）的研究表明，随着收入的增长，发展中国家的家庭烹饪所用燃料逐渐从木材和木炭转向煤油、液化气或者是电力。大卫·F. 盖茨和尹尊声（2002）对中国的研究也表明，随着城市化水平的提高，城市家庭对能源型家电产品的消费迅速增加，从而对电力的需求大大提高。因此，随着城市化的不断发展，家庭收入水平的不断提高，家庭的直接能源需求将逐渐从非商品能源向商品能源转换、从一次能源向二次能源转换、从劣质能源向优质能源转换。

另外，随着能源结构的转变，碳排放结构也会发生变化，如果从煤炭等高碳能源转向天然气等低碳能源，那么就会对碳排放产生减少作用；反之，如果从天然气等低碳能源转向煤炭等高碳能源，那么碳排放就会增加。当然，在城市化发展进程中，随着家庭收入水平的上升，一般都会从高碳能源转向低碳能源，因此会对碳排放总量的增长产生一定的抑制作用。但是就中国而言，目前虽然能源结构在不断优化，但仍然不敌能源总量增长所带来的碳排放增长。

如表 2-5 所示，1991～2011 年，中国家庭的直接能源消费结构不断优化，主要表现为原煤所占比重大幅下降，由 84.23% 下降为 23.14%；而电力和天然气所占比重明显上升，分别约提高了 22 个和 11 个百分点。

表 2-5　中国家庭直接能源消费的结构变化（1991～2011 年）（单位:%）

年份	原煤	电力	热力	液化石油气	天然气	其他
1991	84.23	4.61	2.30	2.40	1.66	4.80
2011	23.14	26.07	9.02	10.40	13.27	18.11

与此相对应，此期间中国家庭的直接碳排放的燃料来源结构也发生了明显的变化。1991 年时，碳排放的主要燃料来源是原煤，所占比重高达 78.53%，而到 2011 年时，原煤消费所产生的碳排放仅占 20.07%。而电力消费所产生的碳排放由 13.03% 提高到 45.27%。热力和天然气所产生的碳排放比重也都有所增加（表 2-6）。

表 2-6　中国家庭直接碳排放的结构变化（1991～2011 年）　（单位:%）

年份	原煤	电力	热力	液化石油气	天然气	其他
1991	78.53	13.03	2.40	1.49	0.92	3.62
2011	20.07	45.27	9.56	6.02	6.83	12.27

（2）家庭间接能源消费和碳排放部门结构变化

城市化发展进程中，居民家庭对非能源商品和服务的消费支出结构不断发生变化，进而引起间接能源消费和碳排放构成的变化。如表 2-7 所示，1991～2011 年，中国居民家庭的消费结构发生了很大变化。1991 年，居民家庭消费支出中，所占比重最高的是农业，占了 32.9%；其次是食品制造业，占了 18.5%；其余的制造业部门共占 24.3%；运输邮电、商业饮食及其他服务业共占 22.7%。2011 年，居民家庭消费支出中，所占比重最高的不再是农业，也不是食品制造业，而是服务业，运输邮电、商业饮食及其他服务业共占 48.0%；除食品制造业之外的其他制造业占 20.8%；食品制造业占 19.3%；而农业只占 8.4%。

表 2-7　中国居民家庭消费支出部门结构变化（1991～2011 年）

部门代码	部门名称	在总支出中所占比重（%）		
		1991 年	2011 年	变化
1	农业	32.9	8.4	−24.50
2	采掘业	0.6	0.1	−0.50
3	食品制造业	18.5	19.3	0.80

续表

部门代码	部门名称	在总支出中所占比重（%）		
		1991 年	2011 年	变化
4	纺织、缝纫及皮革产品制造业	7.9	6.1	−1.80
5	炼焦、煤气及石油加工业	0.5	1.0	0.50
6	化学工业	4.3	2.3	−2.00
7	建筑材料及其他非金属矿物制品业	0.7	0.2	−0.50
8	金属产品制造业	1.5	0.3	−1.20
9	机械设备制造业	7.0	7.5	0.50
10	其他制造业	2.4	2.7	0.30
11	电力及蒸汽、热水生产和供应业	0.9	3.2	2.30
12	建筑业	0.0	0.9	0.90
13	运输邮电业	3.4	5.2	1.80
14	商业饮食业	9.7	11.4	1.70
15	其他服务行业	9.6	31.4	21.80

可见，城市化发展进程中，随着生产方式的转变，居民消费方式也发生了很大的变化。由于自给自足经济不断向分工经济转变，主导产业由农业向工业再向服务业转变，居民家庭的消费结构也由农业为主向制造业再向服务业为主转变。

与此相对应，隐含在居民家庭非能源商品和服务消费中的间接能源消费和碳排放的部门构成也会发生很大变化。如图 2-17 所示，1991～2011 年间，中国家庭间接能源消费的部门构成中，有 8 个部门的比重下降，包括农业、采掘业、食品制造业、纺织缝纫及皮革产品制造业、化学工业、建筑材料及其他非金属矿物制品业、金属产品制造业、商业饮食业，其中尤以农业的下降最为显著，降低了15%；其次是化学工业，降低了4%。其余 7 个部门的比重上升，其中尤以其他服务行业的上升最为突出，提高了14%；其次是运输邮电业，上升了5%。家庭间接能源消费部门构成的这种变化几乎与表 2-7 所示的家庭消费支出部门结构的变化几乎完全一致。

中国家庭间接 CO_2 排放的变化如图 2-18 所示，变化规律与间接能源消费的部门构成变化趋势比较一致，1991～2011 年，家庭间接 CO_2 排放的部门构成中，有 7 个部门的比重下降，包括农业、采掘业、食品制造业、纺织缝纫及皮革产品

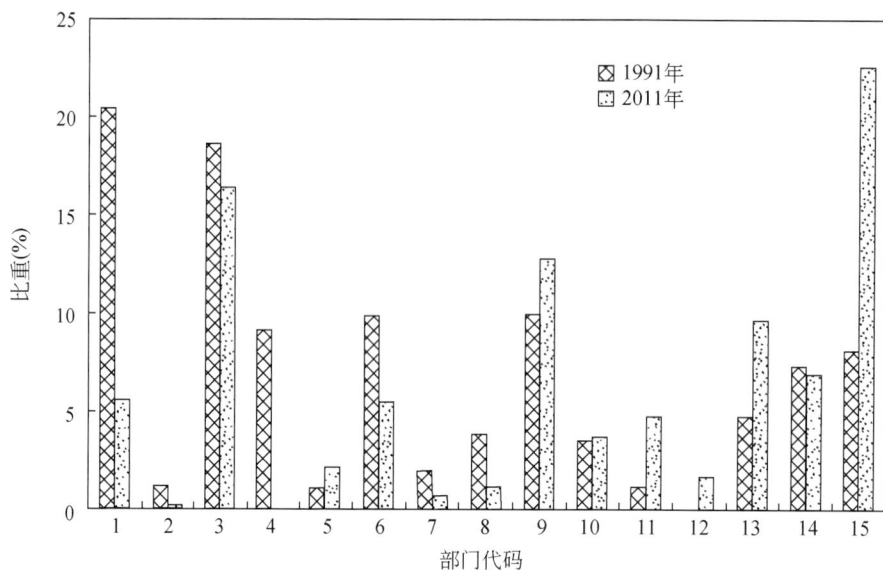

图 2-17 中国家庭间接能源消费部门构成变化（1991~2011 年）

注：横坐标为部门代码，与表2-7 一致

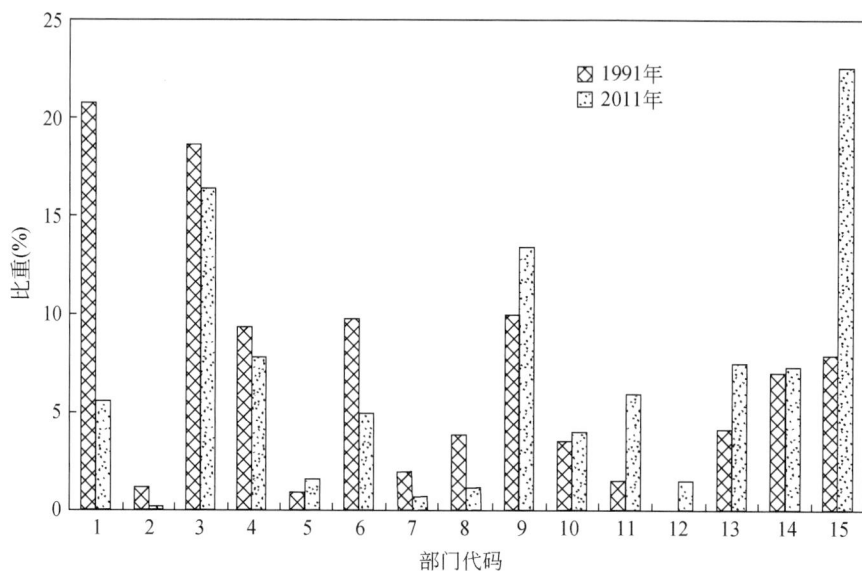

图 2-18 中国家庭间接 CO_2 排放部门构成变化（1991~2011 年）

注：横坐标为部门代码，与表2-7 一致

制造业、化学工业、建筑材料及其他非金属矿物制品业、金属产品制造业，其中尤以农业的下降最为显著，降低了 15%；其次是化学工业，下降了 5%。其余 8 个部门的比重上升，其中尤以其他服务行业的上升最为突出，提高了 15%；其次是电力及蒸汽、热水生产和供应业，上升了 5%。家庭间接能源消费部门构成的这种变化也与表 2-7 所示的家庭消费支出部门结构的变化非常一致。

2.2 家庭能源消费和碳排放对城市化的影响机理

城市化的发展不仅伴随着人口大规模的由农村迁移到城市，而且更需要物质力量的驱动。如果把城市化的发展比作一辆奔驰的"汽车"，那么能源的使用则如同"汽车"的"轮子"。在能源助推城市化发展的过程中，必然会带来大量的碳排放。以家庭为主的消费部门和三次产业的生产部门是能源消耗的主体，而生产部门的生产活动，最终还是为了满足最终需求部门的产品和服务所需，家庭消费是最终需求的主要部分，因此，家庭的直接和间接能源消费是全社会能源消耗的主要部分。充足的能源供给是城市化发展的物质基础，能源的开发利用影响着城市化的发展速度；而能源消费所产生的碳排放量的多寡，又会影响城市化的发展质量。

2.2.1 能源的开发利用影响着城市化的发展速度

能源一直是人类社会不断取得文明进步的动力基础。作为人类文明的重要成果之一，城市和城市化的产生和发展与能源的开发利用息息相关，能源是城市化发育的重要物质基础。城市产生之初，由于受所能获取的食物和燃料的供应，以及运输能力的限制，规模小、数量少，城市化发展缓慢。大规模化石能源的开发利用，及其所驱动的高效运输工具的出现，使得城市的增长成为了可能。从此，世界城市，尤其是大城市飞速增长，人类的生产和生活方式不断由分散走向集中。能源是世界城市化发展进程的动力基础，是世界城市增长的必要条件。城市化进程中的每一次进步，每一个成就，都与能源消费结构的更新，能源使用技术的进步密切相关（表 2-8）。

表 2-8   世界城市化的发展进程及其能源基础

时期	开始时间	城市	城市化	能源基础	主导能源
前工业社会	约 5000 年之前	城市产生，规模小、数量少	城市化缓慢发展	生物质能	木材
工业社会	18 世纪 60 年代	城市规模扩大、数量增多	现代城市化首先发生在英国	化石能源	煤炭
	20 世纪 20 年代	城市在更大范围内蔓延	城市化浪潮席卷发达国家，美国等出现郊区化现象	化石能源	石油
	20 世纪 70 年代	巨型城市增多	发达国家城市化基本停滞，发展中国家城市化蓬勃发展	化石能源	石油、天然气出现多元化趋势

2.2.1.1   前工业社会时期城市化缓慢发展的生物质能源基础

人类诞生之初，主要靠食用自然界中的动植物来摄取维持自己生命的能源。后来，学会了用火，就以木材、薪柴等生物质燃料作为生活能源消费的来源，在人类历史上的很长一段时期内，木材等生物质燃料都在世界一次能源消费结构中占据首位（图 2-19）。这一时期，人类以柴薪、秸秆和动物排泄物等生物质燃料来烧饭和取暖，以人力、畜力和一小部分简单的风力和水力机械作动力，从事生产。50 万年前的北京猿人就会燃烧树枝来烘烤食物。在 50 万年的漫长岁月中，薪柴、木材等生物质燃料一直作为最主要的能源为人类生活服务。

大约五千多年之前，人类开始从部落进入更大、更复杂的社会，城市诞生了。从此，对自然能源加以控制的要求增加了。但是，在尚未开发利用化石能源之前，城市的选址、规模和数量大大受到食物和燃料的获取以及运输能力的限制。

在农业社会，相对于其自身的规模和面积而言，维持一座城市所需的能源是相当巨大的。一般而言，一座大城市所需的全部食物和燃料消费需要相当于其自身面积的 40~100 倍的庄稼地和森林地来提供（Smil，1994），而且还要受到落后的畜力运输条件的限制，因此城市规模和数量都很小，城市化的发展相当缓慢（图 2-20）。如公元 1 世纪最大的城市罗马的人口只有 50 多万，公元 9 世纪隋唐时期的长安约有 80 万人口。到 1800 年时，世界上超过 10 万人的城市只有 50

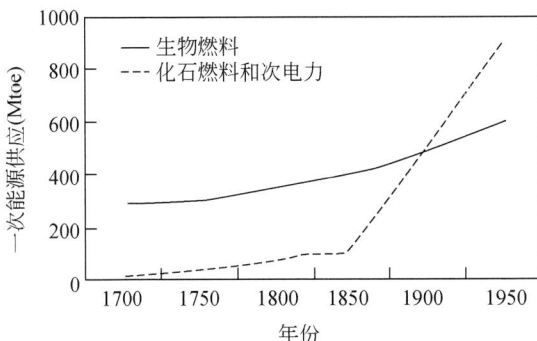

图 2-19　世界一次能源供应（1700～1950 年）

资料来源：Smil，1994

座，城市人口占总人口的比重只有 5%。

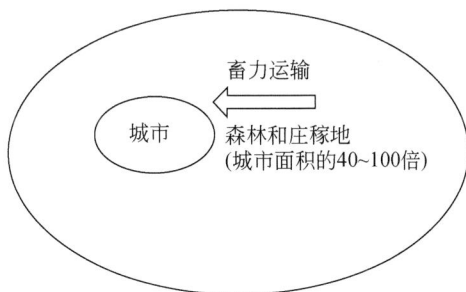

图 2-20　生物质燃料供应的城市规模

2.2.1.2　工业社会时期城市化快速发展的化石能源基础

如上所述，前工业社会时期的城市发展受到能源和运输条件的限制，城市化水平相当低，而且发展缓慢。当化石燃料为城市提供能源之后，这一限制大大减小了，为城市供应化石燃料的煤田和油田的面积一般都不到其本身面积的 1/10，而且以化石燃料为动力的新的强有力的运输工具的出现，使得从更远、更大范围获取燃料和食物供应成为了可能（图 2-21）。

化石能源的大规模开发利用，及其所推动的运输能力的改善，为城市的增长提供了所需的集中的充足的能源供应，使得巨型城市的出现成为可能。因此，如果没有化石燃料的大规模开发利用，世界上大城市的增长是不可能的。化石燃料供应的城市增长非常快，在 1800 年，世界上 10 个最大的城市中，只有 1 个城

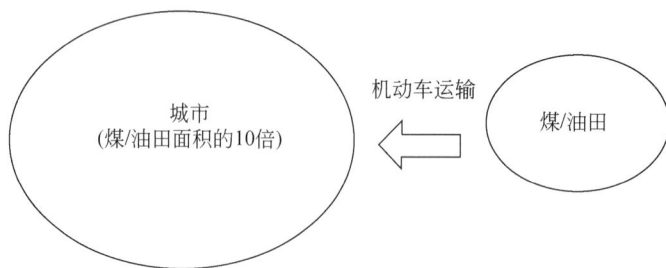

图 2-21　化石燃料供应的城市规模

市，即排名第二的伦敦以煤炭作为燃料。1 个世纪以后，10 个城市中的 9 个——伦敦、纽约、巴黎、柏林、芝加哥、费城、维也纳、曼彻斯特和圣彼得堡都加入该行列，唯独东京例外，还是依赖大量的生物燃料。此后大城市持续增长，1990 年时超过 100 万人口的城市有 300 多个，与之相比，1900 年时只有 13 个，1800 年时只有 1 个。

在城市化的产生和发展过程中，能源起着非常重要的作用，城市化的浪潮之所以能席卷全球，能源提供了基本的动力基础。在使用生物质燃料的时代，所能提供的能源有限，不能支持城市规模的扩大和数量的剧增，因而大规模城市化尚未开始。化石燃料的大规模使用，使得城市的扩张和城市化浪潮的开始成为可能。

（1）煤炭的开发与城市化的发展

工业社会时期的城市化最早起源于英国，这和煤炭的开采和利用有着密切的关系。英国是最早开始大规模开发利用煤炭的国家，尤其是蒸汽机发明以后，英国的煤炭产量大幅度增加，1650 年煤炭产量超过 200 万 t，18 世纪早期超过 300 万 t，18 世纪末期超过 1000 万 t。1830～1860 年英国煤炭产量占世界总量的 80%。

煤炭的大量开发和利用，为英国工业化和城市化的完成奠定了重要的能源动力基础。随着煤炭供应的不断增加，城市和城市化发展加快。1760 年，英国 10 万人以上的城市只有 1 个，而到 1851 年已增加 7 个。同一期间，5 万人以上的城市也从 1 个增加到 13 个（姜德昌和夏景才，1989）。不仅城市数量在增多，而且城市规模也在扩大，如 1800 年时伦敦的人口为 110 万，1850 年为 260 万，1900 年达到 660 万。1760 年城市化水平为 10% 左右，1800 年上升到约 30%，1850

年，超过了 50%。

英国是第一个完成从生物燃料向煤炭转变的国家，也是第一个完成工业化和城市化的国家。英国之所以能率先完成城市化，是和强有力的能源支撑分不开的，化石能源，尤其是煤炭的使用是英国城市化的必要条件。

回归分析显示，1760~1960 年，城市化水平与煤炭产量二者之间的相关系数高达 0.9 以上（图2-22）。200 年间，城市化水平由 10% 提高到 85%，煤炭产量由 5Mt 增加到 200 多百万吨，平均而言，每增加 2~3Mt 煤炭，城市化水平提高 1 个百分点。

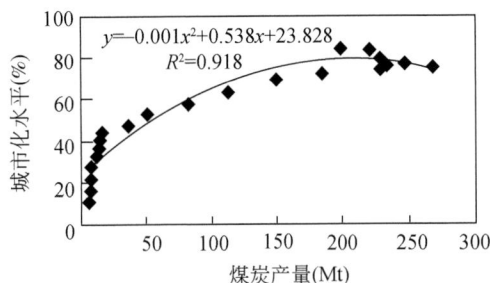

图 2-22　英国煤炭的开发利用与城市化发展（1760~1960 年）

资料来源：《主要资本主义国家经济统计集》《世界经济千年史》及《世界资本主义各国经济地理统计手册》

继英国之后，美国、德国、法国和日本都在进行产业革命的同时，迅速地兴起了近代煤炭工业。在整个 19 世纪和 20 世纪初期，煤炭成为发达国家城市化和工业化的动力基础。相关和回归分析显示，美国、德国、法国和日本的城市化水平和煤炭产量之间的相关系数都在 0.9 以上（图2-23~图2-26）。

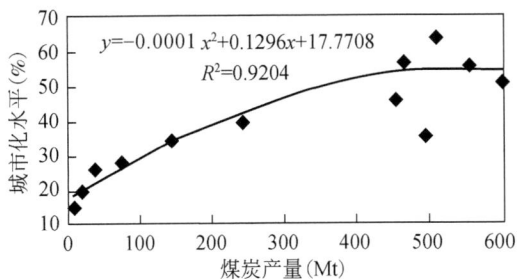

图 2-23　美国煤炭开发利用与城市化发展（1855~1955 年）

资料来源：《主要资本主义国家经济统计集》《世界经济千年史》及《世界资本主义各国经济地理统计手册》

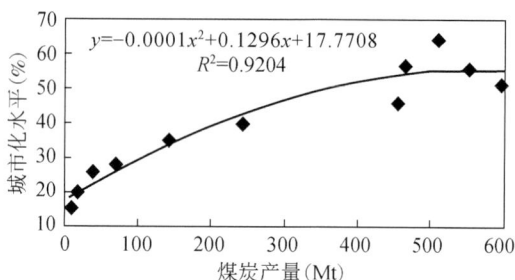

图 2-24　德国煤炭开发利用与城市化发展（1850~1930 年）

资料来源：《主要资本主义国家经济统计集》《世界经济千年史》及《世界资本主义各国经济地理统计手册》

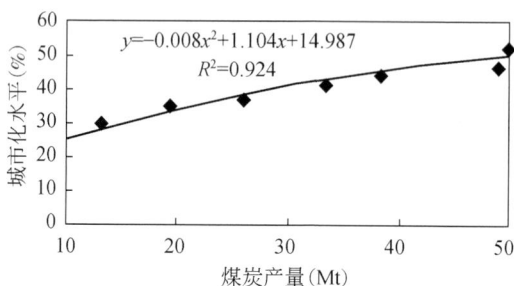

图 2-25　法国煤炭开发利用与城市化发展（1850~1950 年）

资料来源：《主要资本主义国家经济统计集》《世界经济千年史》及《世界资本主义各国经济地理统计手册》

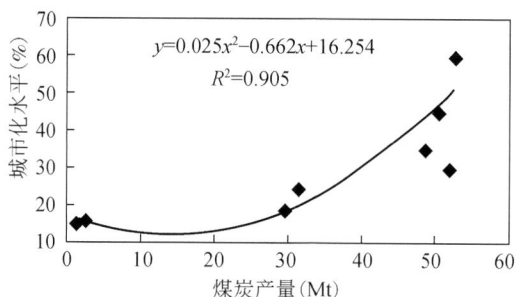

图 2-26　日本煤炭开发利用与城市化发展（1850~1960 年）

资料来源：《主要资本主义国家经济统计集》《世界经济千年史》及《世界资本主义各国经济地理统计手册》

在整个 19 世纪，煤炭是最易取得的，最便宜的，也是最主要的能源。煤炭产量最高的国家城市化发展最快。到 1900 年始，全世界城市人口仍然仅占世界总人口的不到 15%。但是世界上最大的 3 个煤产量国家的城市人口比重远远高于其他国家。例如，英国超过了 70%，德国接近 50%，美国接近了 40%。

（2）石油和天然气的使用与城市化的发展

如果说 19 世纪是煤炭的世纪，那么 20 世纪可以说是石油的世纪，石油对人类社会的进步和繁荣起了重要的作用。20 世纪 60 年代以后，许多国家大规模弃煤用油，石油得到了广泛应用。

石油的出现，不但同煤炭一起推动了城市化的发展进程，而且还对城市和城市化的发展产生了独特的作用，这就是随着石油所驱动的小汽车的普及，使得城市在更大范围、更大规模内扩展成为可能。甚至在某些发达国家，如美国出现了逆城市化（或郊区化）的现象。

与大多数的工业化先导国家不同的是，在美国煤炭处于支配地位的时期相对较短，只有半个多世纪（1885～1940 年）煤炭的供应占到 50% 以上，美国是最早完成主导能源由煤炭向石油转变的国家。1920 年以后，石油产量和消费量迅猛增长，汽车得到广泛使用，使得城市开始沿着不同于城市铁路的方向蔓延，郊区化（suburbanization）现象出现。虽然对于郊区化出现的原因，学术界有多种不同的看法，但是无论如何，石油所驱动的小汽车的普及，对郊区化现象的出现有着不可忽视的推动作用。

1925～1955 年，美国的机动车数量及其所消费的汽油大幅增加。机动车数量从 $17\,895\times10^3$ 辆增加到 $58\,861\times10^3$ 辆，增幅达 3 倍多；与此同时，机动车所消费的汽油从 8.46 亿 gal（1gal = 3.785L）增加至 46.51 亿 gal，增幅达 5 倍多（图 2-27）。

在机动车快速增加的浪潮中，私人小轿车的增加更加迅猛。1905 年全国只有 2.5 万辆私人轿车，1915 年增至 90 万辆，1929 年骤增至 2300 万辆，到 1950 年平均每 5 个人就有一辆车，1980 年平均每 2 个人就有一辆车。郊区化的扩展与汽车的数量完全成正比（仇保兴，2005）。汽车这种新的交通工具可以不受时间方向的限制把人带到远得多的地方，人口源源不断流向郊区，于是城郊居住区开始以前所未有的规模延展。1920～1930 年，纽约、克利夫兰及芝加哥等大城市的郊区人口增长已快于城市中心。1940～1970 年郊区人口增长 275%，郊区人口迅速超过市区，成为美国人口最多的地区。20 世纪 80 年代后，城市人口进一步向郊区迁移，居住在郊区的人口超过 1 亿，占总人口的 44%（徐和平，2000）。

私人汽车的广泛的使用，郊区化的出现，使得城市在更大范围、向更大规模

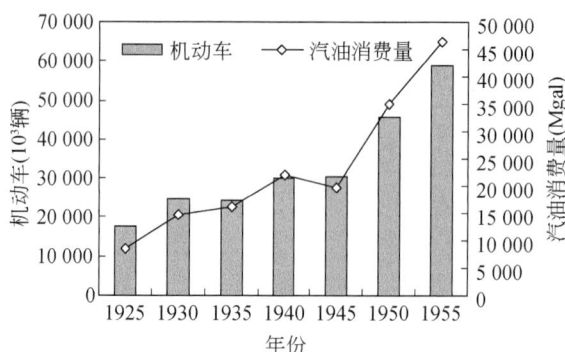

图 2-27　美国的机动车及其汽油消费量的增长（1925～1955 年）

注：1gal＝3.785L

资料来源：Schurr and Netschert，1960

扩展，城市人口密度降低，从而进一步增加了城市人口的能源消费水平。在家庭收入基本一致的基础上，城市蔓延严重的休斯敦、底特律、洛杉矶等城市 1980 年的人均汽油使用量是大多数欧洲城市的 4～5 倍（仇保兴，2005）。在全球的城市中，美国的城市是目前为止能源消耗最大的。

　　与其他一次能源相比，天然气具有高效、洁净、方便三大优点。天然气的使用，为城市居民的生活提供了极大的便利，并减少了由于大量使用煤炭和石油而产生的环境污染。天然气的出现，不但与石油一起推动了城市在更大规模和范围延展，促进了城市化快速发展，而且提高了城市化发展的质量。

　　如今，发达国家城市化水平已达到 70% 以上，城市化已进入基本停滞的后期阶段，能源消费结构也完成了从煤炭向石油和天然气为主的转变；而大多数发展中国家城市化正在快速发展的中期阶段，因此在能源消费总量不断上升的同时，能源消费结构正在由以煤为主向石油和天然气转变。

2.2.2　碳排放量的多寡影响着城市化的发展质量

　　如上所述，工业革命以来城市化的快速发展是以化石能源为基础的。化石能源为人类文明的进步做出了巨大的贡献，但是凡事有一利必有一弊，化石能源也不例外。对化石燃料的开发利用，照样遵守"收获与付出同在"这一法则。在支持城市和城市化发展的同时，化石能源的大量使用导致了城市，乃至整个人类生存环境的恶化，其主要代表就是众所周知的温室效应。气候观测显示，在过去的一个世纪里，地球气温上升了 0.3～0.6℃，导致气温上升的温室气体中，二氧化碳和甲烷所占的比重高于 80%，它们主要来自化石燃料为主的能源消耗排放（张雷，2004）。

总体来说，随着城市化进程的加快，碳排放量也越来越大。但是在城市化发展的不同阶段，碳排放量的增长速度会有所差异。反过来，碳排放量的多寡，又会影响城市化的发展质量。如今，追求低碳化的发展模式，已成为世界各国的共同诉求。

2.2.2.1 城市化不同阶段碳排放量增长有所差异

在城市化的初级阶段，也即城市人口占总人口比重小于 30% 时，第一产业即农业在国民经济中所占比重较大，以工业为主的第二产业发展规模较小，由此也限制了第三产业的发展。由于工业活动规模较小、结构单一，对资源、能源消耗量较小，因此工业碳排放量也不大，农业属于碳排放较少的产业。因而在城市化的初级阶段，碳排放总量处于一个较低的水平，而且增长也比较缓慢。而且由于工业和服务业部门不够发达，因此从能源消费的终端部门构成来看，家庭生活消费所占比重较高（陈明星等，2011）。例如，1991 年时，中国城市化水平为 27%，家庭直接能源消费量在终端能源消费总量中所占的比重为 18%，家庭直接碳排放在终端碳排放总量中所占的比重为 18%。工业部门直接能源消费量在终端能源消费总量中所占的比重为 65%，工业部门直接碳排放在终端碳排放总量中所占的比重为 66%。

当城市化进入快速发展的中期阶段时，也即城市人口占总人口比重处在 30%～70% 时，工业发展速度较快，带动农村剩余劳动力大量的涌向城市，城市用地规模扩张，城市交通工具大量增加，碳排放量急剧增长。而且由于工业部门发展非常迅速，因此从能源消费的终端部门构成来看，家庭生活消费所占比重下降，而工业部门所占比重上升。例如，2012 年时，中国城市化水平为 53%，家庭直接能源消费总量在终端能源消费量中所占的比重为 11%，家庭直接碳排放在终端碳排放总量中所占的比重为 11%。工业部门直接能源消费量在终端能源消费总量中所占的比重为 67%，工业部门直接碳排放在终端碳排放总量中所占的比重为 70%。

城市化发展步入后期阶段，也即城市人口占总人口比重达到 70% 以上时，服务业成为主导产业，而工业结构不断调整，并且工业管理和工艺技术不断的优化改进，因此，碳排放量的增长速度放缓。而且服务业和家庭消费部门在终端能源消费总量和碳排放总量中所占比重会上升，而工业部门所占比重会下降。例如，美国的城市化水平已超过 80%，终端能源消费和碳排放的部门构成中，居民家庭消费和运输业所占的比重已经超过了工业部门。另一方面，随着城市生活水平的不断提高，家庭部门更倾向于消费"绿色"产品，消费偏好上追求环保的消费方式，这又会在一定程度上减少城市碳排放，弱化消费行为的碳源角色。

2.2.2.2 高碳排放发展模式影响城市化发展质量

城市作为人类生产和生活的聚居地，自然也成为能源消耗和碳排放的聚居地。目前全世界的城市面积仅占地球表面积的 2%，全世界大约 1/2 的人口居住在城市，但是城市的能源消耗和温室气体排放却分别占到全世界的 75% 和 80% 左右（刘琰，2010）。随着碳排放量的不断增加，导致了城市发展不可持续状况的出现。

首先，碳排放总量的增加会加重城市的"热岛效应"，导致城市居住环境不断恶化，加之一些其他的经济和社会因素，一些中心城区出现被"遗弃"的现象。例如，一些发达国家在城市化进程中出现了"逆城市化"的现象，这在美国表现得最为突出。

其次，碳排放的增加加剧了地球的"温室效应"，带来了海平面的上升，这对沿海城市形成了巨大的威胁。例如，一项模拟结果发现，如果海平面上升 10 英尺[①]，则美国的沿海城市波士顿将被淹没。

再次，气候变暖可能对农业产生负面影响，进而影响粮食安全（郭建等，2006）。例如，作为岛国的英国也不能幸免于碳排放增加所带来的危害，即如果碳排放继续增加、气候继续变暖，多年之后，北极冰雪融化的巨大水流将把墨西哥湾暖流向南推移，英国的温度也将因之下降，降雨会发生改变——这对于目前完全自给自足的粮食供给来说，无疑将是一个挑战。

最后，气候变暖有可能导致出现大量的传染病、大规模的虫灾以及极端天气事件频发。这些现象的出现都将对城市，尤其是沿海城市的发展产生威胁。例如，中国的长三角和珠三角地区可能都会受此影响（郭建等，2006）。面对此情况，许多国家和地区开始做出应对准备，例如，2012 年 2 月欧洲环境署

---

① 1 英尺 =0.3048m。

（European Environment Agency，EEA）发布《欧洲城市对气候变化的适应——城市的挑战和机遇以及支持性的国家和欧洲政策》，对城市如何适应气候变化带来的高温、洪水、干旱等问题进行探讨（王宝强，2014）。

2.2.2.3 低碳发展模式引领世界城市发展新潮流

高碳排放的发展模式不利于城市化的可持续发展。因而人类社会需要找寻建立在减少碳排放基础之上的新的发展模式。以减少城市碳排放、增加碳汇量为核心的发展新模式被相继提出，如低碳城市、生态城市、绿色城市、智慧城市等。

许多发达国家的城市已经开始探索制定多种模式。例如，英国提出以消费低碳化为重点的发展模式，伦敦于 2007 年发布的《今天行动，守候未来》报告中反复强调"不需降低生活品质，只要改变生活方式"的观念。美国的 IBM 公司于 2006 年提出智慧城市的概念，提倡降低城市温室气体排放，发展低碳能源系统、低碳技术和低碳产业体系。澳大利亚的布里斯班市提出了"绿心智慧城市计划"，主张使用清洁能源降低对能源的消耗以及碳排放量，这有利于减少城市碳源量；同时，加强城市生态系统的建设，有利于增加城市碳汇量。

新玉言（2013）将国外低碳城市发展的典型模式归纳为 5 种：丹麦模式——低碳社区、英国模式——应对气候变化的城市行动、瑞典模式——可持续行动计划、日本模式——低碳社会行动计划、美国模式——低碳城市行动计划。

同时，包括中国在内的发展中国家也正在积极探索低碳城市的发展路径。随着越来越多的城市加入低碳发展探索的行列，低碳发展模式将会成为一种新的城市发展潮流，引领未来城市化的发展方向。

2.3 小 结

城市化与家庭能源消费和碳排放相互影响。一方面，城市化对家庭能源消费和碳排放产生重要影响。城市化意味着人类社会生产和生活方式的转变，生产方式的变化会影响生产过程中的能源要素需求，生活方式的变化会直接影响能源商品需求，间接影响能源要素需求。即生活和生产方式的改变会直接或间接地影响家庭能源消费的总量和结构，进而影响碳排放。

城市化发展进程中，家庭生活方式由农村型向城市型转化。概括起来，主要表现为三个方面：第一，家庭聚居空间从农村向城市转移；第二，从事职业从农业向非农业转变；第三，收入和消费水平从低向高转变。生产方式从传统农业和农村社会的生产方式向现代工业和城市社会的生产方式转变。概括起来，主要表现为三个方面：第一，生产活动空间从农村向城市集中；第二，生产组织形式从自给自足经济向分工经济转变；第三，主导产业由农业向工业再向服务业转变。

生活和生产方式的转变会对家庭的直接能源消费和碳排放产生影响。首先，家庭直接和间接能源消费和碳排放总量从农村向城镇集中；其次，家庭直接和间接能源消费和碳排放量随着收入提高而增长；最后，家庭直接能源消费和碳排放的燃料结构逐渐由原煤等高碳燃料为主向天然气等低碳燃料为主转化；家庭间接能源消费和碳排放的部门结构逐渐由农业为主向工业为主，再向服务业为主转变。

另一方面，家庭能源消费和碳排放也影响着城市化的发展。首先，能源的开发利用影响着城市化的发展速度。能源一直是人类社会不断取得文明进步的动力基础。作为人类文明的重要成果之一，城市和城市化的产生和发展与能源的开发利用息息相关。城市产生之初，由于受所能获取的食物和燃料的供应，以及运输能力的限制，规模小、数量少。因此以木材等生物质能源为基础的前工业社会时期，城市化发展缓慢。大规模化石能源的开发利用，及其所驱动的新的强有力的运输工具的出现，使得城市的增长成为了可能。从此，世界城市，尤其是大城市飞速增长。以化石能源为基础的工业社会时期，城市化快速发展。

此外，碳排放量的多寡影响着城市化的发展质量，表现在三个方面。第一，总体来说，随着城市化进程的加快，碳排放量也越来越大。但是在城市化发展的不同阶段，碳排放量的增长速度会有所差异。在城市化的初级阶段，碳排放量总量较小，而且增长也较为缓慢，家庭部门在终端能源消费和碳排放中所占比重较高；城市化快速发展的中期阶段，碳排放量增长最快，家庭部门在终端能源消费和碳排放中所占比重下降，而工业部门的比重提高；进入城市化的后期阶段，碳排放总量很大，但是增长会放缓，并且服务业和家庭消费部门所占比重上升。第二，随着碳排放量的不断增加，导致城市的环境不断恶化，发展出现不可持续的状况，甚至有的沿海城市因海平面上升面临被淹没的风险。第三，在气候变暖成为世界各国共同关注焦点的背景下，寻求低碳发展模式成为城市和城市化发展的新潮流。

第 3 章　中国城市化进程中家庭能源消费和碳排放变化特征

正如第 2 章所述，能源是世界城市化发展的动力基础，因此能源同样也是中国城市化发展的必要条件。过去几十年以来，中国的家庭部门和生产部门能源消费总量随着城市化发展水平的提高而不断增长，能源供需矛盾凸显，尤其是对优质的油气能源需求明显增加。能源消费总量的增大和落后的能源消费结构，导致中国城市化进程中的大气环境污染问题日趋严重。未来中国城市化的进一步发展必将对家庭的直接和间接能源需求总量和结构，提出新的需求。

如今，发达国家的城市化已基本完成。而发展中国家正跨入城市化快速发展的中期阶段，城市化发展速度不断加快。正因为世界上数量更多、人口更多的发展中国家，将相继通过城市化的快速发展阶段，所以尽管发达国家的城市化已经放缓，但整个世界还仍然处在城市化的快速增长期。因此，预计全球的城市化高潮将持续整个 21 世纪（李艳梅，2007）。作为世界上人口最多的发展中国家，目前中国正在经历着人类历史上增长速度和规模都空前的城市化过程（陈明星和叶超，2011）。1996 年以来，城市化水平年均增长 1.4 个百分点，2013 年达到54%。在城市化的快速发展进程中，家庭直接和间接能源消费及碳排放均发生着显著的变化。

3.1　中国城市化的发展阶段及其特征

3.1.1　城市化发展的一般规律

城市化发展实践和理论研究证明，城市化发展存在阶段性规律。1979 年，美国地理学家 Northam 发现，各国城市化发展过程所经历的轨迹，可以概括为一条稍被拉平的 S 形曲线（Northam，1979）。并将城市化划分为三个阶段：第一阶段为城市化的初期阶段，城市化水平低，城市人口增长缓慢，农业占据主导地位。例如，英国在此阶段，城市化水平年均增长 0.16 个百分点，法国年均增长 0.20 个百分点，美国年均增长 0.24 个百分点。当城市化水平超过 30%后，进入第二阶段，即城市化快速发展的中期阶段，在此期间农业生产力提高，产生大量的农村剩余劳动力，工业化进程加快，二、三产业集聚的城市成为吸纳劳动力的主要场所，大量人口从农村向城市转移，城市化发展速度加快。例如，英国城市化中期阶段，城市化水平年均增长 0.30 个百分点，法国此阶段城市化水平年均增长 0.35 个百分点，美国年均增长 0.52 个百分点，发展速度是初期阶段的 1.5 ~ 2.5 倍。而日本和韩国在此期间城市化发展速度更快，日本在 1950 ~ 1980 年城市化水平从 37.3% 提高到 76.2%，年均增长 1.3个百分点；韩国在 1960 ~ 1988 年城市化水平从 27.7% 提高到 70.2%，年均增长 1.5 个百分点。当城市化水平达到 70% 左右时，进入后期阶段，农村剩余劳动力基本上全部被城市吸纳，城市人口增长主要依赖自身发展，城市化水平停滞或略有下降趋势。

许多学者从不同的角度，对其进行了解释。例如，英国的范登堡（1987）提出"城市发展阶段说"、美国的刘易斯（2005）提出"城市周期发展规律说"、我国学者高珮义（2004）提出"城市文明普及加速定律"，还有其他学者从产业结构变动、经济增长、劳动力转移等角度对其进行解释。

但对城市化发展阶段的划分，尚无统一的数量界限标准。一般认为，城市化水平在 30% 以下为初期阶段；30% ~ 70% 为中期阶段；70% 以上为后期阶段。陈彦光和周一星（2005）认为，以 30% 和 70% 为临界值，将城市化粗略地划分为三个阶段不够准确，并对其进行修正，提出了四阶段的划分方法。杨波等（2006）提出以城市化进程的 S 型曲线的拐点为界，将其划分为前期和后期两个阶段，中国目前还处于前期阶段。郝寿义（2005）构建的时间序列模型显示，中国从 1996 年开始已经进入到城市化快速发展时期。

3.1.2　中国城市化的发展轨迹

中国的城市化起步于新中国成立之后，半个多世纪以来，城市化发展取得了卓越成就。1949 ~ 2013 年，城镇人口从 5765 万人增加到 73 111 万人，增加了 13倍；城市化水平从 10.64% 发展到 53.73%，提高了近 43 个百分点（图 3-1）。

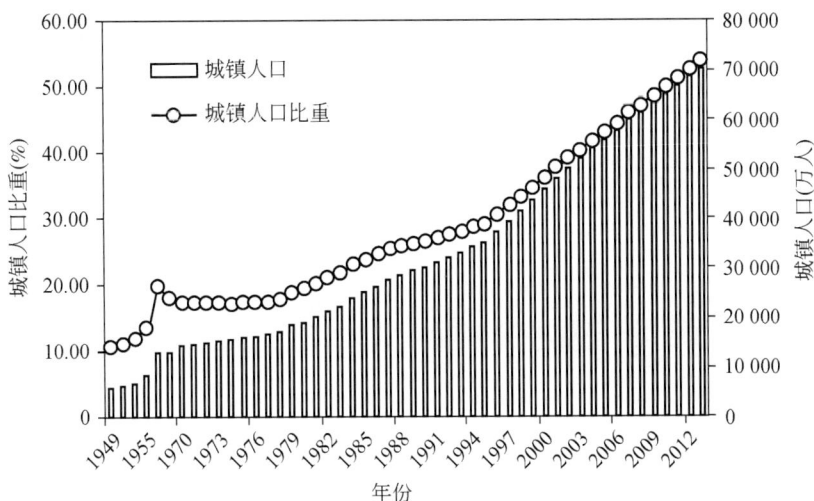

图 3-1　中国城市化进程（1949~2013 年）

资料来源：《中国统计年鉴 2014》

改革开放以前，城市化的发展总体进程比较缓慢，而且比较波折。尤其是 1965~1972 年，受到"上山下乡"运动的影响，城市化水平出现了下降。改革开放后，城市化发展速度不断加快，尤其是 1996 年以来，年均增长 1.4 个百分点（图 3-2）。

城市化与经济发展之间存在密切关系，这已被许多文献证实。根据国际经验，当一国经济进入持续稳步增长时期，城市化也将进入一个快速发展时期。改革开放以来，中国经济持续稳步快速增长，以 2005 年不变价计算，1978~2013 年，GDP 年均增长率为 9.85%，人均 GDP 年均增长率为 8.76%。中国经济已进入高速增长期，必将带动城市化快速发展。

工业化与城市化之间也存在密切关系，一般来说，工业化的初期、中期与后期阶段，基本上与城市化的初期、中期和后期阶段相对应。工业化初期主要通过劳动密集型产业的发展来推动城市化的进程，城市化水平呈缓慢上升趋势；工业化中期主要是通过以装备工业为主导，促进国民经济各行各业的普遍发展来推动城市化的加速发展，工业化中期城市化水平的年均增长率是初期的 1.5~2.5 倍，城市化率将以较快的速度攀升；工业化后期，第三产业成为城市化的主要推动力，城市化从快速增长进入到基本完成的后期阶段，在工业化后期，第二产业在国民经济中的比重，无论从就业结构还是 GDP 结构来看，将缓步下降，与此相

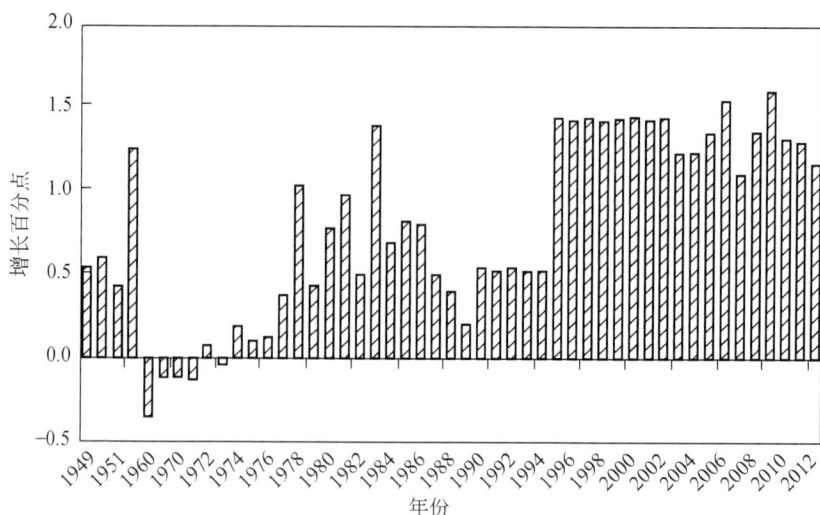

图 3-2　城市化年均增长百分点（1950～2013 年）

资料来源：《中国统计年鉴 2014》

对应，城市化速度也有所降低。在这三阶段中，工业化中期阶段的城市化发展是速度最快且极为关键的时期。

关于工业化发展阶段，有多种判别标准，如霍夫曼的轻重工业比例系数、钱纳里的国民收入标准以及库兹涅茨的三次产业结构标准等。这里采用产业结构标准（表 3-1）（中国社会科学院经济学部课题组，2007）对我国工业化发展阶段进行判断。

表 3-1　工业化发展阶段的产业结构判别标准

前工业化 阶段（1）	工业化实现阶段			后工业化阶段（5）
	工业化初期（2）	工业化中期（3）	工业化后期（4）	
$A > I$	$A > 20\%$，且 $A < I$	$A < 20\%$，$I > S$	$A < 10\%$，$I > S$	$A < 10\%$，$I < S$

注：A、I、S 分别代表第一、第二和第三产业增加值在 GDP 中所占的比重

根据此产业结构判别标准，对我国的工业化发展阶段进行判别，结果表明，1969 年之前，中国处于前工业化阶段。1970 年至今处于工业化实现阶段，具体来看：1970～1995 年，处于工业化初期；1996～2012 年，处于工业化中期；从 2013 年开始向工业化后期迈进（表 3-2）。

表 3-2 基于产业结构判别标准的我国工业化发展阶段

工业化阶段	起止年份	产业结构变化
前工业化阶段（1）	1969 之前	~38：35：27
工业化初期（2）	1970~1995	36：40：24~20：47：33
工业化中期（3）	1996~2012	20：47：33~10：45.3：44.6
工业化后期（4）	2013~	10：43.9：46.1~
后工业化阶段（5）		

资料来源：《新中国 60 年统计资料汇编》《中国统计年鉴 2014》

所以，从工业化发展进程及城市化与工业化的关系来看，中国正处在工业化的实现阶段。与此相对应，城市化也应处于快速发展阶段。

由上述分析可见，无论是借鉴先行国家的经验，还是依据中国的发展实践进行分析，都可以做出中国城市化正处于快速发展阶段的判断。

3.1.3　中国城市化的发展特征

中国城市化在快速发展的同时，还呈现出一些突出的特征，如存在着显著的区域差异、面临着严峻的资源和环境约束等，这些特征对家庭能源和碳排放具有重要的影响。

3.1.3.1　存在着非常显著的区域差异

虽然中国城市化进程总体经历了快速发展的阶段，但是从区域角度分析，中国城市化发展却存在着显著的差异（冯俊新，2012）。不同的区域划分对区域城市化水平的度量有着重要的影响，目前在城市化研究中，区域划分没有统一的标准（马力，2014），本书依据国家统计局的经济区域划分标准，划分为东部、中部、西部、东北四大区域①，以城镇人口占总人口比重，即城市化水平，以及城市规模来分析近年来中国城市化的区域差异。

---

① 东北区域包括 3 个省份：黑龙江、吉林、辽宁；东部区域包括 10 个省份：北京、天津、河北、山东、江苏、上海、浙江、福建、广东、海南；中部区域包括 6 个省份：山西、河南、安徽、江西、湖北、湖南；西部区域包括 12 个省份：内蒙古、新疆、陕西、甘肃、宁夏、青海、重庆、四川、广西、贵州、云南、西藏。

（1）城市化水平的区域差异

首先，从城市化水平来看，四大区域有所不同。如图 3-3 所示，东部区域由于优越的地理位置及特殊的优惠政策等原因，城市化水平在四大区域中居于最高，2013 年东部地区城镇人口比重为 66.92%，比全国高出 13.19 个百分点；其次是东北区域，2013 年城镇人口比重为 59.35%，比全国高出 5.62 个百分点。中部区域和西部区域的城市化水平均低于全国水平，其城镇人口比重分别为49.26% 和 45.43%，分别比全国低 4.47 和 8.30 个百分点。

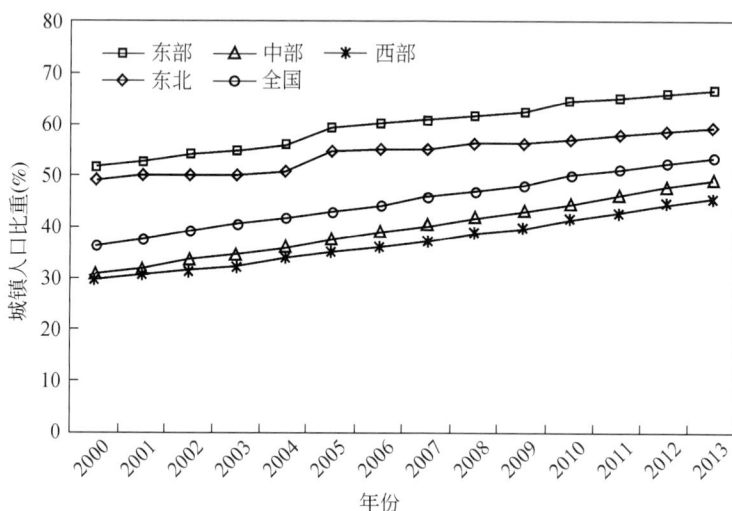

图 3-3　四大区域城市化水平比较（2000～2013 年）

资料来源：《中国统计年鉴 2014》

其次，从城市化的发展速度来看，四大区域又有所差异。2000～2013 年，城市化增幅最大的是中部、其次是西部、再次是东部、最小的是东北。在此期间，全国的城市化水平提高了 17.51%，中部、西部、东部和东北的城市化水平分别提高了 18.43%、15.72%、15.30% 和 10.15%。可见，中国城市化水平快速发展的动力主要来自于中部区域，西部和东部也保持着较快的发展，而东北地区的发展则较为缓慢。

再次，具体从各个省份的城市化水平来看，2013 年城市化水平位于前 3 名的是东部区域的 3 个直辖市，即上海市、北京市和天津市，城镇人口比重分别高达89.60%、86.30% 和 82.01%，可见城市化水平都已高于 80%，进入了成熟的后期阶段。城市化水平位于60%~70%的省份有5个，位于东部和东北地区，分别是广东省、辽宁省、江苏省、浙江省和福建省。城市化水平位于50%~60%的省份有10个，包括内蒙古自治区、重庆市、黑龙江省、湖北省、吉林省、山东省、海南省、陕西省、宁夏回族自治区和陕西省。城市化水平在40%~50%的省份有11个，包括江西省、青海省、河北省、湖南省、安徽省、四川省、广西壮族自治区、新疆维吾尔自治区、河南省、云南省和甘肃省。城市化水平在30%~40%的只有1个省，即甘肃省，其城市化水平为37.83%。城市化水平低于30%的也只有一个省份，是西藏自治区，其城市化水平为23.71%（表3-3）。

表3-3 2013年各省份的城市化水平 　　　　（单位：%）

省份	城市化水平	省份	城市化水平	省份	城市化水平
上海	89.6	湖北	54.51	安徽	47.86
北京	86.3	吉林	54.2	四川	44.9
天津	82.01	山东	53.75	广西	44.81
广东	67.76	海南	52.74	新疆	44.47
辽宁	66.45	山西	52.56	河南	43.8
江苏	64.11	宁夏	52.01	云南	40.48
浙江	64	陕西	51.31	甘肃	40.13
福建	60.77	江西	48.87	贵州	37.83
内蒙古	58.71	青海	48.51	西藏	23.71
重庆	58.34	河北	48.12	全国	53.73
黑龙江	57.4	湖南	47.96		

资料来源：《中国统计年鉴2014》

最后，从各个省份的城市化发展速度来看（图3-4），2000~2013年，城市化发展速度最快的是天津市、重庆市、江苏省、河北省、江西省、河南省和辽宁省，其城镇人口比重增幅均在20%~25%。城市化发展速度最慢的省份包括北京市、黑龙江省、吉林省、西藏自治区和上海市，其城镇人口比重的增幅都在1%~15%。但是城市化发展缓慢的原因又不尽相同，其中北京市和上海市由于已进入城市化发展的后期阶段，所以速度已经放缓；而西藏自治区尚处于城市化发展的前期阶段，所以城市化发展也很缓慢；黑龙江省和吉林省虽然已进入城市化发展的中期阶段，可是由于部分老工业基地城市面临调整改造，部分资源型城市面临资源枯竭问题，所以城市化发展缺乏动力（张守忠和芦少春，2010）。其余 19 个省份的城市化增幅基本保持在 10% ~ 20%，其中除了新疆维吾尔自治区的增幅 10.72% 略低于全国 10.74% 的水平，其余 18 个省份的增幅均高于全国。

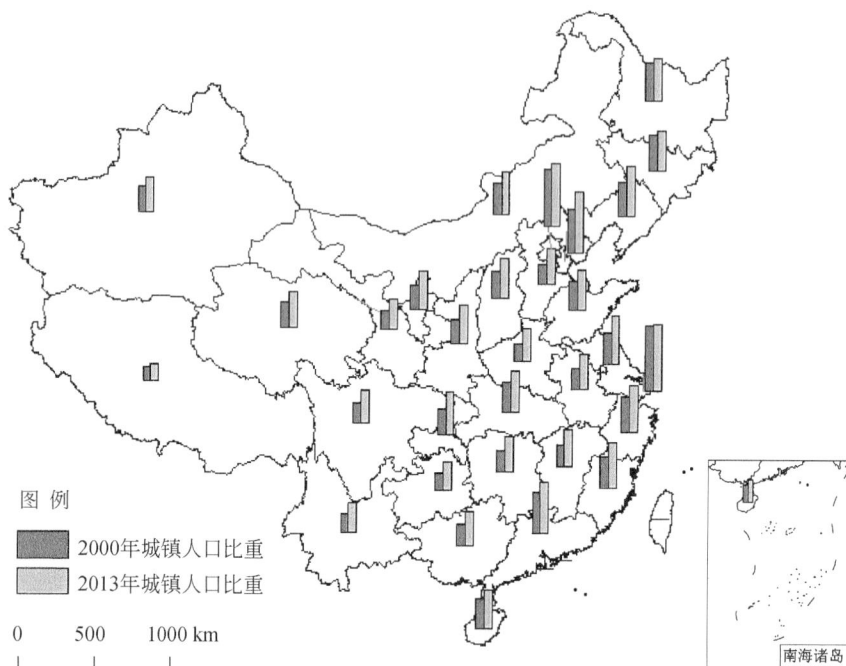

图 3-4　各省份的城市化发展（2000 ~ 2013 年）

资料来源：《中国统计年鉴 2014》

（2）城市规模结构的区域差异

从城市规模来看，根据国务院 2014 年 11 月 20 日印发的《关于调整城市规模划分标准的通知》，将城区人口规模在 50 万以下的划为小城市、在 50 万 ~ 100 万的划为中等城市、在 100 万 ~ 500 万的划为大城市，在 500 万 ~ 1000 万的划为特大城市、在 1000 万以上的划为超大城市。按照此通知的统计口径，城区是指在市辖区和不设区的市，区、市政府驻地的实际建设连接到的居民委员会所辖区域和其他区域。目前尚没有找到关于城区人口的统计数据，于是根据《中国城市统计年鉴 2013》中有关地级以上城市市辖区人口的统计数据，按照上述规模，将城市划分为小城市、中等城市、大城市、特大城市和超大城市 5 种规模，并对不同区域和省份的情况进行比较。

全国四大区域的城市数量及等级见表 3-4，东部区域共有地级以上城市 88 个，其中小城市、中等城市、大城市、特大城市和超大城市的比例为 11：30：52：5：2；中部区域共有地级以上城市 80 个，上述 5 个等级规模城市的比例为 16：44：37：3：0；西部区域共有地级以上城市 87 个，5 个等级规模城市的比例为 30：32：35：2：1；东北区域共有地级以上城市 34 个，5 个等级规模城市的比例为 15：59：23：3：0。

表 3-4 四大区域地级以上城市数量及等级（2012 年）

区域	城市数量（个）	小城市		中等城市		大城市		特大城市		超大城市	
		数量（个）	比例（%）	数量（个）	比例（%）	数量（个）	比例（%）	数量（个）	比例（%）	数量（个）	比例（%）
东部	88	10	11	26	30	46	52	4	5	2	2
中部	80	13	16	35	44	30	37	2	3	0	0
西部	87	26	30	28	32	30	35	2	2	1	1
东北	34	5	15	20	59	8	23	1	3	0	0

资料来源：根据《中国城市统计年鉴 2013》的相关数据整理

由此可见，四大区域的共同特征是中等城市和大城市所占比重最大，尤其是东北区域中等城市占到一半以上，在辽中南地区形成城市群，相应地辽宁省的中等城市比例占到了 64.29%。东部区域大城市占到 60% 以上，京津唐、长江三角洲、珠江三角洲形成城市群，除京津沪均为大城市外，江苏、山东、广东大城市比例均比较高；中部区域大、中城市均占到 40% 左右；西部区域大城市占到将近 40%，小城市比例在各区域中最大，将近 30%，其中西藏只有 1 个城市，而且为小城市，可见西藏城市化水平较低，此外宁夏、甘肃、云南的城市中小城市占到最大比例（图 3-5）。

3.1.3.2 面临着严峻的资源和环境约束

改革开放以来，我国城市化发展速度不断加快。城市化一方面可以充分利用时间和空间，节约能源和资源，提高社会生产力和经济效益，发挥聚集效应的优势，推动经济、文化、教育、科技和社会的不断发展，把人类社会的物质文明和精神文明推向新的阶段；另一方面，由于城市人口、工业、建筑的高度集中，也必然带来一系列的城市生态与环境问题。在不同时期，城市化发展具有不同的特征，对生态环境的影响也不相同。近年来，随着我国城市化进程的全面推进，生

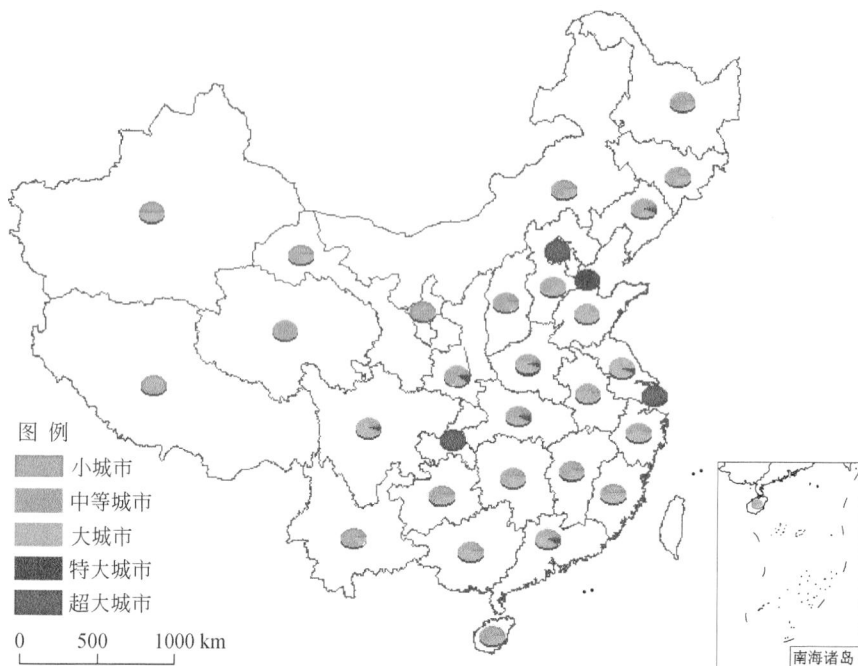

图 3-5　各省、直辖市和自治区的城市规模结构比较（2012 年）

资料来源：根据《中国城市统计年鉴 2013》的相关数据整理

态环境效应日益突出，影响到了城市化的发展。

（1）土地资源约束

资源是城市化发展必需的物质基础。土地是承载城市化发展的唯一空间场所，随着我国城市化的快速发展，土地利用空间格局的稳定性受到挑战（王婧和方创琳，2011；Henderson，2010）。随着城市建设用地的不断增加，全国耕地面积不断减少，越来越接近耕地面积的 18 亿亩[①] "红线"，对土地利用乃至粮食安全产生了较大的压力。如图 3-6 所示，耕地面积 1997 年为 19.49 亿亩，到 2011年下降到 18.24 亿亩，人均耕地由 1.58 亩下降到 1.35 亩，远低于世界平均水平（简新华和黄锟，2010）。1997 年城市建设用地为 1.95 万 km²，2011 年城市建设用地增加到 4.19 万 km²，是 1997 年的 2.15 倍，建设用地占用耕地 279.5 万亩，

---

① 1 亩≈666.7m²。

比 2000 年增加 134.6 万亩。城市建设用地需求不断增加，使有限的土地资源变得日益稀缺。

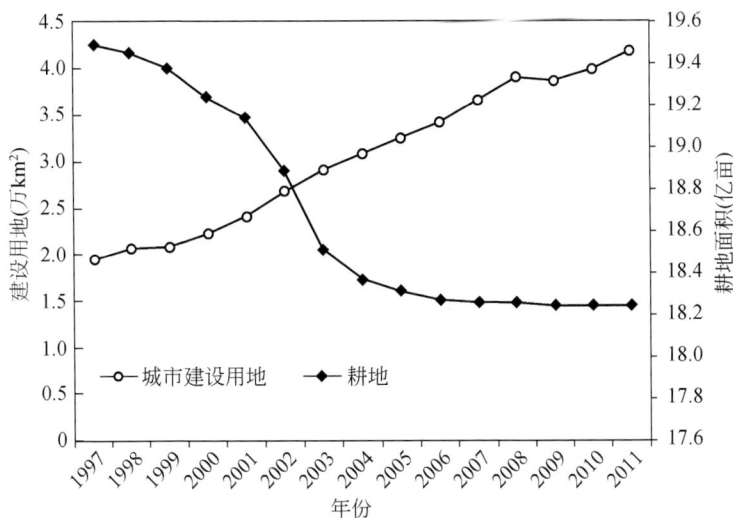

图 3-6　全国城市建设用地与耕地面积变化情况（1997～2011 年）

资料来源：中国经济与社会发展统计数据库

（2）水资源约束

水是生命之源，城市化的发展离不开水资源。随着城市人口的增加，用水需求大幅上升，而淡水资源总量有限，2005 年我国淡水资源总量达 28053 亿 m³，人均淡水资源拥有量为 2156m³，2011 年淡水资源总量降到 23257 亿 m³，人均淡水资源拥有量下降为 1727m³，远远低于世界平均水平（卢道典和黄金川，2012）。城市化的发展过程中，全国城市水资源的利用情况如图 3-7 所示，根据用水量的变化可将全国城市用水分为四个阶段。

第一阶段为 1972～1985 年，特点是生产和生活用水均缓慢增长，并且生产用水略多于生活用水。在此期间全国生产用水及生活用水量分别增加了 35.71 亿 m³ 和 34.63 亿 m³。

第二阶段为 1986～1994 年，特点是生产和生活用水均快速增长，并且生产用水量远远高于生活用水量。在此期间，生产和生活用水量分别增长了 122 亿 m³ 和 72m³，并且生产用水一直是生活用水的两倍多。

第三阶段为 1995～2001 年，特点是生产用水量不断下降、生活用水量不断

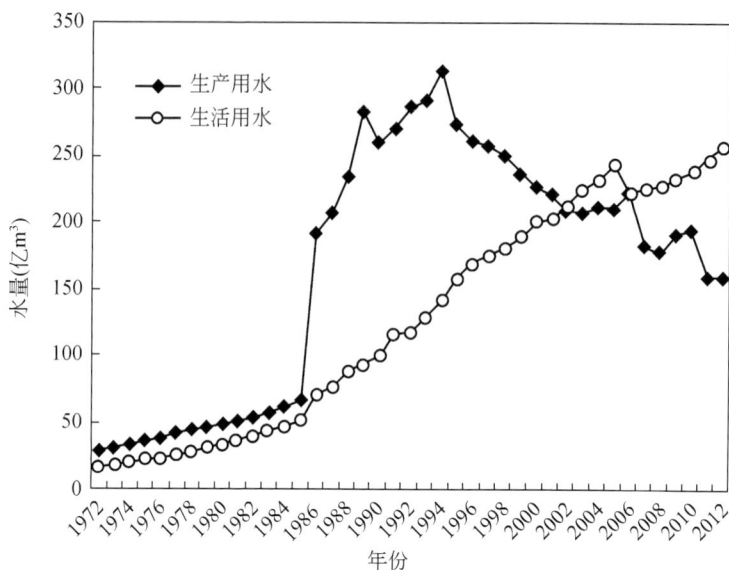

图 3-7　全国城市生产和生活用水情况（1972～2012 年）

资料来源：《新中国 60 年统计资料汇编》及中国经济与社会发展统计数据库

上升，且生产用水多于生活用水。在此期间，生产用水下降了 52.64 亿 m³，生活用水增加了 45.50 亿 m³。生产用水与生活用水的比值由 2.2 下降为 1.1。

第四阶段为 2002～2012 年，特点是虽有所波动，但是生产用水的变化呈下降趋势，生活用水的变化呈上升趋势，并且生活用水多于生产用水。在此期间，生产用水下降了 49.29 亿 m³，生活用水增加了 44.06 亿 m³。生产用水与生活用水的比值由 1.0 下降为 0.6。

可见，随着城市化的发展，城市人口不断增长而且生活水平不断提高，城市居民家庭生活需水量不断增加，近十年来，已超过工业用水，而且二者间的差距还在不断扩大。生活用水的需求增加比生产用水更具有刚性，因此城市发展面临缺水的形势更为严峻。

（3）能源约束

能源是城市化发展的动力基础。改革开放以来，随着城市化水平的不断提高，全社会的能源消费总量不断上升，同时生产量也在不断增加，基本上为城市化发展提供了能源保障。尤其是进入 21 世纪以来，中国的能源消费总量和生产总量都快速增加，一次能源中原煤的供需总量最大，所占比重高达 70% 左右

（图3-8）。这和中国以煤为主的能源禀赋有着密切的关系，原煤为中国发展提供了最主要的能源供应。

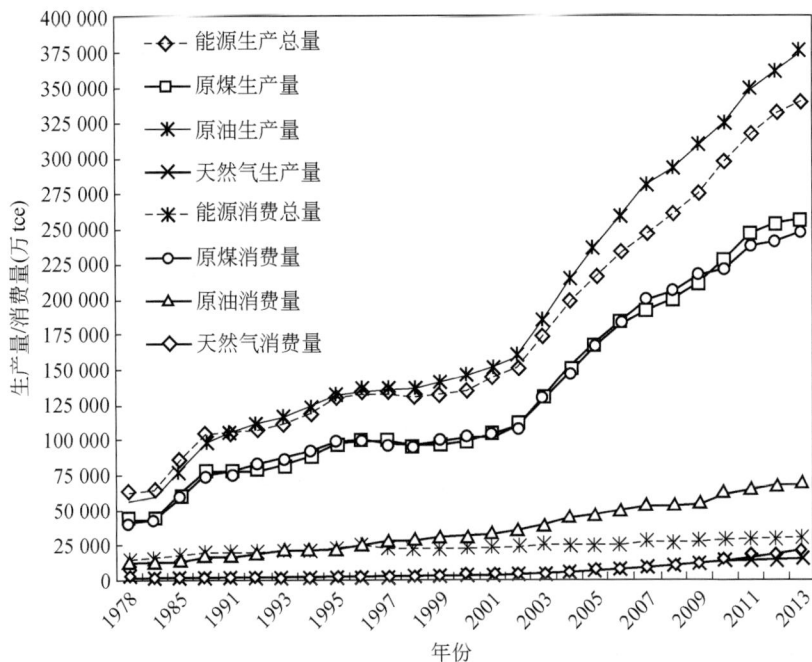

图3-8　一次能源生产及消费量变化（1978~2013年）

资料来源：《中国统计年鉴2014》

20世纪90年代之前，中国的能源供应自给有余，一次能源自给率大于100%。但是1992年以后，能源生产量赶不上能源消费量的增长速度，自给率开始小于100%，成为一次能源净进口国。对煤、石油、天然气等一次能源需求不断增加，中国的能源供需压力不断增大。随着城市化的快速发展，居民收入增加，消费水平不断提高，消费结构升级，进而将直接和间接的带动能源消费水平的上升和结构的优化。但是由于中国缺油少气，因此石油和天然气的自给率不断下降。1978年，中国的一次能源自给率为110%，并且原煤、原油和天然气的自给率都大于100%，分别为109%、115%和110%。2013年，中国的一次能源自给率为91%，其中仅原煤的自给率大于100%，为104%，原油的自给率已不足一半，仅为44%，大然气的自给率也只有72%（图3-9）。所以未来城市化进一步发展的能源约束主要来自于原油和天然气。

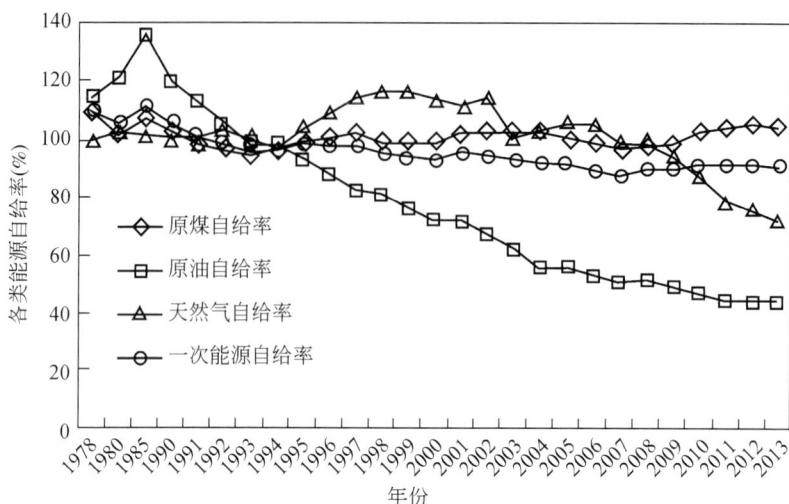

图 3-9　一次能源自给率变化（1978～2013 年）

资料来源：根据《中国统计年鉴 2014》相关数据整理计算

（4）环境约束

城市化的快速发展给生态环境带来巨大的压力，大气污染、水污染、固体废弃物污染导致城市生态环境问题突出，影响到城市居民的生存与发展。

首先，以煤为主的能源供应和消费结构，使得近年来工业废气排放不断增加，2000 年排放量为 138 145 亿标 m³，2012 年已达 635 519 亿标 m³，平均每年以 14% 的增长率增加（图 3-10）。由于工业主要集中在城市，所以工业废气排放对城市空气质量的影响很大。据 2013 年《中国环境状况公报》统计，实施新《环境质量空气标准》的 74 个城市中，仅海口、舟山和拉萨 3 个城市空气质量达标，超标城市比例占到了 95.9%，空气质量相对较差的前 10 位城市 9 个位于东部区域，酸雨区面积占国土面积的 10.6%，集中分布在长江沿线及中下游以南城市（刘耀彬和杨新梅，2011）。

其次，中国的水环境形势也不容乐观，全国废水排放总量持续增加，随着城市化的快速发展，生活废水排放量与日俱增，在废水排放总量中所占比重不断上升，由 2000 年的 53% 上升到 2012 年的 68%。2000 年，全国废水排放总量为 415.2 亿 t，其中生活用水排放量为 220.9 亿 t，比工业废水多出 26.7 亿 t；2012 年，全国废水排放总量增加到 685 亿 t，其中生活用水排放量增加到 463 亿 t，比

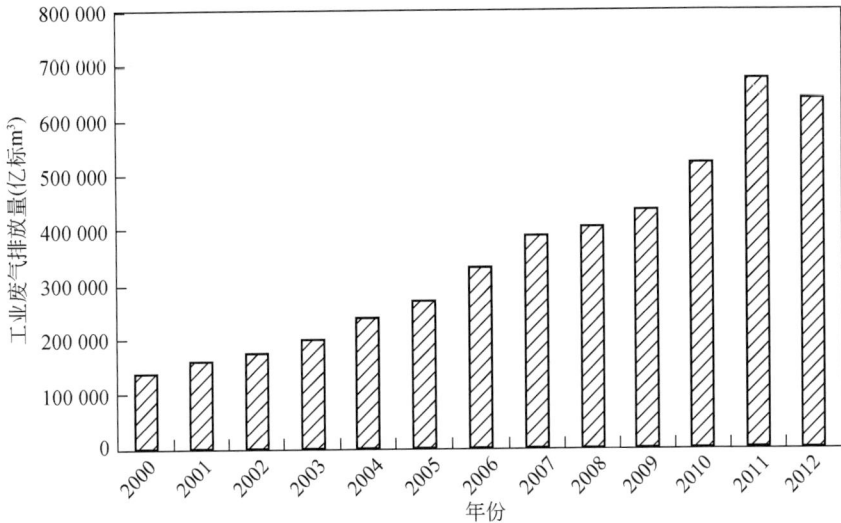

图3-10　工业废气排放量变化（2000~2012年）

资料来源：历年《中国环境统计年鉴》

工业废水多出241亿t。工业废水排放量自2005年以来呈现出轻微的下降趋势，而生活废水排放量却不断增长（图3-11）。

目前，全国水环境已经受到较严重的污染，据2013年《中国国土资源公报》报道，地表水总体已轻度污染，河流城市河段污染严重，重要淡水湖泊中54.84%的湖泊已受到不同程度的污染，城市地下水水质恶化。2012年，全国203个地下水监测城市中，水质呈较差级监测点占到总监测点的43.9%，水质呈极差级的监测点占到了15.7%，其余为水质呈优良级、良好级和较好级的监测点，分别占到10.4%、26.9%和3.1%，与2012年相比，有18%的监测点地下水水质变差，水质有所改善的监测点只占到15.4%。

最后，固体废弃物产生量也在不断增加，尤以工业固体废物产生量的增加更为显著。1980~2012年工业固体废物产生量情况如图3-12所示，根据其变化的幅度可以分为两个阶段：第一阶段是1980~2000年，工业固体废物产生量的增长较为缓慢，20年间共增长32 883万t，年均增长1644万t；2001~2012年，工业固体废物产生量的增长较快，11年间共增长240 160万t，年均增长21 833万t，年均增幅是上一阶段的13倍。

上述生态环境的恶化减弱了其自身的承载力，使城市化发展的过程中付出的

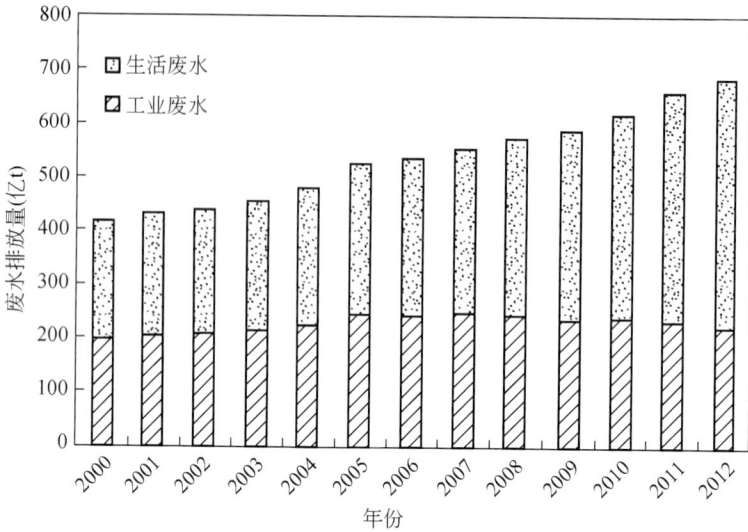

图 3-11　废水排放量变化（2000～2012 年）

资料来源：历年《中国环境统计年鉴》

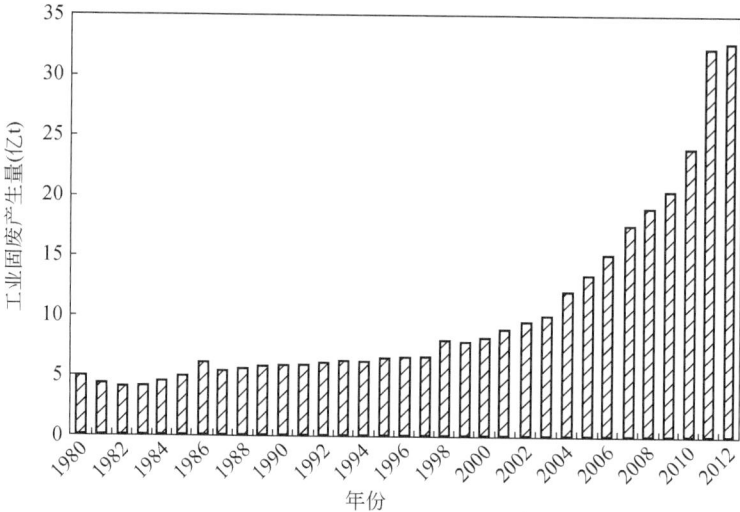

图 3-12　工业固废产生量变化（1980～2012 年）

资料来源：历年《中国环境统计年鉴》

环境成本增加（黄升旗，2010）。城市用于环境污染治理的投资逐年增加，1995年环境治理投资额为 98.7 亿元，占国民生产总值的 0.16%，2013 年环境治理投资额已达 9516.5 亿元，占国民生产总值的 1.67%。

3.2　家庭直接能源消费和碳排放变化特征

正如第 2 章所言，城市化会对家庭直接能源消费和碳排放产生重要影响。因此随着中国城市化的演进，家庭直接能源消费和碳排放也必将发生变化。由于受数据资料可获得性的限制，这里对家庭直接能源消费和碳排放的分析，无法从新中国成立之后开始进行，只能从 20 世纪 90 年代以后开始。而上述分析表明，1996 年以来，中国城市化水平开始超过 30%，进入城市化快速发展的中期阶段，城市化水平年均增长 1.4 个百分点。相应地，家庭能源消费和碳排放也会在此阶段发生巨大变化。因此，此处以 1996～2012 年为样本期，对家庭直接能源消费在终端部门中所占比重变化、总量变化、人均量变化、结构变化、城乡差异变化、区域差异变化进行分析。

3.2.1　在终端部门中所占比重变化

中国终端部门能源消费比重变化如图 3-13 所示，表现出如下特点：

第一，从家庭生活部门和生产部门所占比重来看，生产部门占据主导地位，家庭部门的直接能源消费仅占总量的 11%，并且这一比重非常稳定，17 年来一直保持在 11% 左右。可见占据终端能源消耗主体的依然是生产部门。

第二，从生产部门内部来看，以工业占据绝对主导地位，比重一直保持在70% 左右，近年来略有下降态势，2012 年为 67%。相应地，服务业所占比重略有上升，由 1996 年的 15% 提高到 2012 年的 18%。而农业和建筑业的占比一直分别稳定在 2% 左右。可见，由于仍处于工业化和城镇化的快速发展阶段，因此，工业当仁不让地成为能耗的主体，不过服务业部门开始表现出了上升态势。

中国终端部门碳排放比重变化如图 3-14 所示，可以看出：从各部门所占的比重来看，与能源消费类似，依然是以生产部门为主，家庭生活部门为辅；而且生产部门中，尤以工业部门为主，服务业部门所占比重也正在缓慢攀升。

虽然能源消费与碳排放的终端部门构成特征非常类似，但是各部门碳排放所占比重与能源消费所占比重又不完全相同，原因在于各部门的能源消费结构存在差异。从图 3-15 可以看出，家庭、工业和农业部门的碳排放所占比重高于能源

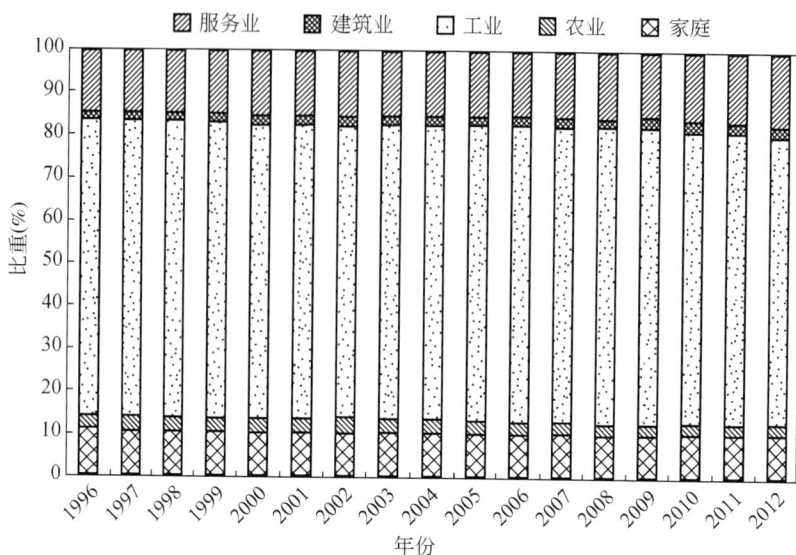

图 3-13　终端部门能源消费比重变化（1996～2012 年）

资料来源：历年《中国能源统计年鉴》

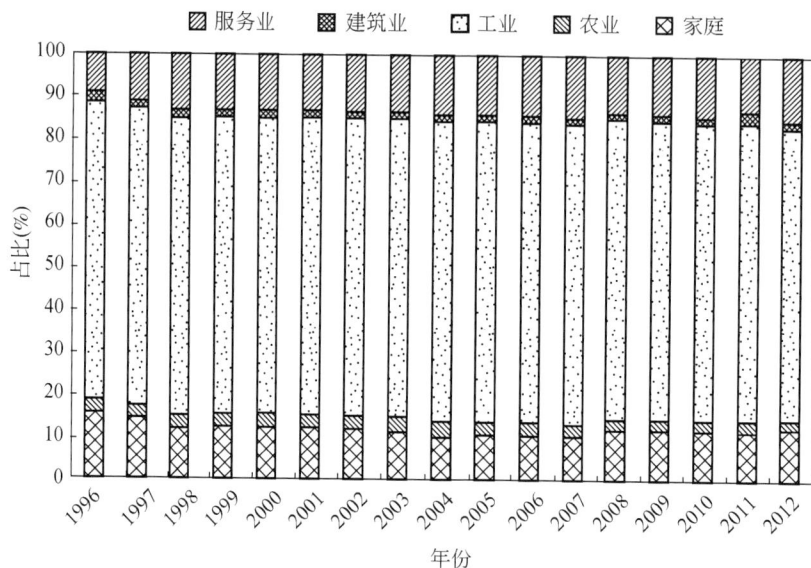

图 3-14　终端部门碳排放比重变化（1996～2012 年）

资料来源：历年《中国能源统计年鉴》

消费所占比重，即二者的差额为正；而服务业和建筑业的碳排放所占比重低于能源消费所占比重，即二者的差额为负。说明家庭、工业和农业部门的能源消费结构相对高碳化，而服务业和建筑业的能源结构相对低碳化。

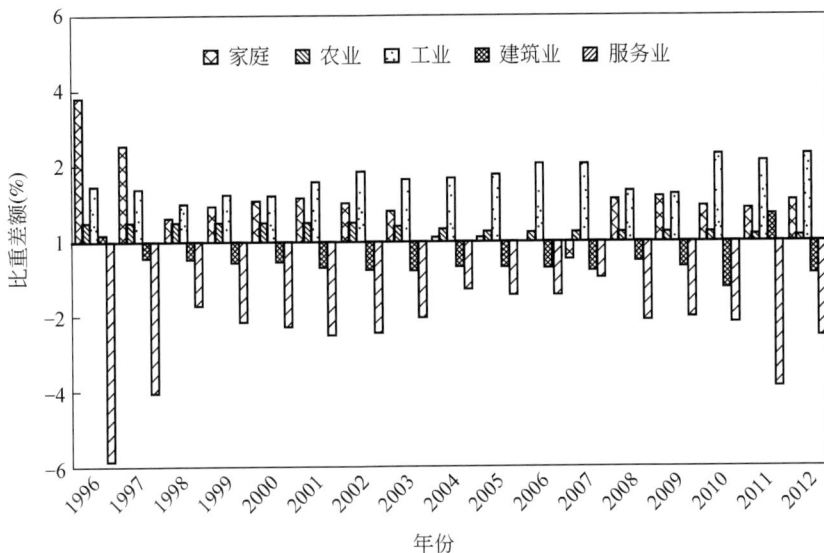

图3-15　终端部门碳排放与能源消费比重差额变化（1996~2012年）

资料来源：历年《中国能源统计年鉴》

3.2.2　总量变化

1996年以来，中国家庭直接能源消费总量变化的总体趋势是不断增长的，由1996年的146Mtce增长到2012年的278Mtce，年均增速为4%。家庭直接CO_2排放总量的变化过程，与能源消费总量的变化趋势几乎完全一致。由1996年的448Mt增长到2012年的967Mt，年均增速为5%（图3-16）。可见1996年以来，随着城市化水平的年均增速开始大于1%，家庭直接能源消费总量和碳排放总量的增长也相应地呈现出了加速状态。

其间的1997~1998年家庭直接能源消费总量和碳排放总量出现了下降，究其原因，一方面在于亚洲金融危机的冲击致使国内家庭对能源产品的需求下降；另一方面可能还在于统计数字的低估（施发启，2005）。

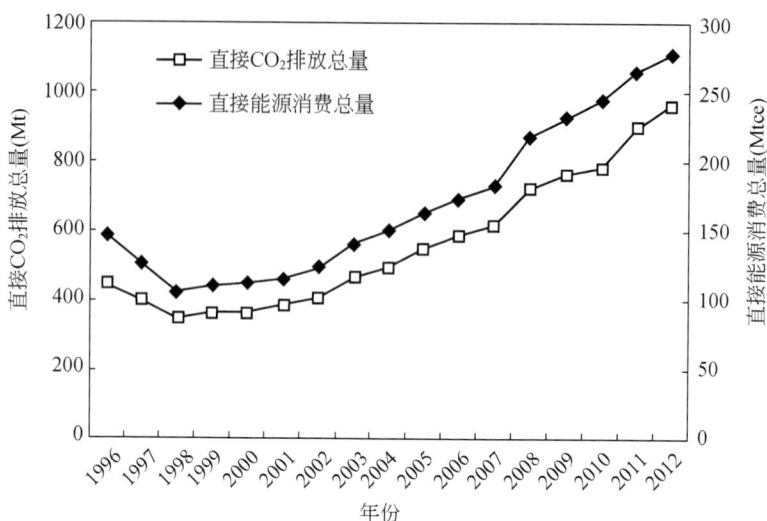

图 3-16 中国家庭直接能源消费和 CO_2 排放总量变化（1996～2012 年）

资料来源：根据历年的《中国能源统计年鉴》相关数据整理计算

3.2.3 人均量变化

比较图 3-16 和图 3-17 可以发现，从变化的轨迹来看，中国人均家庭直接能源消费和 CO_2 排放量的变化趋势与总量的变化趋势几乎完全一致。1996 年以来，中国人均家庭直接能源消费和 CO_2 排放量变化的总体趋势是不断增长，由 1996 年的 120kgce 和 366kgCO_2 增长到 2012 年的 205kgce 和 665kg CO_2，年均增速分别为 3% 和 4%。可见，与家庭直接能源消费和碳排放总量相比，人均量的增速略低，原因在于总量的增速里，叠加了人口的增速。其间的 1997～1998 年人均家庭直接能源消费量和碳排放量也出现了短暂的下降（图 3-17）。

3.2.4 燃料结构变化

1996 年以来，中国家庭直接能源消费结构变化总的特点是不断优化。

首先表现为以煤为主的消费结构得以扭转，原煤所占比例不断下降，1996 年，家庭直接能源消费总量中原煤占到 65%，之后不断下降，1998 年时开始小于 50%，此后继续下降，到 2012 年时，所占比重仅为 21%。

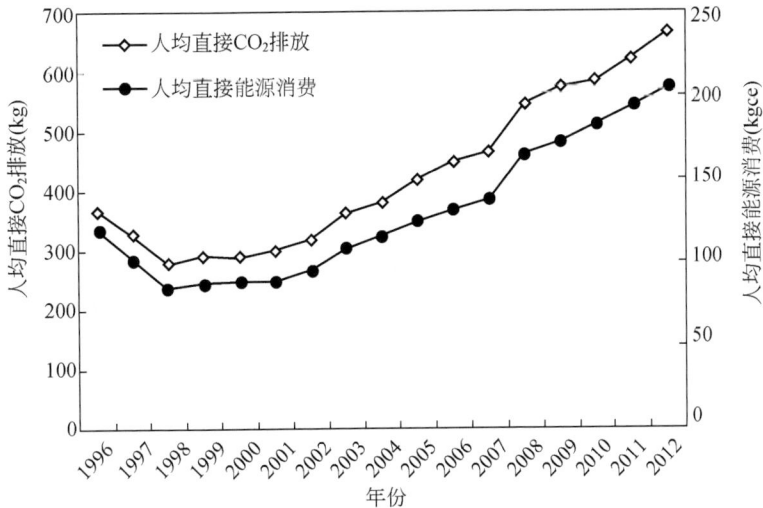

图 3-17　中国人均家庭直接能源消费和 CO_2 排放变化（1996～2012 年）

资料来源：根据历年的《中国能源统计年鉴》和《中国统计年鉴》相关数据整理计算

其次，电力和天然气所占比重不断增长，1996 年时，电力和天然气在家庭直接能源消费总量中所占的比重分别为 10% 和 2%，2012 年这一比重已分别高达 28% 和 13%。

再次，热力和液化石油气所占比重也都略有上升，1996～2012 年，所占比重分别增加了 6% 和 2%。最后，煤油、柴油、汽油及型煤、焦炭、焦炉煤气等其他能源虽然在家庭直接能源消费总量中所占的比重都略有增加，但是所占比重依然很小。除了上述原煤、电力、天然气、热力和液化石油气之外的其他能源，在总量中所占的比重在 1996 年时为 12%，2012 年时上升至 19%（图 3-18）。

与能源消费结构的变化相对应，家庭直接 CO_2 排放结构的变化也呈现出以原煤为主结构向以电力为主结构转变的特征。

首先，原煤所占比重不断下降。1996 年原煤消费排放 CO_2 的比重高达 58%，此后不断下降，1997 年为 50%，2012 年时仅为 18%。

其次，电力和天然气所占比重不断增长，1996 年电力和天然气消费排放 CO_2 的比重所占比重分别为 21% 和 1%，2012 年分别上升至 47% 和 7%。可见与其 2012 年在家庭直接能源消费总量中所占的份额 28% 和 13% 相比，电力消费排放的 CO_2 所占比重更高，而天然气消费排放的 CO_2 所占比重更低，说明天然气是一

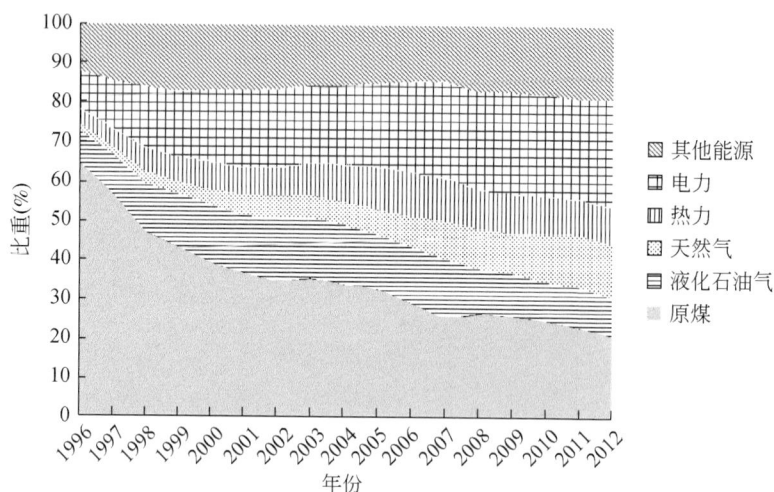

图 3-18　中国家庭直接能源消费结构变化（1996～2012 年）
资料来源：根据历年的《中国能源统计年鉴》相关数据整理计算

种较为低碳的能源，而电力则相反。

再次，热力和液化石油气所占比重也都略有上升，1996～2012 年，所占比重分别增加了 6% 和 1%。最后，煤油、柴油、汽油以及型煤、焦炭、焦炉煤气等其他能源虽然在家庭直接能源消费总量中所占的比重都略有增加，但是所占比重依然较小。除了上述原煤、电力、天然气、热力和液化石油气之外的其他能源，在总量中所占的比重在 1996 年时为 11%，2012 年时上升至 19%（图 3-19）。

3.2.5　城乡差异变化

3.2.5.1　城乡之间的总量差异

从总量上来看，城乡家庭直接能源消费和碳排放虽然在变化趋势上是一致的，但是城乡之间还是存在着显著差异，而且这种差异正在不断扩大。1996 年，城镇家庭直接能源消费和 CO_2 排放总量均是农村的 1.1 倍。此后，这一差额不断扩大（图 3-20）。2012 年时，城镇家庭直接能源消费和 CO_2 排放总量分别是农村的 1.6 倍和 1.4 倍。由此可见，1996 年时，城乡之间的家庭直接能源消费总量和 CO_2 排放总量的差距相当，而在 2012 年时，城乡之间的家庭直接能源消费总量差

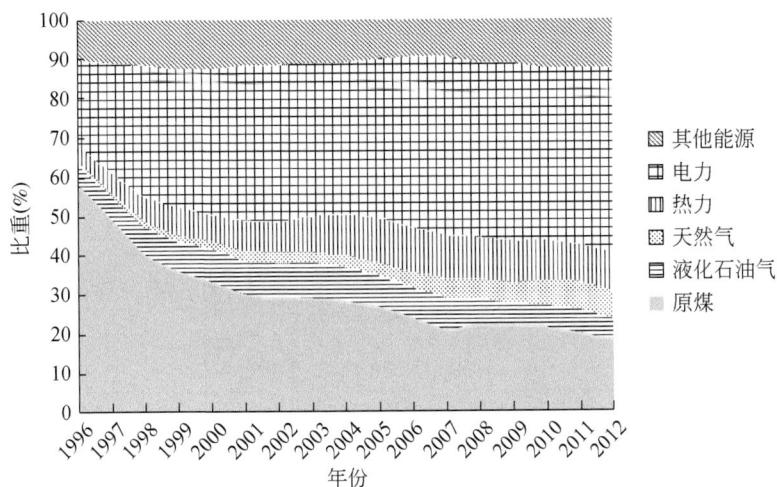

图 3-19　中国家庭直接 CO_2 排放构成变化（1991～2012 年）

资料来源：根据历年的《中国能源统计年鉴》相关数据整理计算

距大于 CO_2 排放总量的差距，说明城镇家庭的能源消费结构整体上优于农村，较之农村更为低碳化。

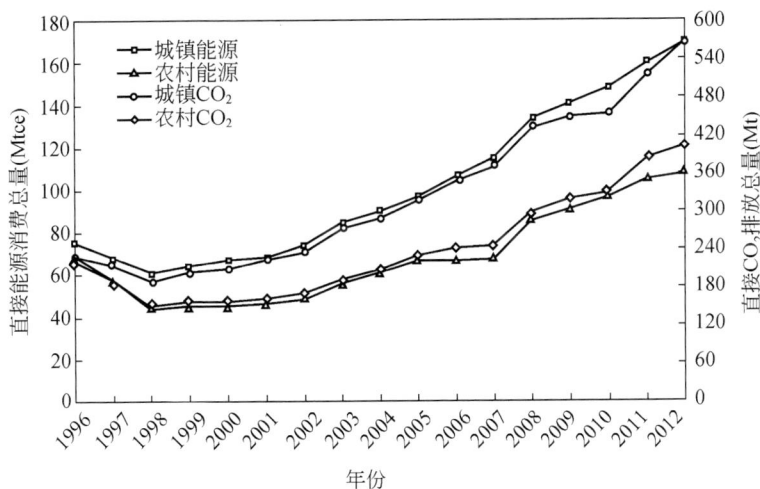

图 3-20　城乡家庭直接能源消费和碳排放总量（1996～2012 年）

资料来源：根据历年的《中国能源统计年鉴》和《中国统计年鉴》相关数据整理计算

3.2.5.2 城乡之间的人均差异

从人均水平来看，城乡之间也具有很大差异。从图 3-21 可以看出，虽然城乡家庭人均直接能源消费和 CO_2 排放的变化趋势是非常一致的，并和城乡家庭总量的变化趋势基本相似（图 3-20）。但是对比图 3-20 和图 3-21 可以发现，城乡人均直接能源消费和 CO_2 排放之间的差距却表现出了与总量差距不同的特征，即城乡之间的总量差距正在不断扩大，但是人均之间的差距却不断缩小。

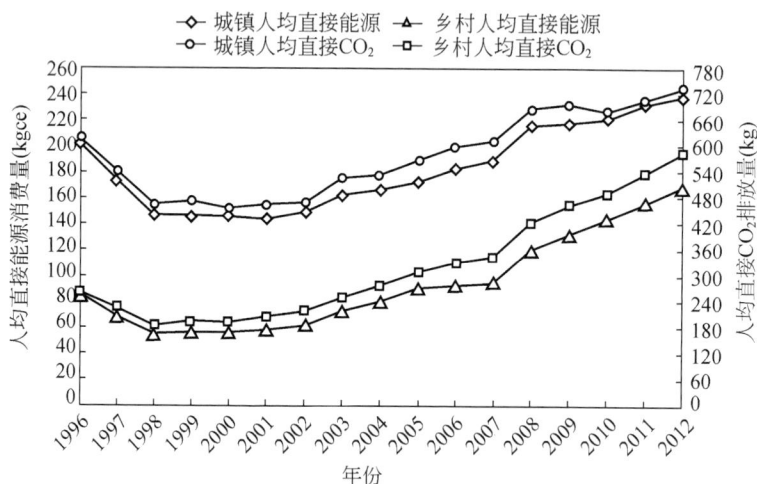

图 3-21　城乡家庭人均直接能源消费和 CO_2 排放变化（1996～2012 年）

资料来源：根据历年的《中国能源统计年鉴》相关数据整理计算

城乡家庭人均直接能源消费和 CO_2 排放量之比分别由 1996 年的 2.4 倍和 2.4 倍，下降至 2012 年的 1.4 倍和 1.3 倍。而城乡家庭直接能源消费和 CO_2 排放总量之比分别由 1996 年的 1.1 倍和 1.1 倍，上升至 2012 年的 1.6 倍和 1.4 倍。可见，随着城市化水平的不断提高，城乡家庭在生活水平上逐步趋同，所以人均直接能源消费和 CO_2 排放表现出逐步趋同的趋势，但是由于更多的人口由农村向城镇集中，所以城镇的直接能源消费和 CO_2 排放总量比农村更多。

3.2.5.3 城乡之间的结构差异

从结构上来看，城乡差异也比较明显。1996 年时，城镇家庭的能源消费结构中，原煤占据半壁江山，比重为 51%；农村家庭的能源消费结构中，原煤占据绝对主导地位，比重高达 79%。此后的不断演化过程中，城乡家庭的直接能源消费结构均表现出不断优化的态势，但以城镇的优化速度更快。时至 2012 年，城镇家庭的能源消费结构中，原煤比重仅为 5%，而电力、天然气和热力比重分别为 26%、22% 和 16%；农村家庭的能源消费结构中，原煤仍占主导地位，比重高达 46%，其次为电力，比重为 30%（图 3-22 和图 3-23）。

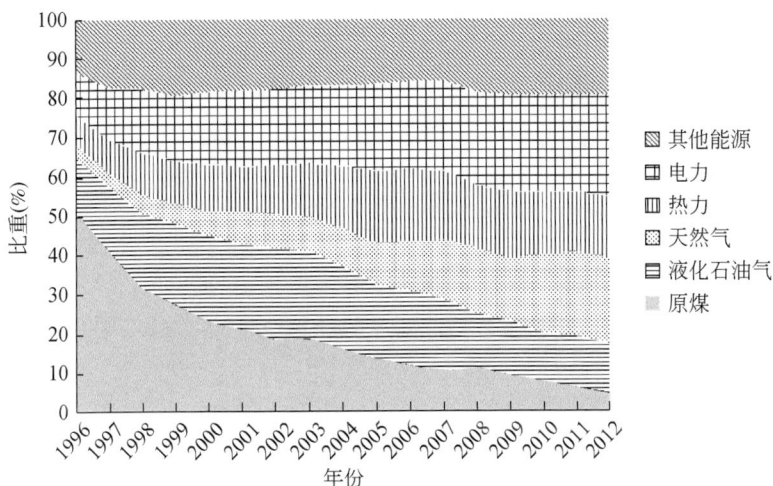

图 3-22　城镇家庭直接能源消费结构变化（1996~2012 年）

资料来源：根据历年的《中国能源统计年鉴》相关数据整理计算

可见，如今城镇家庭直接能源消费结构出现多样化趋势，其中以电力、热力、天然气和液化石油气为主导，2012 年这四种能源在总量中所占的比重为 76%；与城镇相比，农村的家庭直接能源消费结构更为单一，以原煤和电力占据绝对主导地位，2012 年这两种能源在总量中所占的比重为 76%（图 3-22 和图 3-23）。

相应地，城乡家庭 CO_2 排放的来源构成也有所差异。1996 年时，城镇家庭的直接 CO_2 排放结构中，原煤比重为 46%；农村家庭的直接 CO_2 排放结构中，原煤占据绝对主导地位，比重高达 71%。2012 年，城镇家庭的直接 CO_2 排放结构中，原煤比重降至 4%，而电力、热力和天然气比重分别为 46%、17% 和 11%；农村家庭的直接 CO_2 排放结构中，原煤消费比重降至 37%，而电力消费排放的 CO_2 比重高达 48%（图 3-24 和图 3-25）。

由此可见，城乡家庭 CO_2 排放的来源构成变化表现出如下特点：首先，无论

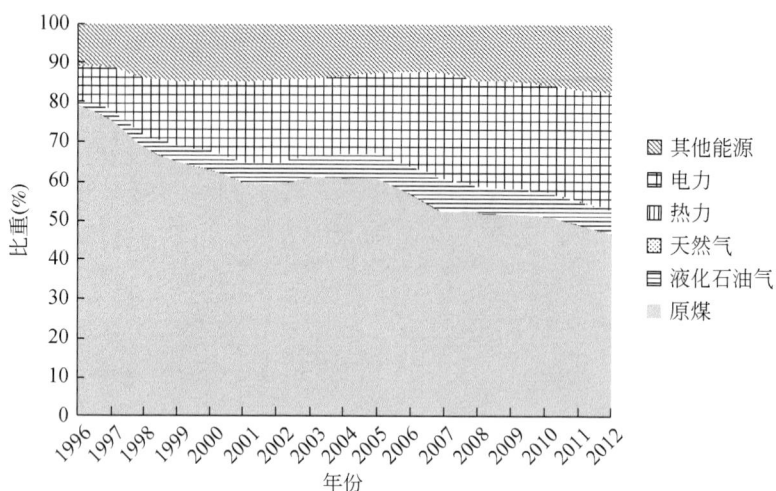

图 3-23　农村家庭直接能源消费结构变化（1996~2012 年）

资料来源：根据历年的《中国能源统计年鉴》相关数据整理计算

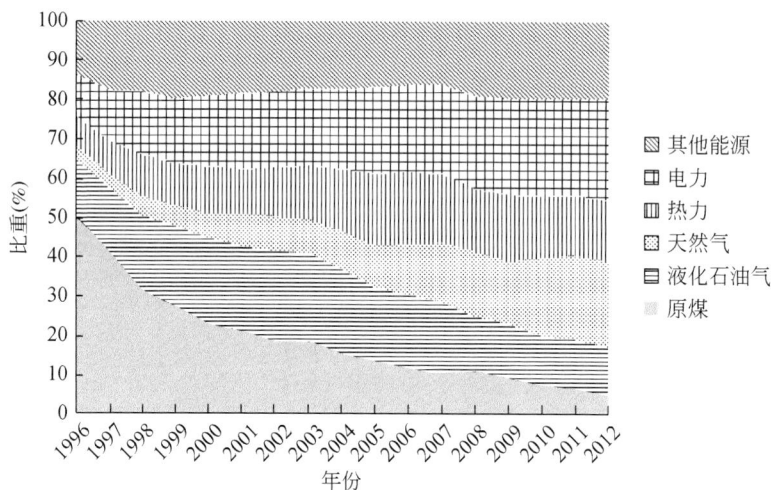

图 3-24　城镇家庭直接 CO_2 排放构成变化（1996~2012 年）

资料来源：根据历年的《中国能源统计年鉴》相关数据整理计算

是城镇还是农村家庭，直接 CO_2 排放的首要来源都已从原煤为主转变为电力为主；其次，城镇家庭的热力消费和天然气消费排放的 CO_2 不容小觑；最后，农村家庭的直接 CO_2 排放的来源相对城镇更为单一，电力和原煤共占到 85% 以上。

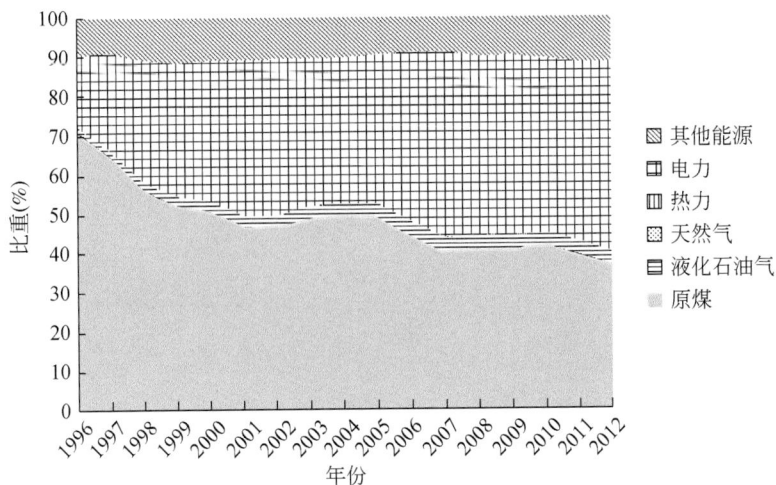

图 3-25　农村家庭直接 CO_2 排放构成变化（1996～2012 年）

资料来源：根据历年的《中国能源统计年鉴》相关数据整理计算

3.2.6　区域差异变化

受数据所限，对区域差异的分析，以 2000 年和 2012 年为样本期，进行对比。

3.2.6.1　区域之间的总量差异

（1）家庭直接能源消费总量的区域差异

从总量上来看，家庭直接能源消费存在显著的区域差异，而且这种差异随着城市化的快速发展而不断扩大。

2000 年，除了西藏自治区没有数据之外，依据中国内地 30 个省（自治区、直辖市）的家庭直接能源消费总量，可以划分为三种类型。

第一类区域的家庭直接能源消费总量属于 0～500 万 tce 范围内，共包括 21 个省（自治区、直辖市），即山东、北京、黑龙江、江苏、甘肃、云南、浙江、安徽、陕西、湖南、吉林、上海、天津、重庆、江西、福建、内蒙古、广西、青海、宁夏和海南，其中海南的家庭直接能源消费总量最少，还不足 30 万 tce。

第二类区域的家庭直接能源消费总量属于500万～1000万tce范围内，共包括8个省和自治区，即广东、河南、贵州、四川、辽宁、湖北、山西和新疆。

第三类区域的家庭直接能源消费总量属于1000万～1500万tce范围内，只有1个省，即河北省，其家庭直接能源消费总量为1234万tce（图3-26）。

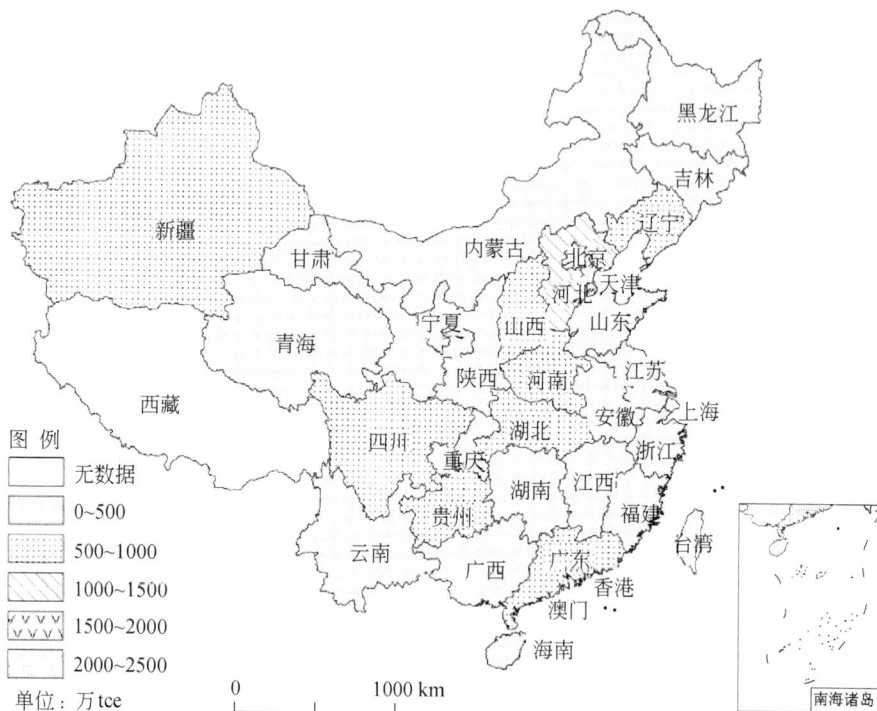

图3-26　家庭直接能源消费总量的区域差异（2000年）

如图3-27所示，与2000年相比，2012年各区域的家庭直接能源消费总量都有所增长，但增长的幅度又不尽相同。依据总量的大小可以划分为五种类型。

第一类区域的家庭直接能源消费总量属于0～500万tce范围内，这类区域由2000年时的21个省（自治区、直辖市）下降为4个省（自治区、直辖市），即江西、青海、宁夏和海南，仍以海南省的家庭直接能源消费总量为最低，不足100万tce。

第二类区域的家庭直接能源消费总量属于500万～1000万tce范围内，共包括11个省（自治区、直辖市），即贵州、新疆、上海、安徽、天津、福建、吉林、重庆、云南、广西和甘肃。

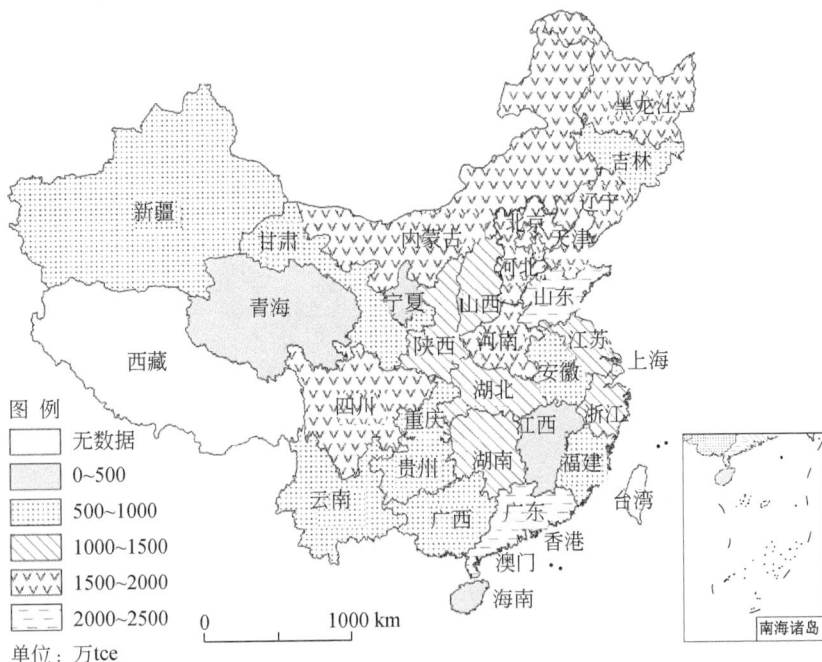

图 3-27　家庭直接能源消费总量的区域差异（2012 年）

第三类区域的家庭直接能源消费总量属于 1000 万～1500 万 tce 范围内，这类区域由 2000 年时的 1 个省增加至 7 个省和直辖市，包括江苏、浙江、山西、北京、湖北、湖南和陕西。

此外，与 2000 年相比，2012 年又增加了两种类型的区域。其中，第四类区域的家庭直接能源消费总量属于 1500 万～2000 万 tce 范围内，包括河北、河南、内蒙古、四川、黑龙江和辽宁共 6 个省和自治区。第五类区域的家庭直接能源消费总量属于 2000 万～2500 万 tce 范围内，包括广东省和山东省，以广东省的家庭直接能源消费总量为最多，将近 2500 万 tce。

（2）家庭直接 CO_2 排放总量的区域差异

相应地，各个省（自治区、直辖市）的家庭直接 CO_2 排放总量也表现出不断增长的态势，而且区域之间差异也越来越显著。2000 年，依据家庭直接 CO_2 排放总量大小，可以将 30 个省（自治区、直辖市）划分为三种类型（图 3-28）。

第一类区域的家庭直接 CO_2 排放总量属于 0～1500 万 t 范围内，共包括 18 个

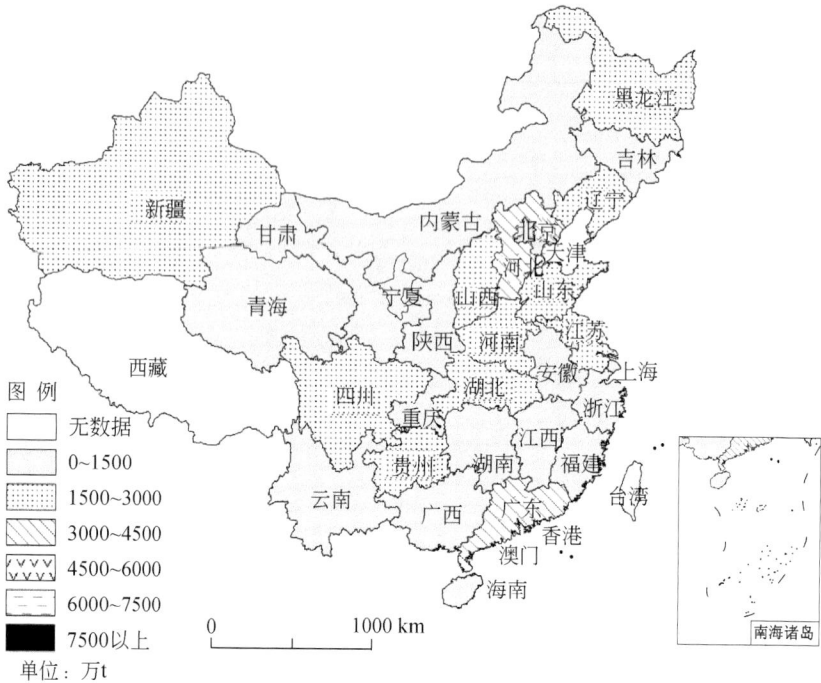

图 3-28　家庭直接 CO_2 排放总量的区域差异（2000 年）

省（自治区、直辖市），即北京、浙江、湖南、吉林、安徽、甘肃、云南、陕西、福建、重庆、上海、江西、天津、内蒙古、广西、青海、宁夏和海南，其中海南的家庭直接 CO_2 排放总量最少，还不足 90 万 t。

第二类区域的家庭直接 CO_2 排放总量属于 1500 万~3000 万 t 范围内，共包括 10 个省和自治区，即河南、四川、辽宁、贵州、湖北、山东、山西、江苏、新疆和黑龙江。

第三类区域的家庭直接 CO_2 排放总量属于 3000 万~4500 万 t 范围内，只有两个省，即河北和广东省，其家庭直接 CO_2 排放总量分别为 3336 万 t 和 3228 万 t（图 3-28）。

由此可见，虽然家庭直接 CO_2 排放总量的区域差异，与家庭直接能源消费总量的区域差异格局比较相似，但是还是有一些不同。例如，家庭直接能源消费总量的第一类区域中，北京高于黑龙江和江苏，但北京家庭直接 CO_2 排放总量低于黑龙江和江苏，仍属于第一类区域，而黑龙江和江苏家庭直接 CO_2 排放总量属于第二类区域。可见，黑龙江和江苏省家庭能源消费结构不如北京市优化。

如图3-29所示，与2000年相比，2012年各区域的家庭直接CO_2排放总量都有所增长，但增长的幅度又不尽相同。依据总量的大小可以划分为六种类型。

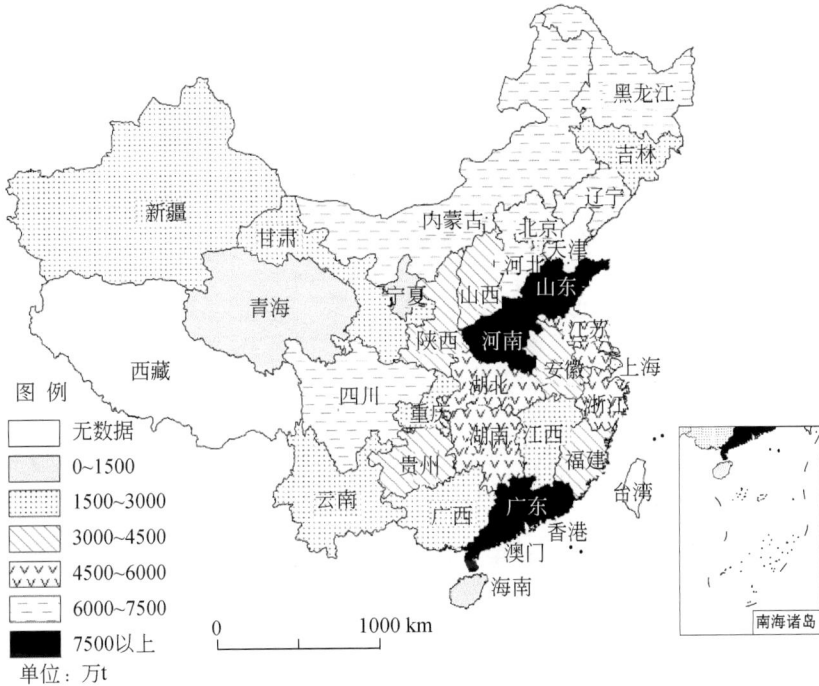

图 3-29　家庭直接CO_2排放总量的区域差异（2012 年）

第一类区域的家庭直接CO_2排放总量属于0~1500万t范围内，这类区域由2000年时的18个省（自治区、直辖市）下降为3个省和自治区，即宁夏、青海和海南，仍以海南省的家庭直接CO_2排放总量为最低，将近400万t。

第二类区域的家庭直接CO_2排放总量属于1500万~3000万t范围内，共包括9个省（自治区、直辖市），即吉林、新疆、上海、广西、云南、重庆、天津、江西和甘肃。

第三类区域的家庭直接CO_2排放总量属于3000万~4500万t范围内，这类区域由2000年时的两个省增加至6个省和直辖市，包括山西、北京、陕西、贵州、福建和安徽。

此外，与2000年相比，2012年又增加了三种类型的区域。其中，第四类区域的家庭直接CO_2排放总量属于4500万~6000万t范围内，包括4个省，即江苏、浙江、湖南和湖北。第五类区域的家庭直接CO_2排放总量属于6000万~

7500 万 t，包括 5 个省和自治区，即河北、内蒙古、黑龙江、辽宁和四川。第六类区域的家庭直接 CO_2 排放总量高于 7500 万 t，包括广东、山东和河南三个省，其中，广东家庭直接 CO_2 排放总量最高，达 10 026 万 t。

综合来看，2012 年，家庭直接 CO_2 排放总量的区域差异与家庭直接能源消费总量的区域差异格局有一些不同。例如，家庭直接能源消费总量的第二类区域中，上海高于安徽和福建，但上海家庭直接 CO_2 排放总量低于安徽和福建，仍属于第二区域，而安徽和福建家庭直接 CO_2 排放总量属于第三类区域。可见，安徽和福建家庭能源消费结构不如上海低碳化。

3.2.6.2　区域之间的人均差异

（1）家庭人均直接能源消费的区域差异

区域之间的差异，不仅仅体现在总量方面，从人均水平来看，区域之间的家庭直接能源消费，也存在显著的差异。

2000 年，依据家庭人均直接能源消费量大小，可以将 30 个省（自治区、直辖市）划分为三种类型（图 3-30）。

首先，第一类区域的家庭人均直接能源消费量位于 0～150kgce，包括 20 个省（自治区），从低到高依次有广西、海南、湖南、山东、江苏、安徽、江西、福建、浙江、四川、云南、河南、陕西、重庆、内蒙古、广东、湖北、黑龙江、吉林和甘肃，其中以海南和广西的人均消费量为最低，均为 34kgce。

其次，9 个省（自治区、直辖市）的家庭人均直接能源消费量属于 150～300kgce，依次包括辽宁、宁夏、山西、上海、河北、青海、贵州、新疆和天津。

最后，北京以家庭人均直接能源消费 318kgce 为最高，属于消费量 300～450kgce 的唯一省份。

如图 3-31 所示，与 2000 年相比，2012 年各区域的家庭人均直接能源消费量都有所增长，但增长的幅度又不尽相同。依据人均消费水平的大小可以划分为五种类型。

首先，家庭人均直接能源消费量最少的类型，即小于 150kgce 的省份有 5 个，即云南、广西、安徽、海南和江西，其中江西的家庭人均直接能源消费量最少，不足 100kgce。

其次，家庭人均直接能源消费量属于 150～300kgce 范围的省份最多，包括 16

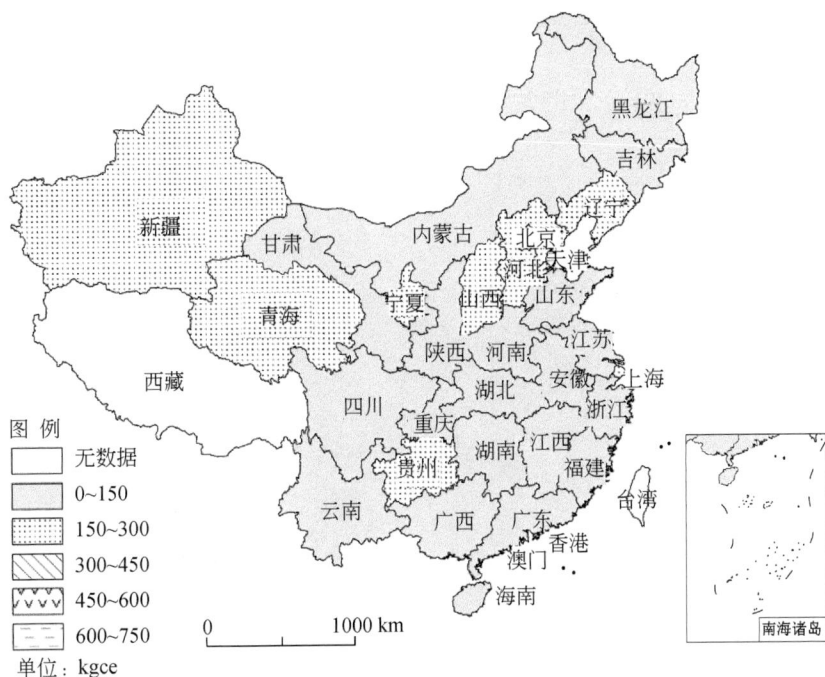

图 3-30　家庭人均直接能源消费的区域差异（2000 年）

个省份，即陕西、河北、贵州、吉林、宁夏、山东、广东、浙江、重庆、四川、甘肃、河南、福建、湖北、江苏和湖南。再次，家庭人均直接能源消费量属于 300 ～ 450kgce 范围的省份有 6 个，分别是黑龙江、辽宁、新疆、上海、山西和青海。

紧随其后的是北京和天津，家庭人均直接能源消费量属于 450 ～ 600kgce 范围。最后，家庭人均直接能源消费量最高的区域不再是北京，而是内蒙古，超过了 600kgce，属于消费量 600 ～ 750kgce 的唯一省份。

（2）家庭人均直接 CO_2 排放的区域差异

相应地，各个省（自治区、直辖市）的家庭人均直接 CO_2 排放也表现出不断增长的态势，而且区域之间差异也是越来越显著。2000 年，依据家庭直接人均 CO_2 排放量的大小，可以将 30 个省（自治区、直辖市）划分为三种类型（图 3-32）。

第一类区域的家庭人均直接 CO_2 排放量较低，属丁 0 ～ 500kg 范围内，包括 21 个省（自治区、直辖市），从低到高依次有海南、广西、江西、安徽、湖南、山东、江苏、云南、陕西、浙江、福建、河南、内蒙古、四川、重庆、湖北、广

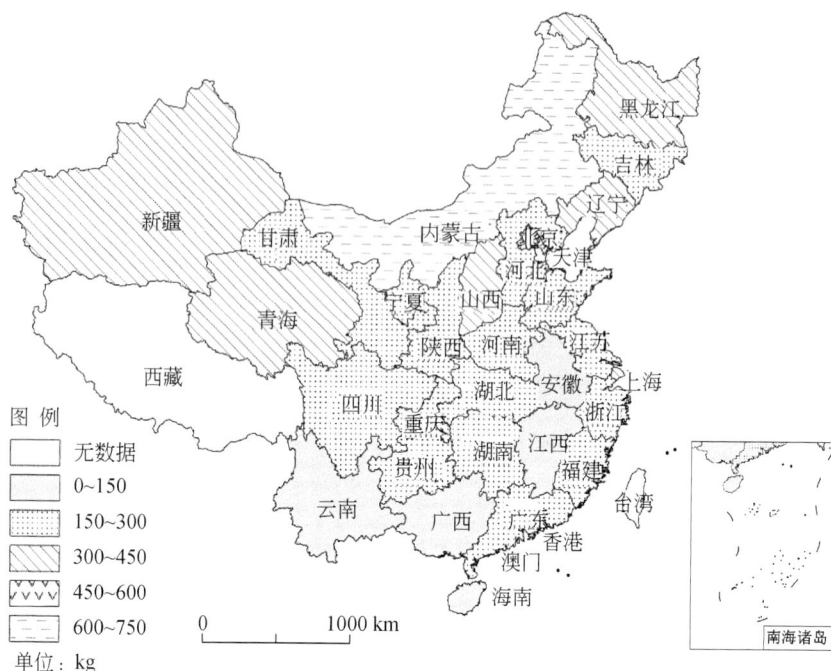

图 3-31　家庭人均直接能源消费的区域差异（2012 年）

东、黑龙江、吉林、甘肃和河北。其中，广西和海南的家庭人均直接 CO_2 排放量最低，分别为 147kg 和 108kg。

第二类区域的家庭人均直接 CO_2 排放总量较高，属于 500～1000kg 范围内，共包括 8 个省（自治区、直辖市），即新疆、天津、贵州、青海、上海、辽宁、宁夏和山西，其中新疆的家庭人均直接 CO_2 排放总量最高，达 850kg。

第三类区域的家庭人均直接 CO_2 排放总量较高，达 1000kg 以上，仅包括北京，其家庭人均直接 CO_2 排放总量为 1010kg。

与 2000 年相比，可以发现，2012 年各区域的家庭人均直接 CO_2 排放量都有所增长，但增长的幅度又不尽相同。依据人均排放水平的大小可以划分为五种类型，如图 3-33 所示。

首先，家庭人均直接 CO_2 排放量最小的区域包括江西和海南，其家庭人均直接 CO_2 排放量小于 500kg。其中以海南为最低，仅为 437kg。

接下来是家庭人均直接 CO_2 排放量属于 500～1000kg 范围的区域，是包含省份最多的区域，有 18 个省（自治区、直辖市），即青海、陕西、广东、浙江、河北、

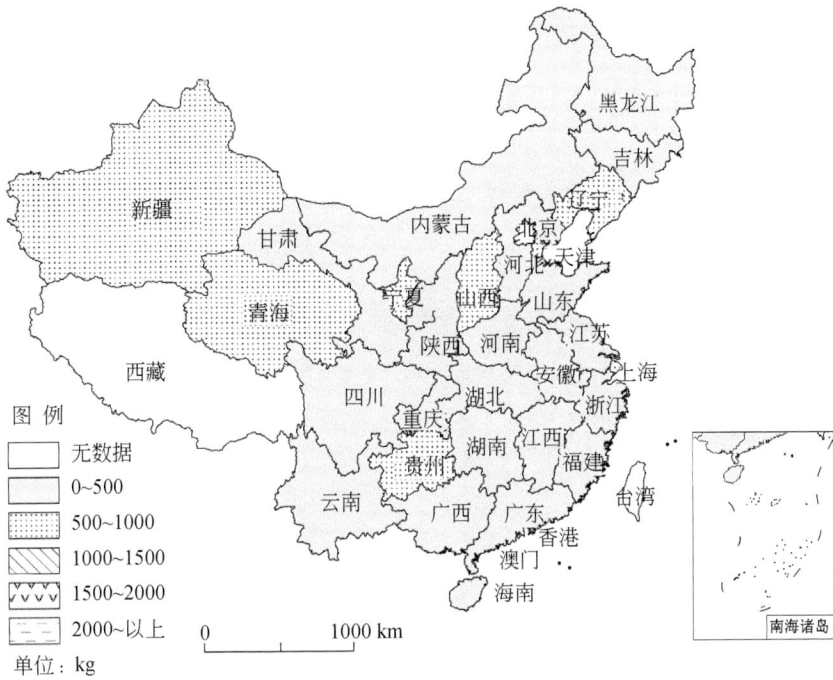

图 3-32 家庭人均直接 CO_2 排放的区域差异（2000 年）

宁夏、福建、山东、河南、重庆、湖北、甘肃、四川、江苏、湖南、广西、云南和安徽。其中，青海、陕西、广东、浙江和河北家庭人均直接 CO_2 排放量较高，达 900kg 以上，广西、云南和安徽家庭人均直接 CO_2 排放量较低，不足 600kg。

第三类区域是家庭人均直接 CO_2 排放量属于 1000~1500kg 范围的区域，包括 6 个省（自治区、直辖市），即辽宁、新疆、上海、吉林、贵州和山西。其中，辽宁家庭人均直接 CO_2 排放量最高，达 1396kg，山西家庭人均直接 CO_2 排放量最低，为 1004kg。

第四类区域是北京、黑龙江和天津，其家庭人均直接 CO_2 排放量属于 1500~2000kg 范围。其中，北京家庭人均直接 CO_2 排放量最高，达 1738kg。

第五种类型的区域，即家庭人均直接 CO_2 排放量超过了 2500kg 范围的省份，仅有内蒙古自治区 1 个。可见家庭人均直接 CO_2 排放量最高的省份不再是北京，而是内蒙古，远远高于其他区域，达 2637kg。

对比家庭人均直接能源消费量和家庭人均直接 CO_2 排放量的区域差异格局可以发现，虽然二者变化的规律非常类似，但是各个省份的排序却不完全一致，所以各

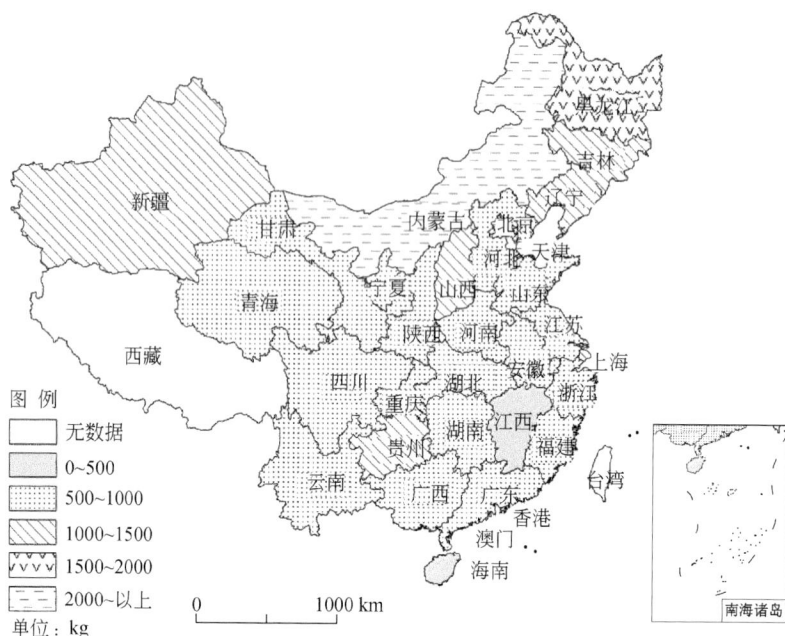

图 3-33　家庭人均直接 CO_2 排放的区域差异（2012 年）

个省份除了在能源消费量上有所差异之外，在能源消费结构方面也有所不同。

3.3　家庭间接能源消费和碳排放变化特征

正如第 2 章所言，城市化也会对家庭间接能源消费和碳排放产生重要影响。因此随着中国城市化的快速演进，家庭间接能源消费和碳排放也必将发生变化。这里对家庭间接能源消费和碳排放的分析样本期，同样选择了 1996～2012 年。而由于受投入产出表数据所限，家庭间接能源消费和碳排放在最终需求中所占比重变化部分，样本期选择了 1997～2010 年。区域差异分析部分，仍以 2000～2011 年为样本期。

3.3.1　在最终需求中所占比重变化

从投入产出表的视角来看，所有的中间生产过程所生产的产品和服务都可归因于最终需求部门。最终需求部门的构成，除了家庭消费之外，还包括政府消费、投资和出口。从最终需求视角分析计算能源消费和碳排放，常常被称为隐含能源消费和碳排放。从最终需求视角测算的家庭消费所隐含的能源消费和碳排放，即家庭间接能源消费和碳排放。

中国能源消费的最终需求构成变化如图 3-34 所示，表现出如下特点：家庭消费所占比重表现出了下降趋势，1997~2010 年，所占比重由 31% 下降到 21%；政府消费的比重略有下降，由 7% 降至 6%；而投资和出口所占比重分别增加了 7% 和 4%。由此可见，由于国内消费动力不足，所以投资和出口成为拉动经济的主力，相应地也成为导致能源消耗增加的主要部门。

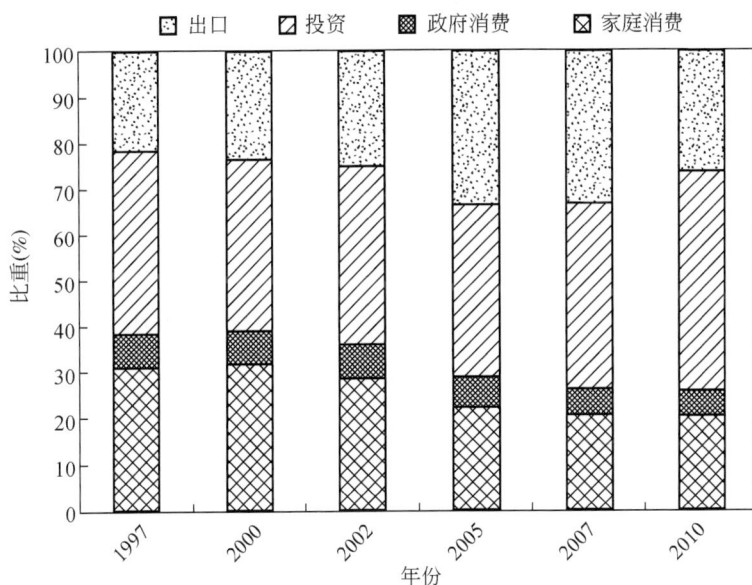

图 3-34　能源消费的最终需求部门构成变化（1997~2010 年）

资料来源：根据历年《中国能源统计年鉴》以及《投入产出表》计算

中国碳排放的最终需求构成变化如图 3-35 所示，其变化特点和能源消费类似：家庭消费所占比重表现出了下降趋势，1997~2010 年，所占比重由 31% 下降到 21%；政府消费的比重由 7% 下降为 5%；而投资和出口所占比重分别增加了 8% 和 5%。可见近些年导致我国碳排放增加的主要原因在于投资的扩大和出口的增加。

虽然能源消费与碳排放的最终需求部门构成特征非常类似，但是各部门碳排放所占比重与能源消费所占比重又不完全相同，原因在于各部门的能源消费结构

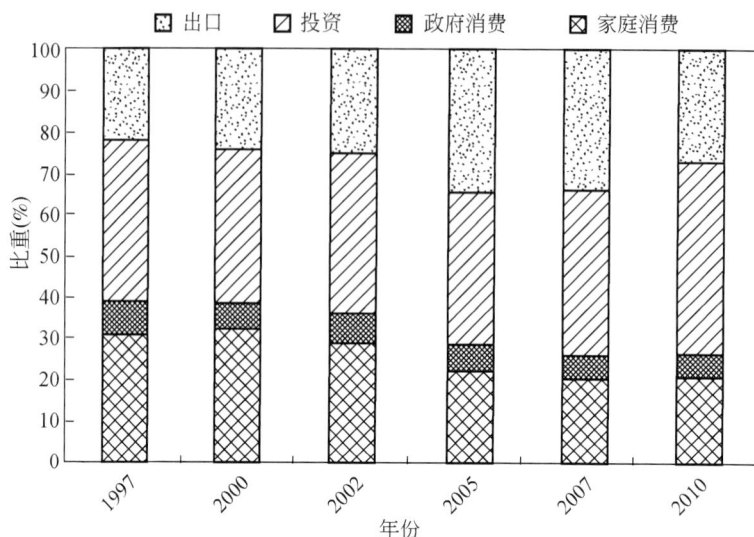

图 3-35 碳排放的最终需求部门构成变化（1997～2010 年）

资料来源：根据历年《中国能源统计年鉴》以及《投入产出表》计算

存在差异。从图 3-36 可以看出，家庭消费和出口的碳排放所占比重高于能源消费所占比重，即二者的差额为正；而投资和政府消费的碳排放所占比重低于能源

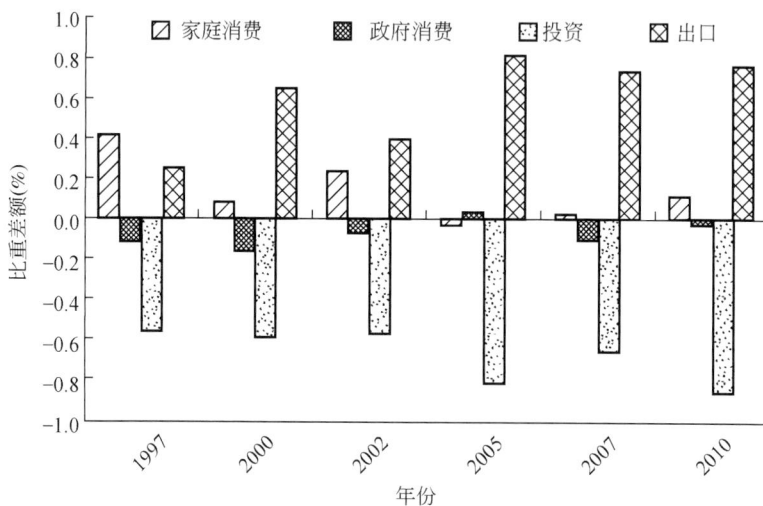

图 3-36 最终需求部门碳排放与能源消费比重差额变化（1996～2012 年）

资料来源：根据历年《中国能源统计年鉴》以及《投入产出表》计算

消费所占比重，即二者的差额为负。说明家庭消费和出口导致的能源消费结构相对高碳化，而投资和政府消费导致的能源消费结构相对低碳化。

3.3.2 总量变化

1996 年以来，中国家庭间接能源消费总量变化的总体趋势是不断增长，由 1996 年的 383Mtce 增长到 2012 年的 576Mtce，年均增速为 2%。家庭间接 CO_2 排放总量的变化过程，与能源消费总量的变化趋势几乎完全一致，由 1996 年的 1111Mt 增长到 2012 年的 1778Mt，年均增速为 3%（图 3-37）。可见间接碳排放的增长速度快于能源消费的增长速度，说明生产部门的能源消费结构趋于高碳化。

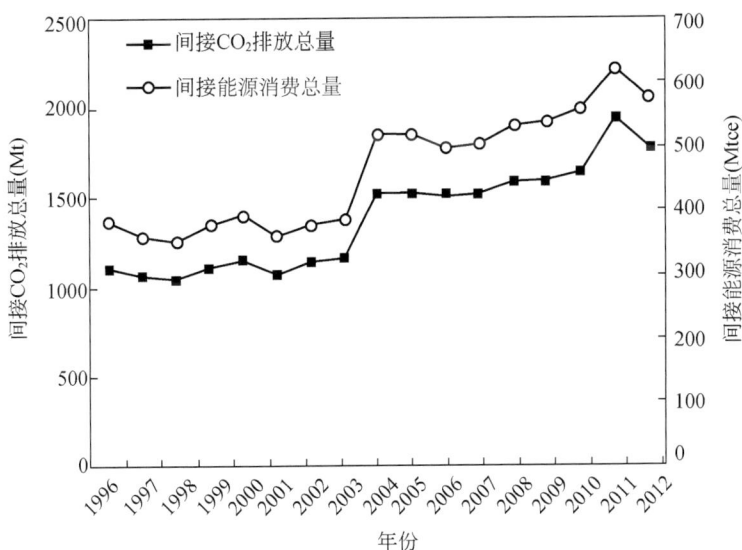

图 3-37 中国家庭间接能源消费和 CO_2 排放总量变化（1996～2012 年）

资料来源：根据历年的《中国能源统计年鉴》《中国统计年鉴》和《投入产出表》相关数据整理计算

与家庭直接能源消费和碳排放总量的变化过程相比（图 3-16），家庭间接能源消费和碳排放总量的变化过程波动性比较大，原因在于家庭直接能源消费需求具有刚性，而间接能源消费需求弹性比较大，较易受外部因素影响。

3.3.3　人均量变化

比较图 3-38 和图 3-37 可以发现，从变化的轨迹来看，中国人均家庭间接能源消费和 CO_2 排放量的变化趋势与总量的变化趋势几乎完全一致。1996 年以来，中国人均家庭间接能源消费和 CO_2 排放量变化的总体趋势是不断增长，由 1996 年的 313kgce 和 908kg CO_2 增长到 2012 年的 425kgce 和 1313kg CO_2，年均增速均为 2%（图 3-38）。

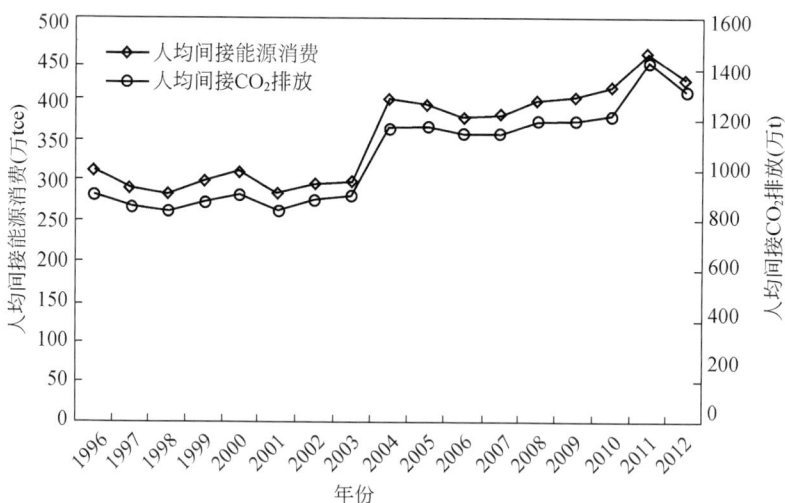

图 3-38　中国家庭人均间接能源消费和 CO_2 排放的变化（1996～2012 年）

资料来源：根据历年的《中国能源统计年鉴》《中国统计年鉴》和《投入产出表》相关数据整理计算

3.3.4　部门结构变化

如第 2 章所述，城市化发展进程中，随着生产方式的转变，居民消费方式也会发生很大的变化。相应地，隐含在居民家庭非能源商品和服务消费中的间接能源消费和碳排放的部门构成也会发生很大变化。这里的分析将历年的投入产出表合并为 15 部门，代码及名称如表 1-4 所示。

1996 年时，家庭间接能源消费来源的第一部门是食品制造业（S3），所占比重为 18.1%；排在其后的是农业（S1），所占比重为 16.0%；排在第三位的是其他服务行业（S15），所占比重为 13.2%。可见当时家庭对间接能源的需求首要的是满足其吃的需要。2012 年，家庭间接能源消费来源的第一部门是其他服务行业（S15），所占比重为 22.6%；第二部门是食品制造业（S3），所占比重为 16.1%；然后是机械设备制造业（S9）和运输邮电业，所占比重分别为 12.6% 和 9.8%。而农业（S1）所占比重下降为 5.6%（图 3-39）。可见家庭对间接能源的需求更加多样化，更多的是对服务、机械设备、交通运输等方面的需求、其次才是满足吃的需求。

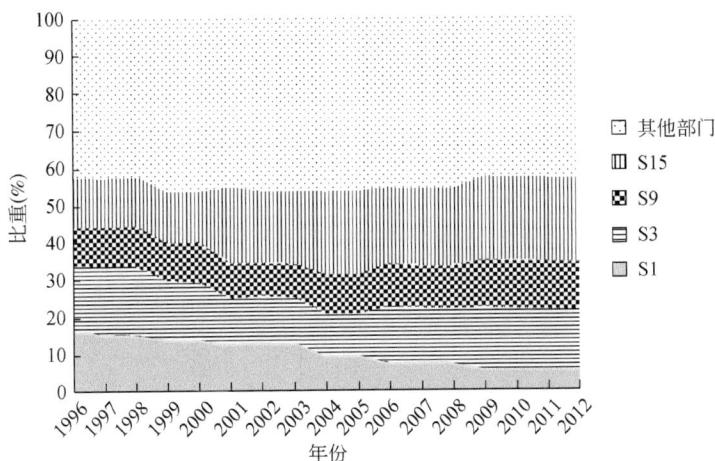

图 3-39 中国家庭间接能源消费的部门构成变化（1996～2012 年）

资料来源：根据历年的《中国能源统计年鉴》《中国统计年鉴》和《投入产出表》相关数据整理计算

注：图例代码代表的部门同表 1-4

家庭间接 CO_2 排放的部门来源变化，与上述家庭间接能源消费的变化基本一致。1996 年时，家庭间接 CO_2 排放来源的前 3 个部门是食品制造业（S3）、农业（S1）和其他服务行业（S15），所占比重分别为 18.6%、16.1% 和 13.0%。2012 年，家庭间接 CO_2 排放来源的前 3 个部门是其他服务行业（S15）、食品制造业（S3）和机械设备制造业（S9），所占比重分别为 22.6%、16.3% 和 13.3%（图 3-40）。

虽然家庭间接碳排放与能源消费部门构成变化特征非常类似，但是各部门碳排放所占比重与能源消费所占比重变化又不完全相同，原因在于各部门的能源消费结构存在差异。从图 3-41 可以看出，根据各部门碳排放所占比重、能源消费所占比重及其差额的变化情况，可以将 15 个部门分成以下四种类型（图 3-41）。

第一类部门的碳排放所占比重始终高于能源消费所占比重，即二者的差额为

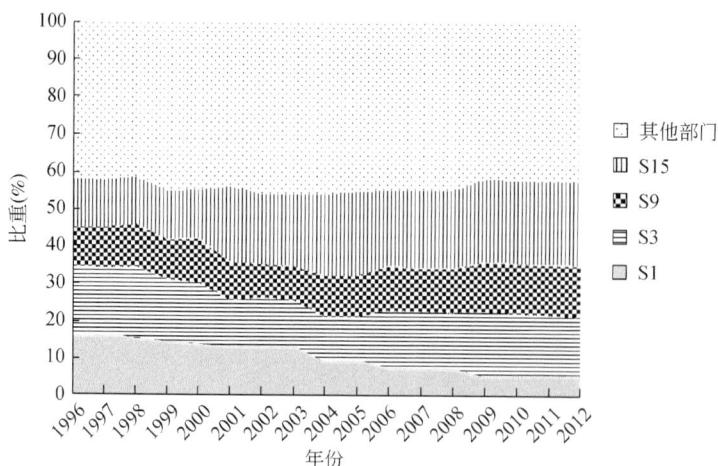

图 3-40　中国家庭间接 CO_2 排放的部门构成变化（1996～2012 年）

资料来源：根据历年的《中国能源统计年鉴》《中国统计年鉴》和《投入产出表》相关数据整理计算

注：图例代码代表的部门同表 1-4

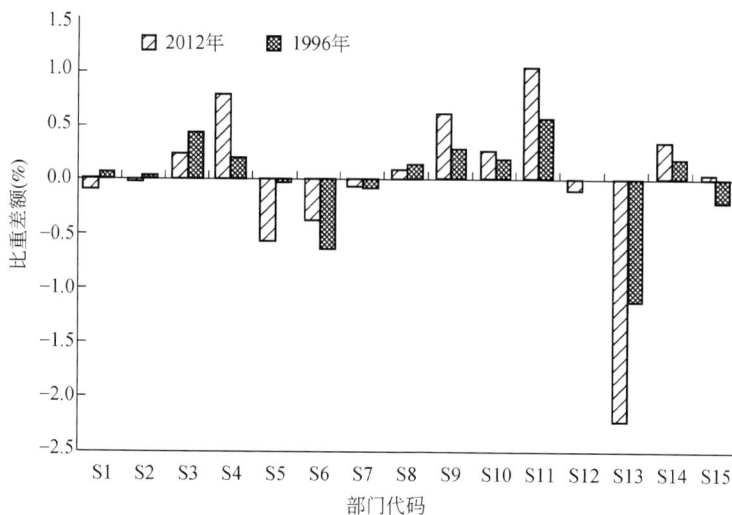

图 3-41　家庭间接碳排放与能源消费部门构成比重差额变化（1996～2012 年）

资料来源：根据历年的《中国能源统计年鉴》《中国统计年鉴》和《投入产出表》相关数据整理计算

注：横轴代码代表的部门同表 1-4

正，包括 8 个部门：采掘业（S2）、食品制造业（S3）、纺织、缝纫及皮革产品制造业（S4）、金属产品制造业（S8）、机械设备制造业（S9）、其他制造业（S10）、电力及蒸汽、热水生产和供应业（S11）、商业饮食业（S14）。说明这 8

个部门的能源消费结构相对高碳化。

第二类部门的碳排放所占比重始终低于能源消费所占比重，即二者的差额为负，包括5个部门：炼焦、煤气及石油加工业（S5）、化学工业（S6）、建筑材料及其他非金属矿物制品业（S7）、建筑业（S12）、运输邮电业（S13）。说明这5各部门的能源消费结构相对低碳化。

第三类部门的碳排放所占比重始终在1996年时高于能源消费所占比重，即二者的差额为正，2012年时该差额由正转负，只有1个部门——农业（S1）。说明农业部门由能源消费结构相对高碳化转变为相对低碳化的产业。

第四类部门的碳排放所占比重始终在1996年时低于能源消费所占比重，即二者的差额为负，2012年时该差额由负转正，也只有1个部门——其他服务行业（S15）。说明其他服务业行业能源消费结构由相对低碳化转变为相对高碳化。

由此可见，在促进家庭间接节能减碳方面，除了考虑降低家庭消费总量的同时，还可以通过调整家庭消费结构，从高碳化产业部门转向低碳化产业部门可以促进能源消费的节约和碳排放的减少。另外，改善中间生产部门的能源消费结构，也有助于实现低碳消费的目标。

3.3.5　城乡差异变化

3.3.5.1　城乡之间的总量差异

从总量上来看，城乡家庭的间接能源消费和碳排放在变化趋势上并不一致，城镇家庭的间接能源消费和碳排放表现出不断增长的趋势，而农村家庭的间接能源消费和碳排放却表现出变化很小、甚至略有下降的特征。1996～2012年，城镇家庭的间接能源消费和CO_2排放分别增长了215Mtce和713Mt，而农村家庭的间接能源消费和CO_2排放却分别下降了22Mtce和46Mt。相应地，城乡之间的差距也逐步增大，1996年城镇家庭间接能源消费和CO_2排放总量均是农村家庭的1.6倍，2012年这一差异扩大到3.6倍（图3-42）。

3.3.5.2　城乡之间的人均差异

从人均水平来看，城乡之间也具有很大差异。对比图3-43和图3-42可以看出，城乡人均间接能源消费和CO_2排放之间的差距表现出了与总量差距不同的特

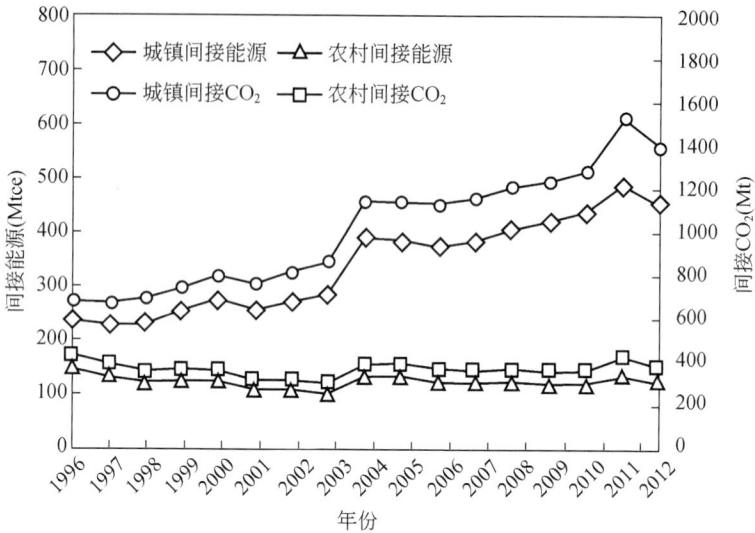

图 3-42　城乡家庭间接能源消费和 CO_2 排放总量的变化（1996～2012 年）

资料来源：根据历年的《中国能源统计年鉴》《中国统计年鉴》和《投入产出表》相关数据整理计算

征，即城乡之间的总量差距正在快速增大，但是人均之间差距的增速却在逐渐缩小。1996～2012 年，城乡家庭间接能源消费和 CO_2 排放总量之比由 1.6 倍扩大至 3.6 倍，同期城乡家庭人均间接能源消费和 CO_2 排放之比由 3.6 倍降至 3.3 倍。

可见，随着城市化水平的不断提高，城镇家庭的人均生活和消费水平略高于农村家庭，所以人均间接能源消费和 CO_2 排放表现出城镇略高于农村的特征，但是相对比总量的差异来说，人均水平差异的相对较小。而且，随着城市化水平的不断提高，城乡之间的人均差距会逐步缩小。换言之，正是由于城市化过程中更多的人口由农村向城镇集中，所以城镇的间接能源消费和 CO_2 排放总量远远高于城镇，而并非由于人均生活水平的差异所致。

3.3.5.3　城乡之间的结构差异

从结构上来看，城乡差异也比较明显。1996 年时，城镇家庭的间接能源消费部门构成中，所占比重最高的前 3 个部门为：食品制造业（S3）占 18%、其他服务业（S15）占 15%、农业（S1）占 11%（图 3-44）。与饮食有关的食品制造业（S3）和农业（S1）两个部门所占比重合计为 29%。可见城镇家庭的间接能源需求中首要的是满足食的需求，其次是对服务的需求。

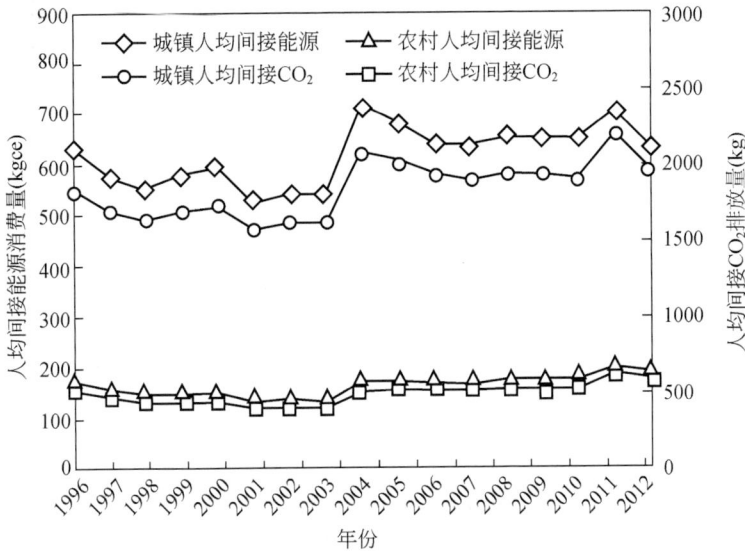

图 3-43　城乡家庭人均间接能源消费和 CO_2 排放变化（1996～2012 年）

资料来源：根据历年的《中国能源统计年鉴》《中国统计年鉴》和《投入产出表》相关数据整理计算

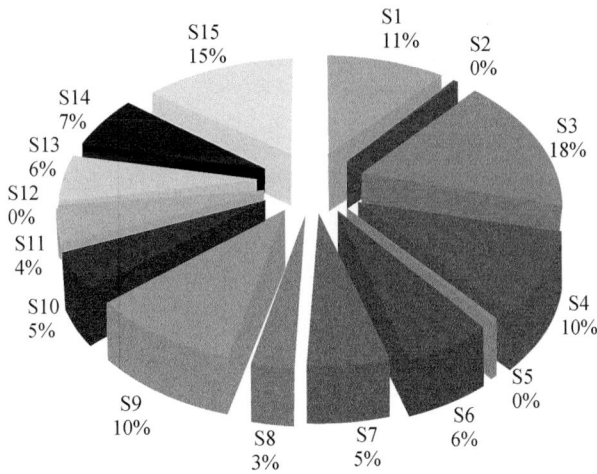

图 3-44　城镇家庭间接能源消费的部门构成差异（1996 年）

资料来源：根据历年的《中国能源统计年鉴》《中国统计年鉴》和《投入产出表》相关数据整理计算

而农村家庭的间接能源消费部门构成中，所占比重最高前 3 个部门为：农业（S1）占 23%、食品制造业（S3）占 19%、其他服务业（S15）占 11%（图 3-45）。与饮食有关的食品制造业（S3）和农业（S1）两个部门所占比重合计为 42%。可见，农村家庭的间接能源需求中，由饮食引起的需求比城镇家庭更多，而对服务的需求相对较小。

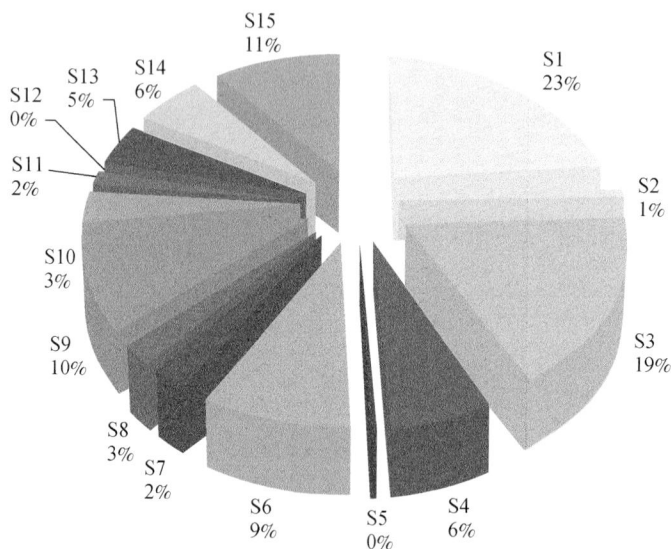

图 3-45　农村家庭间接能源消费的部门构成差异（1996 年）

资料来源：根据历年的《中国能源统计年鉴》《中国统计年鉴》和《投入产出表》相关数据整理计算

2012 年时，城镇家庭的间接能源消费部门构成中，所占比重最高的前 3 个部门是：其他服务业（S15）占 24%、食品制造业（S3）占 15%、金属产品制造业（S9）占 13%（图 3-46）。

而农村家庭的间接能源消费部门构成中，所占比重最高的前 3 个部门是：食品制造业（S3）占 21%、其他服务业（S15）占 17%、农业（S1）占 12%（图 3-47）。

可见，城镇家庭的间接能源需求中食的需求已经退居二线，取而代之的是对服务的需求；而农村家庭中，食的需求依然排名第一，但是服务的需求也提高了。

城乡家庭间接 CO_2 排放的部门构成差异，与上述间接能源消费的差异非常相似，城镇和农村家庭间接碳排放的前 3 个部门构成与能源消费完全一致，只是个

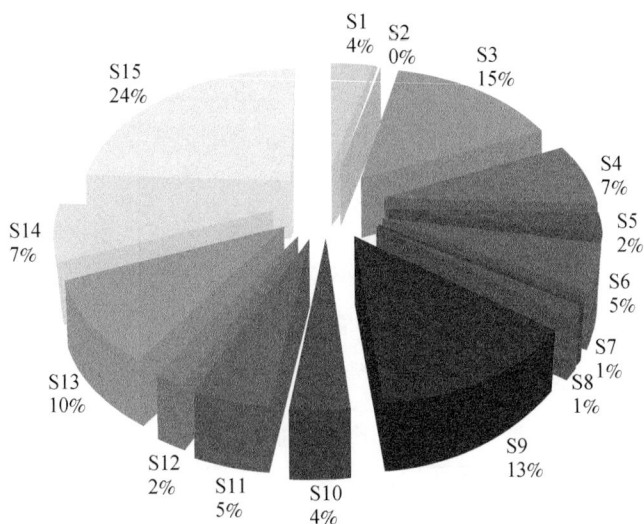

图 3-46 城镇家庭间接能源消费的部门构成差异（2012 年）

资料来源：根据历年的《中国能源统计年鉴》《中国统计年鉴》和《投入产出表》相关数据整理计算

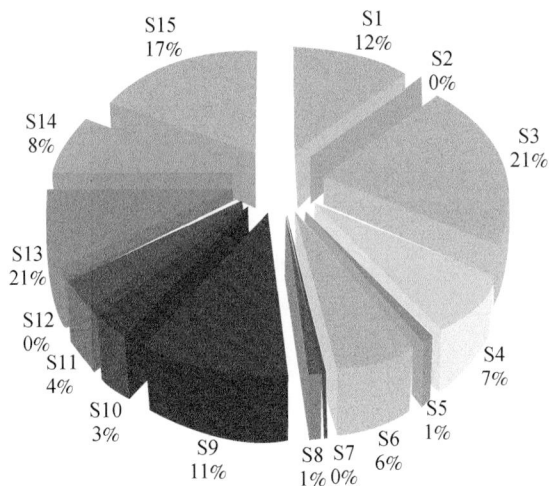

图 3-47 农村家庭间接能源消费的部门构成差异（2012 年）

资料来源：根据历年的《中国能源统计年鉴》《中国统计年鉴》和《投入产出表》相关数据整理计算

别部门所占的比重略有差异，原因即在于各个部门的能源消费结构存在些许差异。

具体来看，1996 年，城镇家庭间接 CO_2 排放所占比重最高的前 3 个部门为食品制造业（S3）占 18.3%、其他服务业（S15）占 14.2%、农业（S1）占 11.3%。而农村家庭间接 CO_2 排放主要来源于所占比重最高的前 3 个部门为：农业（S1）占 23.6%、食品制造业（S3）占 19.0%、其他服务业（S15）占 11.1%。2012 年，城镇家庭间接 CO_2 排放所占比重最高的前 3 个部门为：其他服务业（S15）占 24.1%、食品制造业（S3）占 15.0%、机械设备制造业（S9）占 13.8%。而农村家庭间接 CO_2 排放所占比重最高的前 3 个部门为食品制造业（S3）占 21.2%、其他服务业（S15）占 17.3%、农业（S1）占 12.1%（表 3-5）。

表 3-5　城乡家庭间接 CO_2 排放的部门构成差异　　　（单位:%）

部门名称	部门代码	1996 年		2012 年	
		城镇	农村	城镇	农村
农业	S1	11.3	23.6	3.7	12.1
采掘业	S2	0.3	0.6	0.1	0.4
食品制造业	S3	18.3	19.0	15.0	21.2
纺织、缝纫及皮革产品制造业	S4	10.2	6.4	8.1	7.6
炼焦、煤气及石油加工业	S5	0.3	0.3	1.8	0.7
化学工业	S6	5.4	8.6	4.9	5.6
建筑材料及其他非金属矿物制品业	S7	5.3	2.3	0.6	0.2
金属产品制造业	S8	2.7	2.7	1.3	0.9
机械设备制造业	S9	10.7	10.0	13.8	11.4
其他制造业	S10	4.9	3.4	4.1	3.2
电力及蒸汽、热水生产和供应业	S11	4.6	2.2	6.0	4.3
建筑业	S12	0.0	0.0	1.8	0.0
运输邮电业	S13	4.9	3.8	7.7	7.1
商业饮食业	S14	7.0	6.0	7.1	8.0
其他服务行业	S15	14.2	11.1	24.1	17.3

3.3.6 区域差异变化

3.3.6.1 区域之间的总量差异变化

(1) 家庭间接能源消费总量的区域差异变化

从总量上来看,家庭间接能源消费存在显著的区域差异,而且这种差异随着区域城市化的快速发展而不断扩大。2000 年,除了西藏自治区没有数据之外,依据我国内地 30 个省份的家庭间接能源消费总量大小,可以将其划分为两种类型 (图 3-48)。

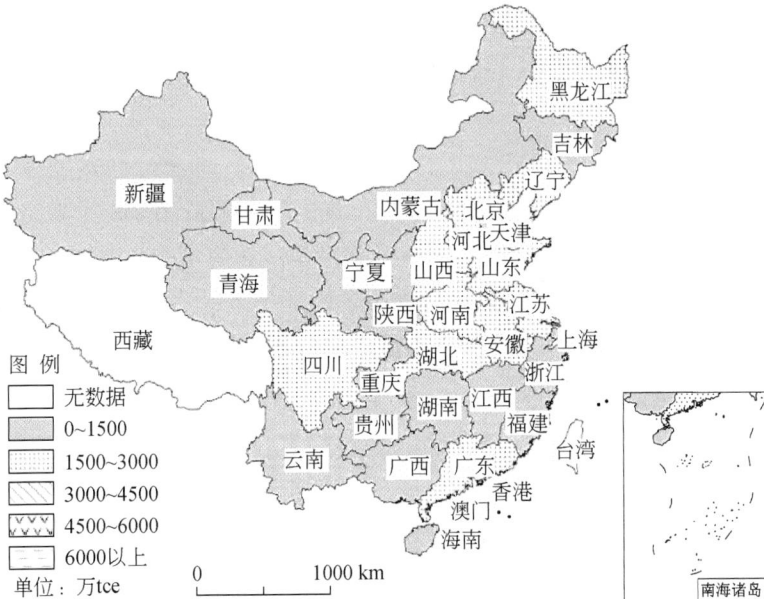

图 3-48 家庭间接能源消费总量的区域差异 (2000 年)

第一类区域的家庭间接能源消费总量较小,低于 1500 万 tce,共包括 19 个省 (自治区、直辖市),从低到高依次为海南、青海、宁夏、天津、福建、江西、陕西、广西、新疆、甘肃、云南、北京、重庆、浙江、上海、湖南、贵州、内蒙古和吉林,其中海南和青海的家庭间接能源消费总量均不足 250 万 tce。

第二类区域的家庭间接能源消费总量较大,属于 1500 万 ~ 3000 万 tce 范围内，共包括 11 个省和直辖市，从低到高依次为黑龙江、四川、江苏、河北、山西、湖北、河南、广东、安徽、山东和辽宁，其中辽宁、安徽和山东的家庭间接能源消费总量都超过了 2000 万 tce。

如图 3-49 所示，与 2000 年相比，2012 年各区域的家庭间接能源消费总量都有所增长，但增长的幅度又不尽相同。依据总量的大小可以划分为五种类型。

第一类区域的家庭间接能源消费总量较小，低于 1500 万 tce，这类区域由 2000 年时的 19 个省（自治区、直辖市）下降为 4 个省（自治区、直辖市），即青海、海南、宁夏和天津，以青海省的家庭间接能源消费总量为最低，不足 600 万 tce。

第二类区域的家庭间接能源消费总量属于 1500 万~3000 万 tce 范围内，这类区域由 2000 年时的 11 个增加为 13 个省（自治区、直辖市），消费量从低到高依次为江西、吉林、北京、福建、广西、甘肃、重庆、陕西、新疆、内蒙古、安徽、黑龙江和贵州。其中，江西和贵州家庭间接能源消费总量分别为 1864 万 tce 和 2565 万 tce。

与 2000 年相比，2012 年新增了三种类型的区域，即家庭间接能源消费总量属于 3000 万~4500 万 tce 的第三类区域、4500 万~6000 万 tce 的第四类区域以及 6000 万 tce 以上的第五类区域。其中，第三类区域包括 9 个省（直辖市），消费量从低到高依次为湖南、山西、云南、上海、浙江、河南、湖北、辽宁和四川。第四类区域包括江苏、河北和广东三个省。第五类区域只有山东省，其家庭间接能源消费总量远高于其他省份，达 7570 万 tce。

（2）家庭间接 CO_2 排放总量的区域差异变化

相应地，各个省（自治区、直辖市）的家庭间接 CO_2 排放总量也表现出不断增长的态势，而且区域之间差异也越来越显著。2000 年，依据家庭间接 CO_2 排放总量大小，可以将 30 个省（自治区、直辖市）划分为两种类型（图 3-50）。

第一类区域的家庭间接 CO_2 排放总量小于 5000 万 t，共包括 19 个省（自治区、直辖市），排放量从低到高依次为海南、青海、宁夏、天津、福建、新疆、江西、陕西、广西、北京、甘肃、上海、浙江、云南、黑龙江、内蒙古、吉林、湖南和贵州，其中海南的家庭间接 CO_2 排放总量最少，只有 608 万 t。

第二类区域的家庭间接 CO_2 排放总量属于 5000 万~10 000 万 t 范围内，共包括 11 个省（直辖市），排放量从低到高依次为江苏、四川、重庆、湖北、河北、

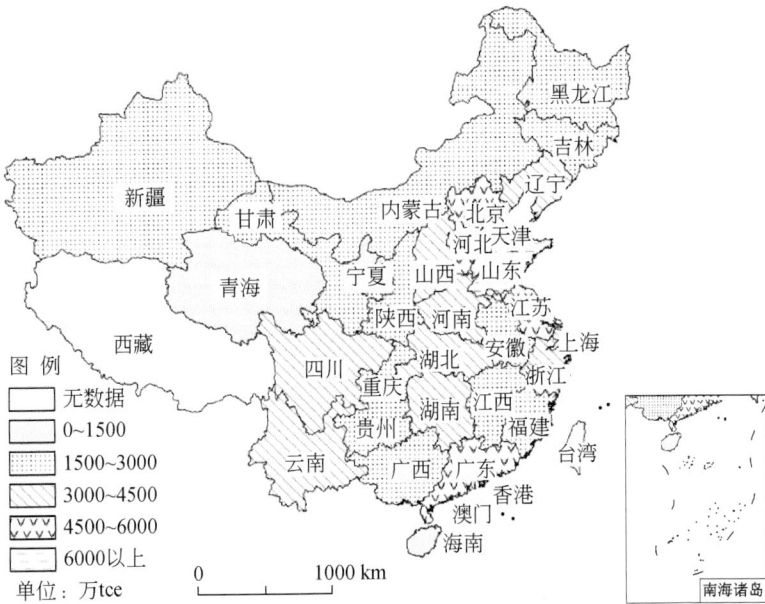

图 3-49 家庭间接能源消费总量的区域差异（2012 年）

山西、安徽、广东、河南、山东和辽宁，其中辽宁的家庭间接 CO_2 排放总量最高，达 7869 万 t。

由此可见，2000 年时，虽然家庭间接 CO_2 排放总量的区域差异，与家庭间接能源消费总量的区域差异格局比较相似，但是还是有一些不同。例如，重庆的家庭间接能源消费总量较低，属于第一类区域，黑龙江的家庭间接能源消费总量较高，属于第二类区域，但是黑龙江的家庭间接 CO_2 排放总量较低，属于第一类区域，重庆的家庭间接 CO_2 排放总量较高，属于第二类区域。可见，重庆的间接能源消费结构相对较差，黑龙江的间接能源消费结构相对较优。

与 2000 年相比，可以发现，2012 年各区域的家庭间接 CO_2 排放总量都有所增长，但增长的幅度又不尽相同。依据总量的大小可以划分为五种类型，如图 3-51 所示。

第一类区域的家庭间接 CO_2 排放总量小于 5000 万 t，这类区域由 2000 年时的 19 个省（自治区、直辖市）下降为 4 个省（自治区、直辖市），排放量由低到高依次为海南、青海、天津和宁夏，仍以海南省的家庭间接 CO_2 排放总量为最低，不足 1600 万 t。

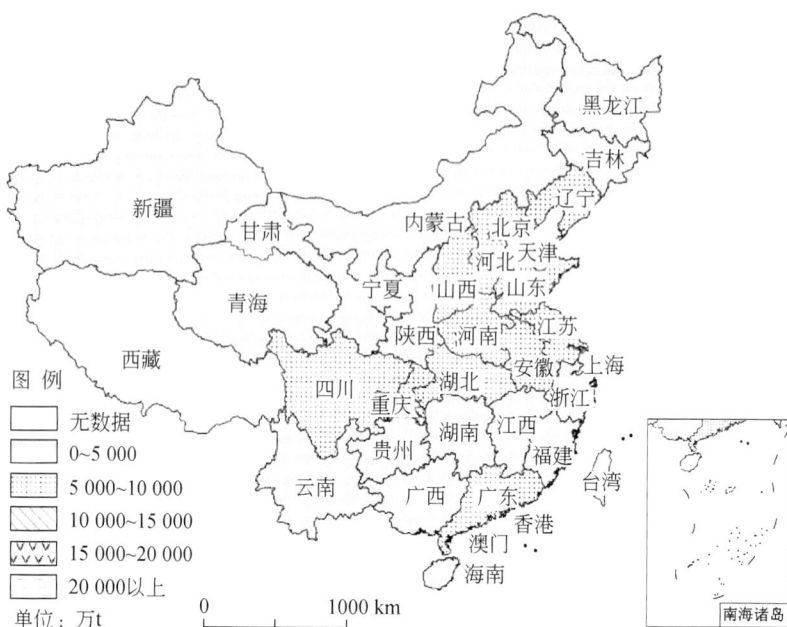

图 3-50　家庭间接 CO_2 排放总量的区域差异（2000 年）

第二类区域的家庭间接 CO_2 排放总量属于 5000 万 ~ 10 000 万 t 范围内，这类区域由 2000 年时的 11 个省（自治区、直辖市）上升为 14 个省（自治区、直辖市），排放量由低到高依次为吉林、北京、福建、江西、重庆、黑龙江、广西、陕西、新疆、安徽、甘肃、内蒙古、贵州和上海。其中，吉林和上海家庭间接 CO_2 排放总量分别为 6469 万 t 和 9413 万 t。

此外，与 2000 年相比，2011 年又增加了三种类型的区域。其中，第三类区域的家庭间接 CO_2 排放总量属于 10000 万 ~ 15 000 万 t 范围内，包括山西、湖南、云南、辽宁、湖北、浙江和四川 7 个省。第四类区域的家庭间接 CO_2 排放总量属于 15 000 万 ~ 20 000 万 t 范围内，包括河南和江苏。第五类区域的家庭间接 CO_2 排放总量高于 20 000 万 t，有河北、广东和山东省，其中，山东家庭间接 CO_2 排放总量最高，达 26 316 万 t。

可见，2012 年家庭间接 CO_2 排放总量的区域差异格局与家庭间接能源消费总量的区域差异格局基本一致，但个别省份变化较明显。河南和上海家庭间接能源消费总量均属于第三类区域，但是上海家庭间接 CO_2 排放总量较低，属于第二类区域，而河南家庭间接 CO_2 排放总量较高，属于第四类区域。可见，上海家庭间

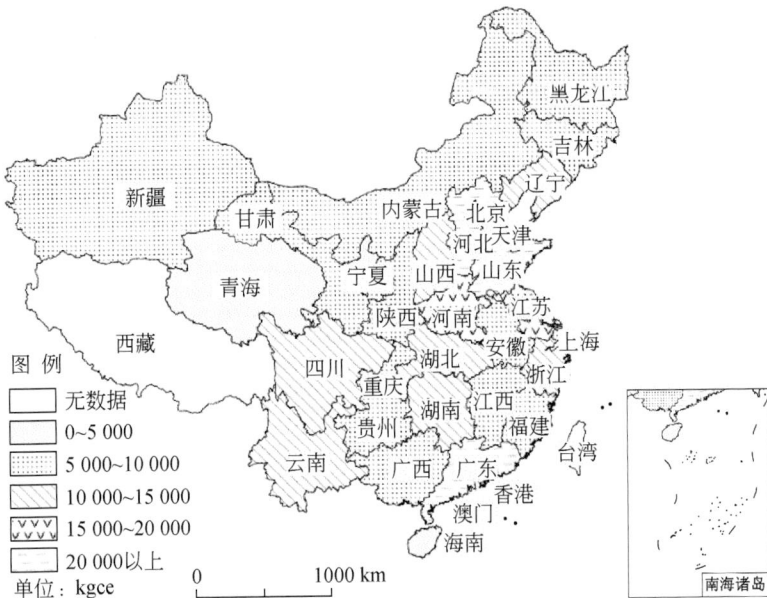

图 3-51　家庭间接 CO_2 排放总量的区域差异（2012 年）

接能源消费结构较优，而河南家庭间接能源消费结构相对较差。

3.3.6.2　区域之间的人均差异变化

（1）家庭人均间接能源消费的区域差异变化

区域之间的差异，不仅仅体现在总量方面，从人均水平来看，区域之间的家庭间接能源消费，也存在显著的差异。2000 年，依据家庭人均间接能源消费大小，可以将 30 个省（自治区、直辖市）划分为两种类型，如图 3-52 所示。

第一类区域的人均间接能源消费量较低，小于 400kgce，包括 19 个省（自治区、直辖市），依据消费量由低到高依次为广西、江西、河南、四川、湖南、福建、广东、陕西、江苏、云南、浙江、山东、河北、海南、湖北、贵州、安徽、重庆和甘肃，其中以广西的人均间接能源消费量为最低，只有 173kgce。

第二类区域的人均间接能源消费量较高，属于 400 ~ 800kgce 范围，包括上述 19 个省（自治区、直辖市）之外的其他 11 个省（自治区、直辖市），依据消费量由低到高依次为黑龙江、青海、新疆、吉林、内蒙古、山西、辽宁、天津、宁夏、北京和上海，其中以上海的人均间接能源消费量为最高，为 762kgce，是

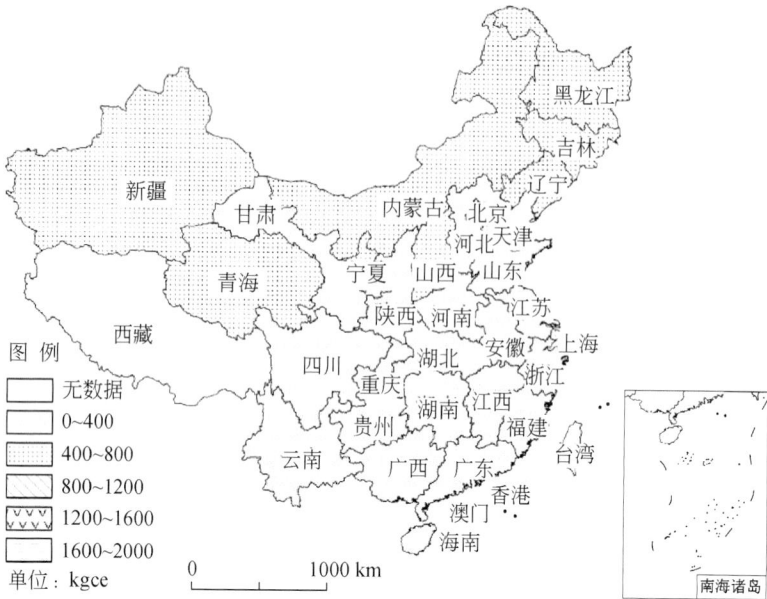

图 3-52　家庭人均间接能源消费的区域差异（2000 年）

广西人均水平的 4 倍多。

与 2000 年相比，可以发现，2012 年各区域的家庭人均间接能源消费量都有所增长，但增长的幅度又不尽相同。依据人均消费水平的大小可以划分为五种类型，如图 3-53 所示。

已经没有省（自治区、直辖市）的家庭人均间接能源消费量属于 0 ~ 400kgce 的第一类区域。第二类区域，即人均间接能源消费量属于 400 ~ 800kgce 的省（自治区、直辖市），由 11 个上升为 20 个，由低到高依次为江西、安徽、河南、广西、湖南、四川、福建、广东、江苏、陕西、黑龙江、吉林、浙江、海南、湖北、贵州、重庆、云南、山东和河北，其中江西以人均间接能源消费量 414kgce 位居最低。

与 2000 年相比，2012 年又增加了三种类型，即人均间接能源消费量属于 800 ~ 1200kgce 的第三类区域，以及属于 1200 ~ 1600kgce 的第四类区域和属于 1600 ~ 2000kgce 的第五类区域。第三类区域包括天津、甘肃、山西、内蒙古、青海、北京、辽宁和新疆；第四类区域包括上海，第五类区域包括宁夏，宁夏以人均间接能源消费 1668kgce 位居第一，是人均间接能源消费量最低的江西的 4 倍多。

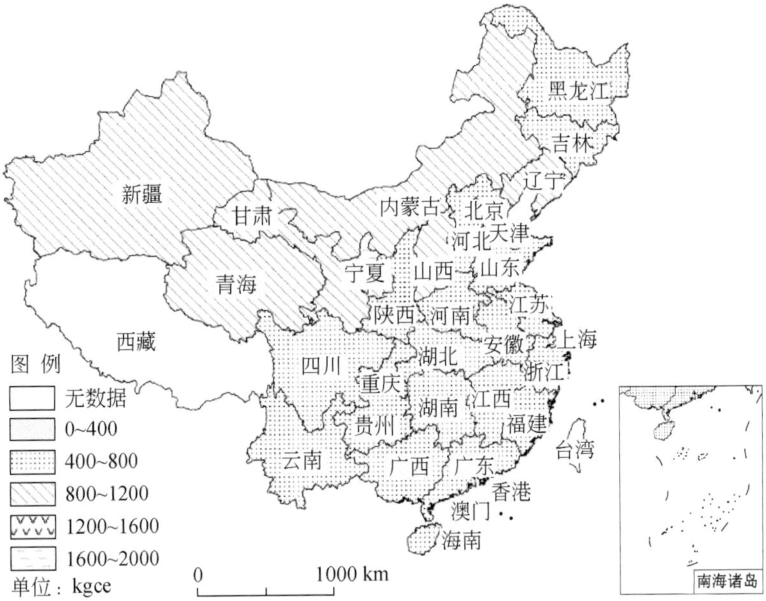

图 3-53 家庭人均间接能源消费的区域差异（2012 年）

（2）家庭人均间接 CO_2 排放的区域差异变化

相应地，各个省（自治区、直辖市）的家庭人均间接 CO_2 排放也表现出不断增长的态势，而且区域之间差异也是越来越显著。2000 年，依据家庭人均间接 CO_2 排放量的大小，可以将 30 个省（自治区、直辖市）划分为三种类型，如图 3-54 所示。

第一类区域的家庭人均间接 CO_2 排放量较低，小于 1000kg，包括 14 个省和自治区。排放量从低到高分别为广西、四川、江西、福建、湖南、江苏、河南、浙江、广东、海南、陕西、山东、云南和河北。其中，广西的家庭人均间接 CO_2 排放量最低，为 618kg。

第二类区域的家庭人均间接 CO_2 排放量高于第一类区域，属于 1000 ~ 2000kg 范围，包括 12 个省（自治区、直辖市）。排放量从低到高分别为湖北、安徽、黑龙江、贵州、新疆、甘肃、吉林、天津、内蒙古、青海、辽宁和山西。

第三类区域的家庭人均间接 CO_2 排放量又高于第二类区域，属于 2000 ~ 3000kg 范围，包括重庆、上海、北京和宁夏。其中宁夏以人均间接排放 CO_2 量为 2278kg 位居最高，是以人均间接排放 CO_2 量最低的广西的近 4 倍。

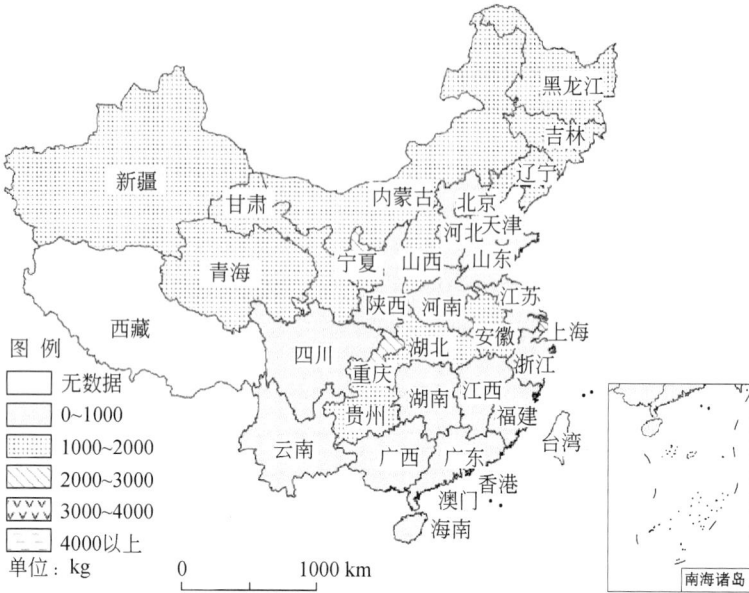

图 3-54 家庭人均间接 CO_2 排放的区域差异（2000 年）

可以发现，与 2000 年相比，2012 年各区域的家庭人均间接 CO_2 排放量都有所增长，但增长的幅度又不尽相同。依据人均间接排放水平的大小可以划分为五种类型，如图 3-55 所示。

首先，已经没有省份属于家庭人均间接 CO_2 排放量小于 1000kg 的第一类区域。

其次，第二类区域，即家庭人均间接 CO_2 排放量属于 1000～2000kg 范围的省（自治区、直辖市）由 12 个降低至 9 个省（自治区、直辖市），排放量从低到高分别为安徽、江西、广西、河南、福建、四川、海南、湖南、黑龙江，其中，安徽的家庭人均间接 CO_2 排放量最低，为 1382kg。第三类区域，即家庭人均间接 CO_2 排放量属于 2000～3000kg 范围的省（自治区、直辖市）由 4 个增加至 12 个，排放量从低到高分别为陕西、广东、江苏、吉林、湖北、重庆、天津、浙江、贵州、云南、山东和河北。

最后，2012 年增加了 2000 年没有的两种类型区域，即家庭人均间接 CO_2 排放量属于 3000～4000kg 范围的第四类区域，以及大于 4000kg 的第五类区域。前者有辽宁、北京、山西、甘肃、新疆、内蒙古和上海，后者只有青海和宁夏。其中，宁夏的人均间接 CO_2 排放量最高，是排放量最低的安徽的 5 倍。

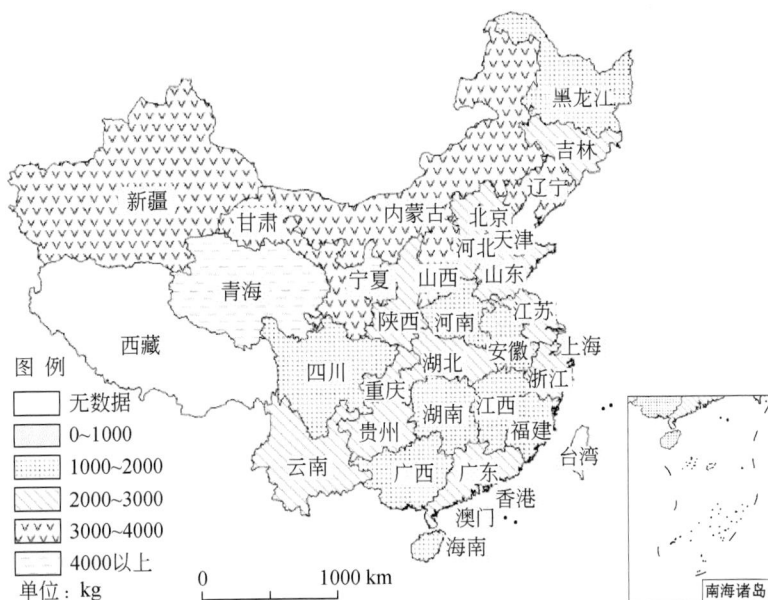

图 3-55　家庭人均间接 CO_2 排放的区域差异（2012 年）

对比家庭人均间接能源消费量和家庭人均间接 CO_2 排放量的区域差异格局可以发现，虽然变化的规律非常类似，但是各个省份的排序却不完全一致，所以各个省份除了在间接能源消费量上有所差异之外，在间接能源消费结构方面也有所不同。

3.4　家庭直接与间接能源消费和碳排放对比

如上所述，在城市化的发展进程中，从时间角度来看，家庭直接与间接能源消费和 CO_2 排放均呈现出明显的变化规律；从空间角度来看，在城乡之间和区域之间呈现出显著的差异。那么直接与间接能源消费和 CO_2 排放之间，又有哪些不同之处呢？下面从不同角度进行对比分析。由于直接与间接能源消费和 CO_2 排放所占比重的视角不同，前者是在终端部门所占比重，而后者是在最终需求部门所占比重，所以不宜进行对比。由于直接与间接能源消费和 CO_2 排放结构的视角也不相同，前者是燃料结构，后者是部门结构，所以也不宜进行对比。而由于直接和间接能源消费与 CO_2 排放总量和人均差异相同，所以比较总量后，不需要再比较人均量。因此，如下从总量对比、城乡差异对比、区域差异对比三个方面进行分析。

3.4.1 总量对比

从总量上来看，对比全国家庭直接与间接能源消费和 CO_2 排放变化，可以发现如下三个特征。

第一，家庭间接能源消费和 CO_2 排放总量一直高于直接能源消费和 CO_2 排放总量，间接能源消费和 CO_2 排放是直接的 2~3 倍（图 3-56）。

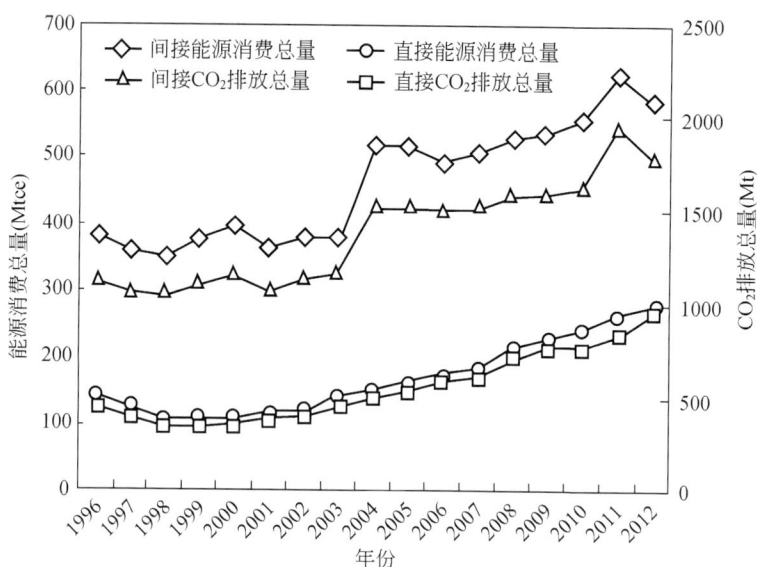

图 3-56 家庭直接与间接能源消费和 CO_2 排放总量比较（1996~2012 年）

资料来源：根据历年的《中国能源统计年鉴》和《投入产出表》相关数据整理计算

第二，家庭直接能源消费和 CO_2 排放总量的增速略快于间接能源消费和 CO_2 排放总量。1996~2012 年，家庭间接能源消费和 CO_2 排放总量的年均增速均为 2.4% 和 2.8%；而家庭直接能源消费和 CO_2 排放总量的年均增速分别为 3.8% 和 4.6%。

第三，间接与直接能源消费和 CO_2 排放总量差额呈现出波动式上升的特点，1996~2012 年，间接与直接能源消费的差额由 236Mtce 增至 298Mtce，增大了 1.26 倍；间接与直接 CO_2 排放的差额由 663Mt 增至 811Mt，增大了 1.22 倍。由于能源消费的差额与 CO_2 排放的差额变化趋势保持着高度的一致，说明 CO_2 排放的变化原因，主要在于能源消费总量的变化（图3-57）。

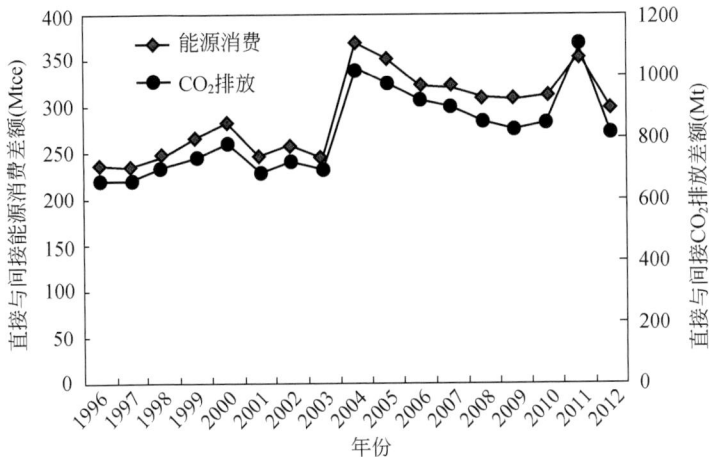

图 3-57　家庭直接与间接能源消费和 CO_2 排放差额变化（1996～2012 年）

资料来源：根据历年的《中国能源统计年鉴》和《投入产出表》相关数据整理计算

3.4.2　城乡差异对比

城镇和农村在家庭直接与间接能源消费、直接与间接 CO_2 排放之间，存在着显著的差异。

3.4.2.1　城乡之间直接与间接能源消费对比

城乡之间的家庭直接与间接能源消费对比方面，呈现出以下三个特点：

第一，从总量的对比来看，城镇家庭的间接能源消费总量远远高于直接能源消费总量，1996～2012 年，间接能源消费总量是直接能源消费总量的 2.9～4.3 倍；农村家庭的间接能源消费总量略高于直接能源消费总量，1996～2012 年，其间接能源消费总量是直接能源消费总量的 1.2～2.7 倍（图3-58）。

第二，从增长情况对比来看，城镇家庭的直接和间接能源消费总量都表现出明显的增长趋势，并且二者的增长速度都较快，1996～2012 年，直接和间接能源消费总量的年均增速分别为 3.9% 和 4.9%；而农村家庭的直接能源消费总量增长明显，但是间接能源消费总量几乎没有增长，甚至还略有下降，从增速来

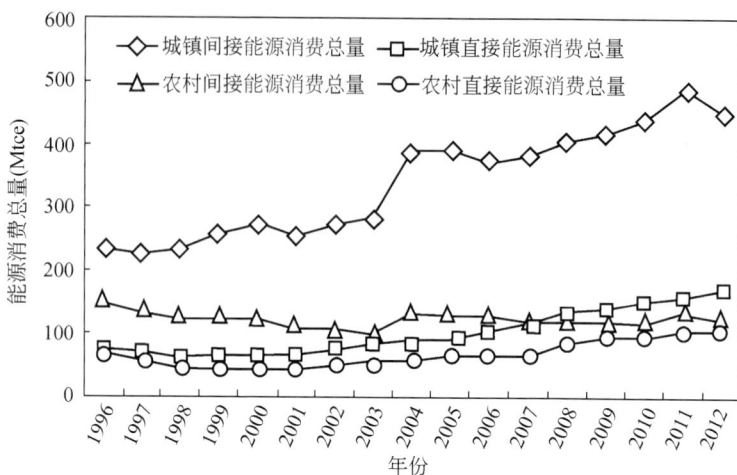

图 3-58　城乡家庭直接与间接能源消费总量变化对比（1996～2012 年）

资料来源：根据历年的《中国能源统计年鉴》和《投入产出表》相关数据整理计算

看，农村家庭的直接和间接能源消费总量的年均增速分别为 2.5% 和−0.9%（图 3-58）。

第三，从差额来看，城镇家庭的间接能源消费总量与直接能源消费总量的差额不断增长，而农村家庭的差额不断下降，因此目前城镇家庭的间接能源消费与直接能源消费总量差额远远高于农村家庭。1996 年，城镇家庭的间接能源消费与直接能源消费总量的差额为 159Mtce，2012 年，这一差额增至 280Mtce。而农村家庭的间接能源消费与直接能源消费总量差额变化却出现相反的趋势，1996～2012 年，由 77Mtce 下降至 18Mtce（图 3-59）。

由上述三个特点可以看出，随着城市化的不断发展，城镇家庭的间接能源消费总量远远地超过了直接能源消费总量。但是间接能源消费受经济发展水平、产业结构变化等多种因素影响，波动性比较大。而直接能源消费受家庭刚性需求的约束，增长比较稳定。农村家庭的间接能源消费总量变化不大，甚至出现了下降的趋势，其直接能源消费总量反而较快地增长，所以间接与直接能源消费总量之间的差距越来越小，出现了趋同的趋势。由此可见，家庭能源消费总量增长的最大份额，主要来自于城镇家庭的间接消费总量增长。农村家庭能源消费总量增长的主要贡献，来自于直接消费总量的增长。

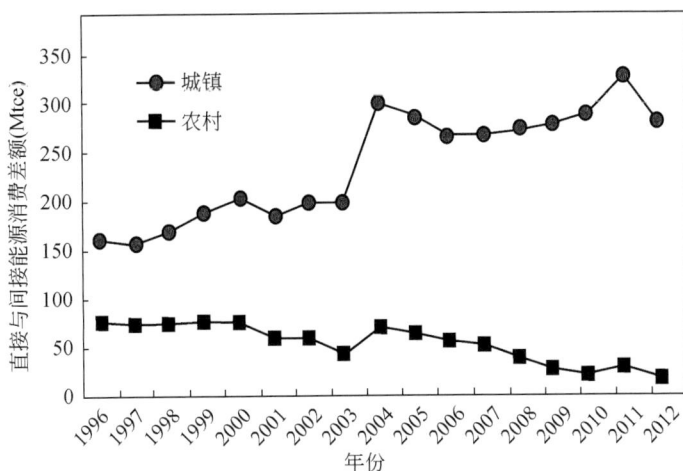

图 3-59　城乡家庭直接与间接能源消费总量差额变化对比（1996～2012 年）

资料来源：根据历年的《中国能源统计年鉴》和《投入产出表》相关数据整理计算

3.4.2.2　城乡之间直接与间接 CO_2 排放对比

对比城乡家庭的直接与间接 CO_2 排放总量，可以发现其特点与上述能源消费总量的特点基本相同。

首先，从总量的对比来看，城镇家庭的间接 CO_2 排放总量远远高于直接 CO_2 排放总量，1996～2012 年，间接 CO_2 排放总量是直接 CO_2 排放总量的 2.5～3.8 倍；农村家庭的间接 CO_2 排放总量略高于直接 CO_2 排放总量，1996～2012 年，其间接 CO_2 排放总量是直接 CO_2 排放总量的 1.0～2.3 倍（图 3-60）。

其次，从增速来看，城镇家庭的直接和间接 CO_2 排放总量的年均增速分别为 4.29% 和 5.45%；而农村家庭的直接和间接 CO_2 排放总量的年均增速分别为 3.63% 和 -0.67%。

最后，从差额来看，城镇家庭的间接 CO_2 排放总量的差额与直接 CO_2 排放总量的差额不断增长，而农村家庭的差额不断下降，因此目前城镇家庭的间接 CO_2 排放与直接 CO_2 排放总量的差额远远高于农村家庭。1996～2012 年，城镇家庭的间接 CO_2 排放与直接 CO_2 排放总量的差额由 454Mt 增至 830Mt。而农村家庭的间接 CO_2 排放与直接 CO_2 排放总量的差额变化却出现相反的趋势，在 1996～2012 年，由 209Mt 下降至 -19Mt（图 3-61）。

由此可见，无论是城镇还是农村，家庭直接与间接 CO_2 排放总量的差异主要

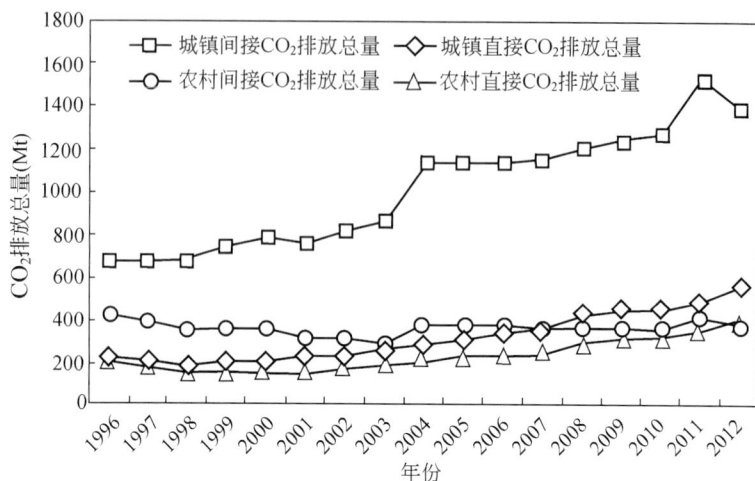

图 3-60　城乡家庭直接与间接 CO_2 排放总量变化对比（1996～2012 年）

资料来源：根据历年的《中国能源统计年鉴》和《投入产出表》相关数据整理计算

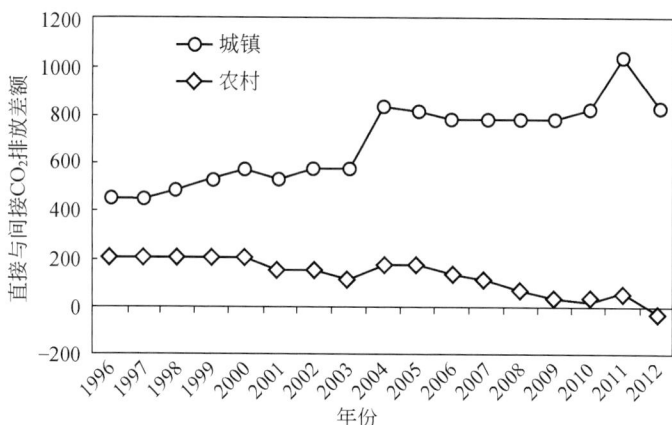

图 3-61　城乡家庭直接与间接 CO_2 排放差额变化对比（1996～2012 年）

资料来源：根据历年的《中国能源统计年鉴》和《投入产出表》相关数据整理计算

在于能源消费总量的差异，而能源结构差异所起的作用不大。

3.4.3　区域差异对比

家庭间接与直接能源消费和 CO_2 排放的对比，不仅体现在城镇和农村之间的不同，还体现在不同区域之间的差异。

3.4.3.1 区域之间直接与间接能源消费总量对比的差异

从间接与直接能源消费总量的对比来看，不同区域存在着显著的差异，而且这种差异还发生着动态的变化。

2000年，间接与直接能源消费总量之比最大的省份是海南，间接能源消费总量是直接能源消费总量的8倍多。其次是安徽、内蒙古和广西，间接能源消费总量是直接能源消费总量的5~7倍。其余绝大多数的省份这一比值都在2~5范围内。而新疆、贵州和河北的比值不到2，以河北为最小，还不到1.5。

2012年，间接与直接能源消费总量之比最大的省份不再是海南，而是宁夏，其比值为6.8。其次是海南和云南，比值为5~7。其余绝大多数省份的这一比值依然保持在2~5。比值不到2的省份增至4个，但是和2000年的省份完全不同，包括北京、天津、黑龙江和内蒙古，以内蒙古的比值为最小，不到1.5（图3-62）。

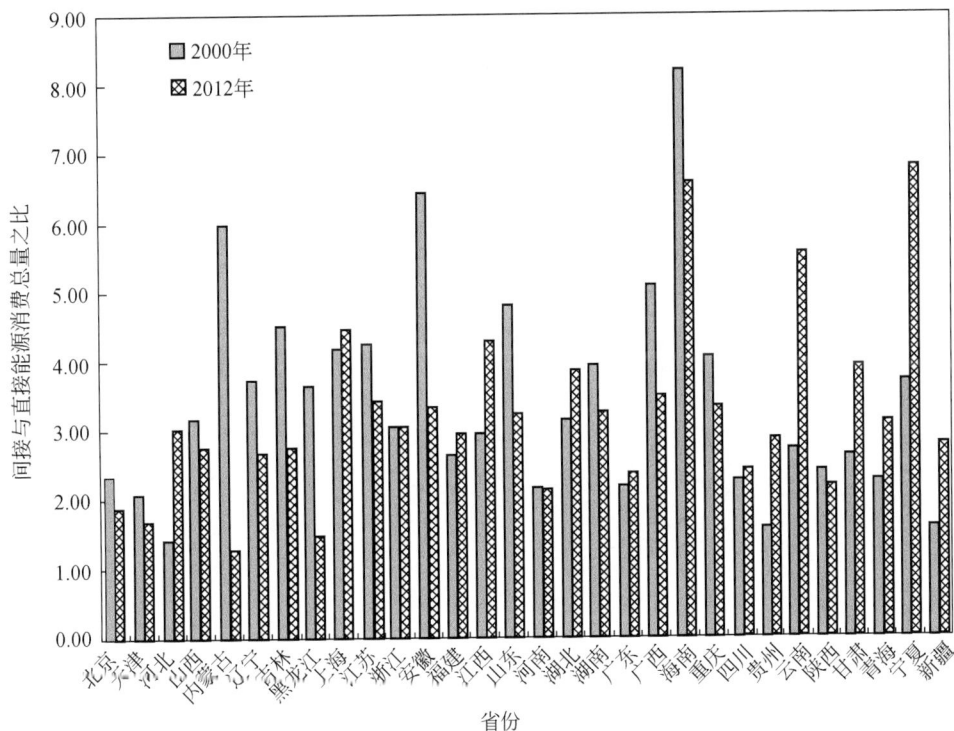

图3-62 区域家庭间接与直接能源消费总量之比（2000~2012年）

资料来源：根据历年的《中国能源统计年鉴》和《投入产出表》相关数据整理计算

3.4.3.2 区域之间直接与间接 CO_2 排放总量对比的差异

间接与直接 CO_2 排放总量的对比，不同区域间也存在着显著的差异，而且与上述能源消费的对比，既有相同之处，又显现出一些不同的特征。

2000 年，间接与直接 CO_2 排放总量之比最大的省份也是海南，其比值为 7.1。其次是内蒙古、重庆和安徽，间接 CO_2 排放总量是直接 CO_2 排放总量的 5 ~ 7 倍。其余绝大多数的省份这一比值也都在 2 ~ 5。而贵州、河北和新疆的比值不到 2，以新疆为最小，仅为 1.5。

2012 年，间接与直接 CO_2 排放总量之比最大的省份不再是海南，而是宁夏，其比值为 8.2 倍。其余绝大多数省份的这一比值依然保持在 2 ~ 5。比值不到 2 的省份增至 5 个，但是和 2000 年的省份完全不同，包括河南、北京、天津、内蒙古和黑龙江，以黑龙江的比值为最小，间接与直接 CO_2 排放总量几乎相等（图 3-63）。

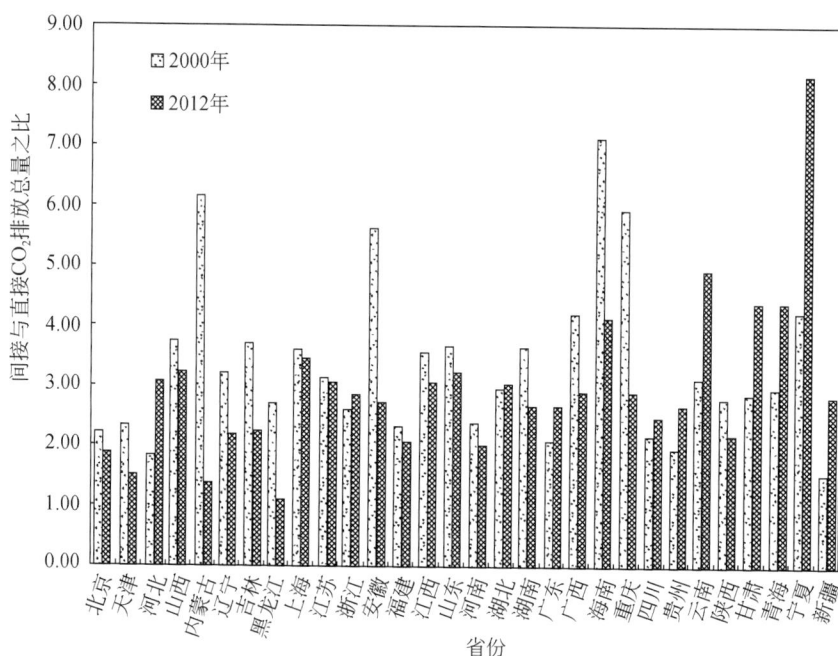

图 3-63　区域家庭间接与直接 CO_2 排放总量之比（2000 ~ 2012 年）

资料来源：根据历年的《中国能源统计年鉴》和《投入产出表》相关数据整理计算

3.5　小　　结

本章首先分析了中国城市化的发展阶段及其发展特征，然后剖析了城市化发展进程中家庭直接能源消费和碳排放的变化特征，以及家庭间接能源消费和碳排放的变化特征，并进一步对家庭直接与间接能源消费和碳排放进行了对比。

(1) 中国城市化的发展阶段及其特征

无论是借鉴先行国家的经验，还是根据中国城市化与经济发展以及城市化与工业化的对应关系进行分析，都可以做出中国城市化正处于快速发展阶段的判断，虽然未来增速可能有所放缓，但城市化的水平还是在持续提高。中国城市化在快速发展的同时，还呈现出一些突出的特征，如存在着非常显著的区域差异、面临着严峻的资源和环境约束等，这些特征对家庭能源和碳排放具有重要的影响。

(2) 家庭直接能源消费和碳排放的变化特征

1996 年以来，中国城市化进入了快速发展的中期阶段，家庭直接能源消费和碳排放发生了如下变化：第一，家庭部门的直接能源消费和 CO_2 排放在终端部门中所占比重非常稳定；第二，家庭直接能源消费和 CO_2 排放总量和人均量都表现出不断增长的态势；第三，家庭直接能源消费结构不断优化，相应地家庭直接 CO_2 排放的结构也呈现出以原煤为主向以电力为主转变的特征；第四，城乡家庭的直接能源消费和碳排放总量、人均量和结构方面，都存在显著差异；第五，各个省份的家庭直接能源消费和碳排放总量和人均量存在显著差异，而且随着城市化的发展发生着动态的变化。

(3) 家庭间接能源消费和碳排放的变化特征

在城市化快速演进的过程中，家庭间接能源消费和碳排放发生了如下变化：第一，家庭消费所间接引致的能源消费和碳排放，在最终需求中所占比重表现出了下降趋势；第二，家庭间接能源消费总量和人均量都呈现出不断增长的特点；第三，家庭间接能源消费和碳排放结构变化的特点是：由主要满足吃的需要向多样化需求转变；第四，城乡家庭的间接能源消费和 CO_2 排放的总量、人均量以及结构方面，均存在显著差异；第五，各个省份的家庭间接能源消费和碳排放总量以及人均量都存在显著差异，而且随着城市化的发展发生着动态的变化。

（4）家庭直接与间接能源消费和碳排放对比

进一步对比直接与间接能源消费和 CO_2 排放发现如下特征：首先，从总量上来看，家庭间接能源消费和 CO_2 排放总量一直高于直接能源消费和 CO_2 排放总量；其次，从城乡差异来看，城镇家庭的间接以及直接能源消费和 CO_2 排放总量的差额不断扩大，而农村的这一差额却在缩小；最后，从区域差异来看，不同省份之间家庭间接与直接能源消费和 CO_2 排放之比存在着显著的差异。

第4章 中国城市化对家庭能源消费和碳排放的影响效应

国内外已有诸多文献针对城市化和能源消费以及 CO_2 排放之间的关系进行研究，但是研究结论并不一致。许多文献提出城市化和能源消费、CO_2 排放呈正相关关系（Jones，1991）；Zarzoso 和 Maruotti（2011）发现 1975~2003 年发展中国家城市化和 CO_2 排放之间存在倒 U 形关系；而 Dong 和 Yuan（2011）发现，1979~2009年在中国，城市化与 CO_2 排放存在倒驼峰形关系。已有研究主要着眼于城市化与能源消费以及 CO_2 排放总量之间的关系，而鲜有文献专门对城市化与家庭能源消费以及 CO_2 排放总量之间的关系进行分析。在第 2 章机理分析和第 3 章特征分析的基础上，本章拟从实证分析角度，计量城市化发展对家庭能源消费和 CO_2 排放的影响效应。首先从全国层面出发，计量中国城市化发展对家庭能源消费和 CO_2 排放的影响效应；然后进一步从省级层面出发，分析城市化发展对家庭能源消费和 CO_2 排放的影响效应的区域差异。

4.1 城市化对全国家庭能源消费和碳排放的影响效应计量

正如第 3 章所述，1996 年以来，中国城市化水平越过了 30%，进入快速发展的中期阶段，以年均 1.4 个百分点的速度发展。与此同时，中国的家庭直接和间接能源消费以及 CO_2 排放总量也在不断地增长。那么，快速发展的城市化水平对家庭直接和间接能源消费以及 CO_2 排放增长是否起到了促进作用呢？以下将运用格兰杰因果关系检验以及协整分析方法，对此进行分析。主要选取了 5 个指标：①城市化水平 UR；②家庭直接能源消费总量 DE_T；③家庭直接 CO_2 排放总量 DC_T；④家庭间接能源消费总量 IE_T；⑤家庭间接 CO_2 排放总量 IC_T。分析的样本期为 1996~2012 年。

4.1.1 平稳性检验

首先运用 ADF 检验方法，对时间序列数据（UR、DE_T、DC_T、IE_T 以及 IC_T）进行单位根检验，以判断各指标的平稳性，分析过程借助于 Eviews 7.0 完成。为消除数据中存在的异方差，分别对五个变量取自然对数，检验方程的类型根据相应序列的时序图来选取，最佳滞后阶数根据 AIC 和 SC 最小准则来确定（鄢琼伟和陈浩，2011），检验结果如表4-1所示。

表4-1　ADF 检验结果

变量	检验类型 (C、T、K)	ADF 检验值	各显著性水平下的临界值			检验 结果
			1%	5%	10%	
UR	（C、T、2）	−3.13	−4.80	−3.79	−3.34	非平稳
DE_T	（C、T、0）	−3.35	−4.67	−3.73	−3.31	非平稳
DC_T	（C、T、3）	−3.62	−4.89	−3.83	−3.36	非平稳
IE_T	（C、T、0）	−3.15	−4.67	−3.73	−3.31	非平稳
IC_T	（C、T、0）	−3.12	−4.67	−3.73	−3.31	非平稳
IUR	（C、T、0）	−3.26	−4.73	−3.76	−3.33	非平稳
IDE_T	（C、T、0）	−3.61	−4.73	−3.76	−3.33	非平稳
IDC_T	（C、T、3）	−3.02	−4.99	−3.88	−3.39	非平稳
IIE_T	（C、T、0）	−4.01	−4.73	−3.76	−3.33	非平稳
IIC_T	（C、T、0）	−4.18	−4.73	−3.76	−3.34	非平稳
IIUR	（0、0、1）	−5.86	−4.89	−3.83	−3.36	平稳
$IIDE_T$	（0、0、1）	−4.44	−2.76	−1.97	−1.60	平稳
$IIDC_T$	（0、0、1）	−3.95	−2.76	−1.97	−1.60	平稳
$IIIE_T$	（0、0、0）	−5.83	−2.74	−1.97	−1.60	平稳
$IIIC_T$	（0、0、0）	−6.04	−2.74	−1.97	−1.60	平稳

序列 UR、DE_T、DC_T、IE_T、IC_T 均呈上升趋势，具有随时间递增的特征，应选取包含常数项和线性时间趋势项的检验方程。检验结果如表4-1所示，UR、DE_T、DC_T、IE_T、IC_T 的 ADF 检验值均大于显著性水平为 0.01、0.05 时的临界值，所以不能拒绝原假设，各指标原始值是非平稳的。因此对序列 UR、DE_T、DC_T、IE_T、IC_T 进行一阶差分，得到 IUR、IDE_T、IDC_T、IIE_T、IIC_T，再对其进行

单位根检验。

一阶差分后的序列 IUR、IDE_T、IDC_T、IIE_T、IIC_T 仍有上升趋势，所以还是选取包含常数项和线性时间趋势项的检验方程。检验结果发现，IUR、IDE_T、IDC_T、IIE_T、IIC_T 的 ADF 检验值均大于显著性水平为 0.01 时的临界值，不能拒绝原假设，序列 IUR、IDE_T、IDC_T、IIE_T、IIC_T 是非平稳的。对指标原始值进行二阶差分，得到 IIUR、$IIDE_T$、$IIDC_T$、$IIIE_T$、$IIIC_T$，再对其进行单位根检验。

经过二阶差分后的序列 IIUR、$IIDE_T$、$IIDC_T$、$IIIE_T$、$IIIC_T$ 在零均值上下波动，故选取不包含常数项和线性时间趋势项的检验方程。检验结果发现，各二阶差分的 ADF 检验值均小于显著性水平为 0.01、0.05、0.10 时的临界值，所以拒绝原假设，原始序列的二阶差分是平稳的。

4.1.2 格兰杰因果关系检验

综上所述，单位根检验结果表明，各指标原始值是非平稳序列，经过二阶差分后是平稳的，所以各指标均为二阶单整，满足协整检验前提。现用 EG 两步法分别对 UR 和 DE_T、UR 和 DC_T、UR 和 IE_T、UR 和 IC_T 四组变量进行协整关系的检验，即检验回归残差项 e 是否为平稳序列。同样根据各个残差序列 e 的时序图，选用不包含常数项和时间趋势项的检验方程。根据 AIC 和 SC 最小准则确定最佳滞后阶数。四组变量残差序列 e 的 ADF 检验值分别为 -4.37、-4.34、-4.01、-4.43，其值均小于显著性水平为 0.01、0.05、0.10 时的临界值，拒绝原假设，即各个残差序列 e 是平稳的，这表明 UR 和 DE_T、UR 和 DC_T、UR 和 IE_T、UR 和 IC_T 均存在协整关系，即其线性组合长期稳定。

进一步对城市化水平与家庭直接和间接能源消费及 CO_2 排放总量进行 Granger 因果关系检验，检验结果如表 4-2 所示，由 F 统计值是否通过显著性检验判断是否拒绝原假设。结果表明城市化水平是直接、间接能源消费与 CO_2 排放总量的单向格兰杰因果关系。

表 4-2　格兰杰因果关系检验结果

原假设	观测量	F 统计值	显著性水平	是否接受
家庭直接能源消费量变化不是城市化水平改变的原因	17	1.36	0.27	接受
城市化水平改变不是家庭直接能源消费量变化的原因		13.41	0.00	拒绝

原假设	观测量	F 统计值	显著性水平	是否接受
家庭直接 CO_2 排放量变化不是城市化水平改变的原因	17	1.31	0.27	接受
城市化水平改变不是家庭直接 CO_2 排放量变化的原因		9.82	0.01	拒绝
家庭间接能源消费量变化不是城市化水平改变的原因	17	0.03	0.87	接受
城市化水平改变不是家庭间接能源消费量变化的原因		9.24	0.01	拒绝
家庭间接 CO_2 排放量变化不是城市化水平改变的原因	17	0.02	0.88	接受
城市化水平改变不是家庭间接 CO_2 排放量变化的原因		7.95	0.02	拒绝

4.1.3 回归方程建立

基于上述结果，分别建立城市化水平与家庭直接能源消费总量、直接 CO_2 排放总量、间接能源消费总量、间接 CO_2 排放总量的回归方程：

$$DE_T = c + \alpha UR + e \tag{4-1}$$

$$DC_T = c + \alpha UR + e \tag{4-2}$$

$$IE_T = c + \alpha UR + e \tag{4-3}$$

$$IC_T = c + \alpha UR + e \tag{4-4}$$

式中，c 是截距项；α 是城市化对家庭直接能源消费总量（家庭直接 CO_2 排放总量、间接能源消费总量、间接 CO_2 排放总量）的影响程度；e 为随机误差项。

运用广义最小二乘法进行估计，对于存在的序列相关问题运用广义差分法进行修正（韩智勇等，2004），结果如表4-3所示。由 R^2 以及调整后的 $\overline{R^2}$ 均在 0.8 以上可知，模型拟合效果良好，DW 值在 2.00 左右表明模型不存在序列相关问题。

表4-3 回归模型估计结果

项目	能源消费	CO_2 排放
直接	$DE_T = 2.58UR + 0.66$ $R^2 = 0.99$ $\overline{R^2} = 0.99$ $DW = 2.28$	$DC_T = 4.51 + 2.90UR + 0.64AR$（1） $R^2 = 0.98$ $\overline{R^2} = 0.98$ $DW = 2.71$
间接	$IE_T = 1.63UR + 0.56$ $R^2 = 0.85$ $\overline{R^2} = 0.84$ $DW = 2.09$	$IC_T = 3.04 + 1.13UR$ $R^2 = 0.84$ $\overline{R^2} = 0.83$ $DW = 2.25$

注：AR（1）为随机误差项的一阶自回归

　　由上述回归结果可知，1996 ~ 2012 年，我国城市化水平对家庭能源消费与 CO_2 排放存在正向促进作用，即随着城市化的发展，我国家庭能源消费与 CO_2 排放总量不断增加。比较来看，城市化对家庭直接能源消费与 CO_2 排放的影响效应大于对家庭间接能源消费与 CO_2 排放的影响效应。具体来看，城市化水平每提高 1 个百分点，会引起家庭直接能源消费上升 2.58 个百分点，家庭直接 CO_2 排放上升 2.90 个百分点；家庭间接能源消费上升 1.63 个百分点，家庭间接 CO_2 排放上升 1.13 个百分点。

4.1.4　结果分析和讨论

　　上述实证分析结果表明，中国城市化水平的提高，促使了家庭直接、间接能源消费及 CO_2 排放总量的增加，这进一步印证了第 2 章 2.1.2 节的理论分析结论。城市化进程中，人口之所以从农村转移到城市，是因为预期个人收入会增加（迈克尔，1999）。消费是收入的函数，收入增长必然会促使消费增加，一方面会促使家庭购买更多的能源商品，促使直接能源消费和 CO_2 排放量增长；同时，家庭对其他商品和服务的需求也会增加，而这些商品和服务的生产过程都需要消耗能源，因此会促使间接能源消费和 CO_2 排放量相应增长（图 4-1）。

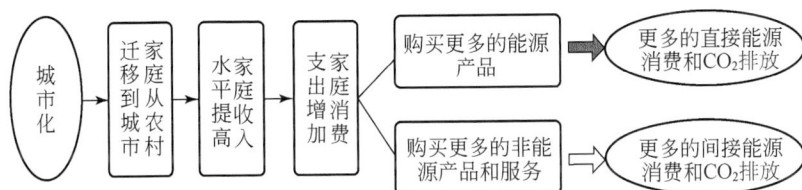

图 4-1　城市化对家庭能源消费和 CO_2 排放的促进

　　如第 2 章所述，如果假设其他因素保持不变，直接能源需求 Q_d 可以被表达为消费者收入 Y 的函数，即

$$Q_d = k_d Y^\alpha \tag{4-5}$$

　　这里 k_d 是常数；α 表示直接能源需求的收入弹性。α 越大，直接能源需求对收入的变动越敏感。Herendeen 等（1976）发现美国家庭直接能源需求的收入弹性为 0.5。

　　1996 ~ 2012 年，中国城乡家庭的直接能源需求也随着收入的增加而不断增长。城镇家庭直接能源需求的收入弹性为0.5;农村家庭直接能源需求的收入弹性为0.7。

同样的,直接 CO_2 排放 DC 可以被表达为消费者支出 EX 的函数:

$$DC = C_d EX^\varepsilon \qquad (4\text{-}6)$$

这里 C_d 是常数;ε 表示直接 CO_2 排放的支出弹性。ε 越大,直接 CO_2 排放对支出的变动越敏感。

1996~2012 年,中国城乡家庭的直接 CO_2 排放也随着支出的增加而不断增长。城镇家庭直接 CO_2 排放的支出弹性为 0.5 (图 4-2);农村家庭直接 CO_2 排放的支出弹性为 0.8 (图 4-3)。

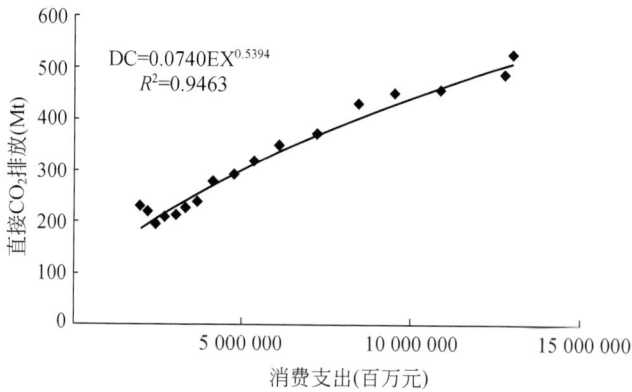

图 4-2 城镇家庭直接 CO_2 排放和消费支出增长 (1996~2012 年)

同理,如果其他因素保持不变,间接能源需求 Q_i 也可以被表达为消费者收入 Y 元的函数,即

$$Q_i = k_i Y^\beta \qquad (4\text{-}7)$$

这里 k_i 是常数,β 表示间接能源需求的收入弹性。β 越大,间接能源需求对收入的变动越敏感。Herendeen 等 (1976) 发现美国家庭间接能源需求的收入弹性为 1.1。

1996~2012 年,中国城乡家庭的间接能源需求也随着收入的增加而不断增长。城镇家庭间接能源需求的收入弹性为 0.4;农村家庭间接能源需求的收入弹性为 0.1。

收入增长在促使家庭消费更多的能源的同时,也会促使家庭能源消费结构从劣质燃料向优质燃料转变 (Sathaye and Meyers,1985;Gates and Yin,2004)。从

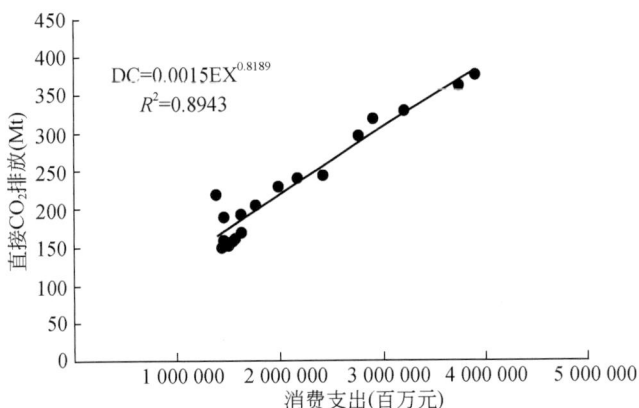

图 4-3 农村家庭直接 CO_2 排放和消费支出增长 （1996~2012 年）

高碳燃料（如煤炭）转向低碳燃料（如天然气），会对 CO_2 排放增长产生抑制作用。1996~2012 年，中国城乡家庭的能源消费总量中，煤炭所占比重分别下降了 42% 和 37%；天然气消费比重分别增加了 9% 和 3%。因此，能源消费结构的变化对城乡家庭的 CO_2 排放增长均起到了一些抑制作用，并且城镇的作用更为突出。

同样的，间接 CO_2 排放 IC 可以被表达为消费者支出 EX 的函数：

$$IC = C_i EX^{\phi} \tag{4-8}$$

这里 C_i 是常数，ϕ 表示间接 CO_2 排放的支出弹性。ϕ 越大，间接 CO_2 排放对支出的变动越敏感。

1996~2012 年，中国城乡家庭的间接 CO_2 排放也随着支出的增加而不断增长。城镇家庭间接 CO_2 排放的支出弹性为 0.4（图 4-4）；农村家庭间接 CO_2 排放的支出弹性为 0.1（图 4-5）。

收入增长在促使家庭消费更多的商品和服务的同时，也会促使家庭消费结构发生变化。如果这种结构变化是从高碳强度的部门（如金属产品制造业 S8 和建筑材料及其他非金属矿物制品业 S7）转向低碳强度的部门（如建筑业 S12 和机械设备制造业 S9），那么这种变化会对 CO_2 排放增长产生抑制作用（图 4-6）。

1996~2012 年，金属产品制造业 S8 和建筑材料及其他非金属矿物制品业 S7 在城镇和农村家庭中所占的比重分别下降了 2.37% 和 1.28%；建筑业 S12 和机械设备制造业 S9 在城镇和农村家庭中所占的比重分别上升了 2.03% 和 0.99%（图 4-7）。因此消费结构的变化，对城乡家庭 CO_2 排放增长都产生了一些抑制作

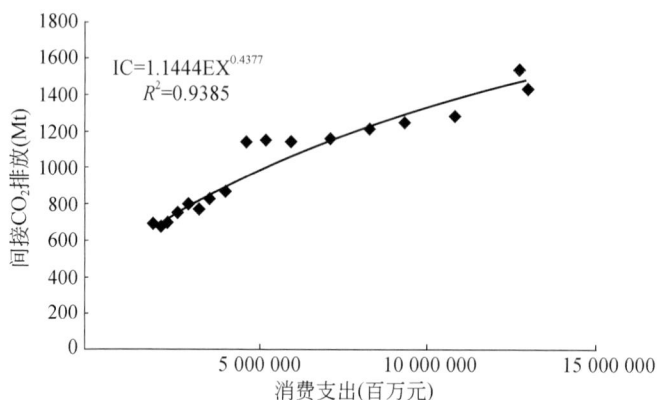

图 4-4 城镇家庭间接 CO_2 排放和消费支出增长（1996~2012 年）

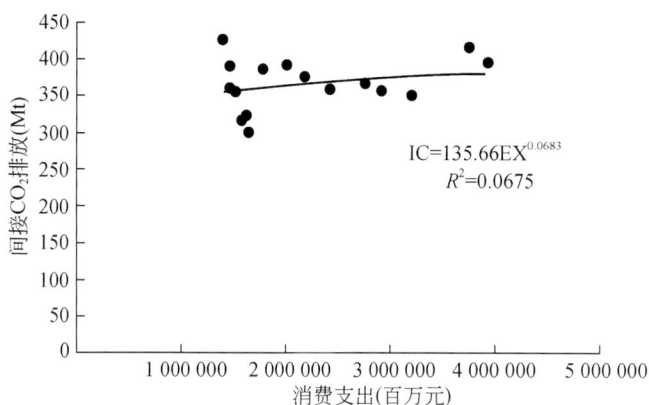

图 4-5 农村家庭间接 CO_2 排放和消费支出增长（1996~2012 年）

用，并且城镇的作用更大一些。

4.1.5 结论与启示

通过上述实证分析，可以得到以下结论：

第一，格兰杰因果关系检验结果表明，城市化是促使家庭直接及间接能源消费和 CO_2 排放增长的原因。

第二，回归方程结果显示，城市化水平每提高 1 个百分点，会引起家庭直接能源消费上升 2.58 个百分点，家庭直接 CO_2 排放上升 2.90 个百分点；家庭间接

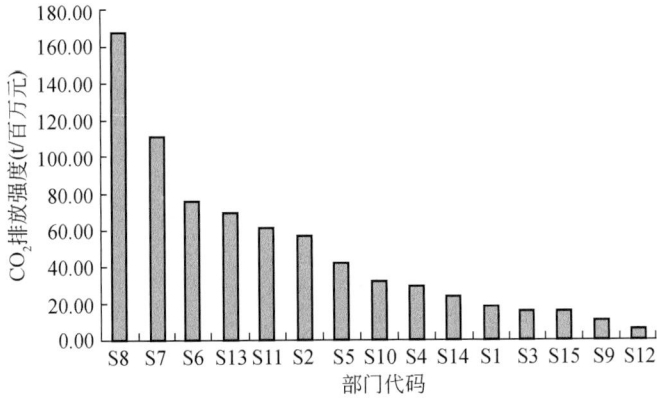

图 4-6　15 部门的 CO_2 排放强度（2012 年）

注：部门代码对应的部门名称同表 1-4

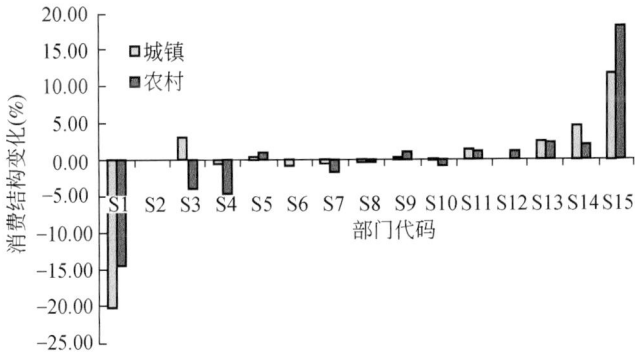

图 4-7　城乡家庭部门消费结构变化（1996 ~ 2012 年）

注：部门代码对应的部门名称同表 1-4

能源消费上升 1.63 个百分点，家庭间接 CO_2 排放上升 1.13 个百分点。

从上述实证分析结果可以得出以下几点启示：

第一，根据发达国家城市化发展的一般规律，中国目前正处于城市化水平位于 30% ~ 70% 的中期阶段，未来十几年仍将保持较快的发展速度，进而会促使更多的能源消费和 CO_2 排放。对于中国这样的发展中国家而言，如何在城市化快速发展的同时实现碳减排目标，是面临的一大难题。因此，制定一个不过分依赖于能源，尤其是化石能源的新型城镇化模式，就显得非常必要。

第二，在研究的样本期内，城市化对家庭直接能源消费和 CO_2 排放的促进作用大于对间接能源消费和 CO_2 排放的促进作用。说明在城市化快速发展的这段时间内,家庭对直接能源的需求增长呈刚性,而对间接能源需求的增长因技术进步、效率提高等原因得以放缓。可见,这部分呈刚性增长需求的家庭直接能源消费和 CO_2 排放增长,是城市化中期阶段实现家庭节能减排的难点所在。

4.2 城市化对家庭能源消费和碳排放影响的省际差异分析

我国地域辽阔,各省城市化发展进程存在较大的差异,其对家庭能源消费和 CO_2 排放的影响也可能存在差异。基于 2000 ~ 2012 年除港、澳、台、西藏之外的全国 30 个省(自治区、直辖市)的数据,构建面板模型分析各省份城市化水平对家庭能源消费和 CO_2 排放影响的差异。在运用面板模型进行实证分析的过程中,为了保证各指标之间的可比性,同时消除数据的不稳定性和可能存在的异方差现象,将原始数据均取自然对数之后再做分析。由于无法获取 30 个省(自治区、直辖市)的详细部门的能源消费数据,故将所有年份投入产出表中的部门合并为 6 个部门:农业、工业、建筑业、交通运输仓储及邮政业、批发零售及住宿餐饮业、其他服务业。

4.2.1 平稳性检验

由于宏观数据的非平稳性,有必要在建立面板数据模型之前对数据进行平稳性检验。面板数据的单位根检验,是在时间序列单位根检验的基础上发展起来的,主要用来检验面板数据的平稳性,从而避免产生伪回归问题(易丹辉,2014)。本节利用 Eviews 7.0 软件首先对 30 个省份的城市化水平、家庭直接能源消费总量和家庭间接能源消费总量、家庭直接 CO_2 排放总量和家庭间接 CO_2 排放总量取自然对数后的稳定性进行了单位根检验,结果见表 4-4。

表 4-4 单位根检验结果

变量	LLC 检验值	概率	ADF-Fisher 检验值	概率	PP-Fisher 检验值	概率	检验结果
UR^k	-7.89	0.00	60.65	0.45	88.28	0.01	非平稳

变量	LLC 检验值	概率	ADF-Fisher 检验值	概率	PP-Fisher 检验值	概率	检验结果
DE^k	3.61	1.00	43.96	0.91	98.19	0.00	非平稳
IE^k	1.26	0.90	45.28	0.92	47.45	0.88	非平稳
DC^k	−6.01	0.00	56.63	0.60	96.67	0.00	非平稳
IC^k	−0.18	0.43	45.18	0.92	98.28	0.00	非平稳
IUR^k	2.30	0.99	39.48	0.98	242.60	0.00	非平稳
IDE^k	−0.25	0.40	64.36	0.26	227.83	0.00	非平稳
IIE^k	3.10	0.99	56.62	0.60	251.21	0.00	非平稳
IDC^k	1.28	0.90	54.87	0.66	282.50	0.00	非平稳
IIC^k	−0.22	0.41	55.33	0.65	309.70	0.00	非平稳
$IIUR^k$	−12.28	0.00	186.47	0.00	533.35	0.00	平稳
$IIDE^k$	−14.30	0.00	201.08	0.00	493.57	0.00	平稳
$IIIE^k$	−14.95	0.00	211.42	0.00	566.14	0.00	平稳
$IIDC^k$	−14.01	0.00	218.63	0.00	552.36	0.00	平稳
$IIIC^k$	−16.20	0.00	231.00	0.00	566.78	0.00	平稳

首先，对变量的原始水平值进行单位根检验。根据各变量的时序图可知，各变量都有随时间递增的趋势，因此选取带有截距项和时间趋势项的方程，根据 SIC 原则自动选取滞后阶数进行检验。结果发现，LLC 检验值、ADF-Fisher 检验值和 PP-Fisher 检验值的概率并非全部小于 0.01，可知各指标原始值的检验值在 1% 的显著性水平上不显著，即存在单位根。

对所有变量的一阶差分值进行单位根检验，根据各变量的时序图可知，各变量都有随时间变化的趋势，因此同样选取带有截距项和时间趋势项的方程，根据 SIC 原则自动选取滞后阶数进行检验。结果发现，LLC 检验值、ADF-Fisher 检验值和 PP-Fisher 检验值的概率存在大于 0.01 的情况，变量一阶差分后的检验值在 1% 的显著性水平上同样不显著。

对所有变量进行二阶差分再次进行单位根检验，根据各变量的时序图可知，各变量的波动变化总体呈现趋于零的趋势，因此选取不带截距项和时间趋势项的方程，根据 SIC 原则自动选取滞后阶数进行检验。结果发现，LLC 检验值、ADF-Fisher 检验值和 PP-Fisher 检验值的概率均小于 0.01，变量的检验值在 1% 的显著性水平上显著，拒绝原假设存在单位根的情况，即所有变量的二阶差分是平稳的。因此可以对变量进行模型分析。

4.2.2 面板模型构建

理论上，面板数据模型主要有三种类型，以城市化对家庭直接 CO_2 排放总量的影响为例，可以构建如下模型：

1）无个体影响的不变截距、不变系数模型：

$$\ln DC^k = \alpha + \beta \ln UR^k + \mu^k \tag{4-9}$$

式中，DC^k 为第 k 省份家庭直接 CO_2 排放总量；UR^k 为第 k 省份的城市化水平；α 为模型的截距项；β 为城市化水平对家庭直接 CO_2 排放的影响程度；μ^k 为模型随机干扰项。模型的特点是 α、β 为常数项，不受样本个体的影响。

2）变截距、不变系数模型：

$$\ln DC^k = \alpha^k + \beta \ln UR^k + \mu^k \tag{4-10}$$

式中，α^k 为第 k 省份城市化与家庭直接 CO_2 排放模型的截距项，其他变量含义同上。模型的特点是截距项的大小与样本个体有关，城市化水平对家庭直接 CO_2 排放影响的系数 β 与样本个体无关。

3）变截距、变系数模型：

$$\ln DC^k = \alpha^k + \beta^k \ln UR^k + \mu^k \tag{4-11}$$

式中，β^k 为第 k 省份城市化水平对其家庭直接 CO_2 排放总量的影响程度，其他变量含义同上。模型的特点是截距项和变量的回归系数均与样本个体有关。

究竟选择哪种模型，需要对假设进行协方差分析检验来确定，两个假设如下：

$$H_1: \beta^1 = \beta^2 = \cdots = \beta^{30}$$

$$H_2: \alpha^1 = \alpha^2 = \cdots = \alpha^{30}, \quad \beta^1 = \beta^2 = \cdots = \beta^{30}$$

H_1 假设——各省模型中自变量的回归系数（β）相同、截距项（α）存在差异，含义为 30 个省份城市化水平对家庭直接 CO_2 排放的影响程度相同，但各省份家庭直接 CO_2 排放的基点存在差异。

H_2 假设——各省份模型中自变量的回归系数（β）相同，并且截距项（α）也是相同的，含义是 30 个省份城市化水平对家庭直接 CO_2 排放的影响程度相同，并且各省份家庭直接 CO_2 排放的基点是相同的。

假设成立与否，需要计算协方差分析检验的 F 统计量进行判断。首先检验 H_2 假设，利用协方差分析构造式计算 F_2，若其值小于某置信度下的同分布临界值，则 H_2 假设成立，选取无个体影响的不变截距、不变系数模型 [式 (4-9)]。否则 H_2 假设不成立，进一步检验 H_1 假设，利用协方差分析构造式计算 F_1，若其值小于某置信度下的同分布临界值，则 H_1 假设成立，选取变截距、不变系数模型 [式 (4-10)]。否则 H_1 假设也不成立，选取变截距、变系数模型 [式 (4-11)] (李嫣怡等，2013)。

基于城市化和家庭能源消费与 CO_2 排放的数据，计算 F 统计量，结果见表 4-5。城市化与家庭直接能源消费总量模型的 F_2 统计量值为 318.15，大于 1% 显著水平的临界值 1.6，拒绝不变截距、不变系数模型 [式 (4-9)]。进一步计算 F_1 统计量，值为 42.09，大于 5% 显著水平的临界值 2.1，拒绝变截距、不变系数模型 [式 (4-10)]。综合 F 统计量检验结果，选取变截距、变系数模型 [式 (4-11)]。同样计算城市化水平与家庭直接 CO_2 排放、家庭间接能源消费和间接 CO_2 排放模型的 F 统计量，均拒绝不变截距、不变系数模型与变截距、不变系数模型，所以选取变截距、变系数模型。

表 4-5 F 统计量计算结果

F 统计量	直接能源消费模型	直接 CO_2 排放模型	间接能源消费模型	间接 CO_2 排放模型
F_2	318.15	211.25	222.45	157.04
F_1	42.09	24.08	17.60	13.71

变截距、变系数模型又分为随机效应模型和固定效应模型，随机效应模型是面板各截面成员随机地取自一个大的总体，以样本结果分析总体的模型，而固定效应模型仅分析所取的截面成员，不适用于样本之外的其他单位 (高铁梅，2009)。此处仅以样本自身效应为条件进行分析，并不是随机抽取样本进行总体估计，因此建立固定效应模型。

4.2.3 实证分析

对上述城市化水平与家庭直接（间接）能源消费及 CO_2 排放构成的面板模型，运用普通最小二乘法估计，经怀特检验可知，随机干扰项的平方与城市化水平相关，模型存在异方差问题。因此运用广义最小二乘法 (GLS) 的横截面加权

（Cross section weights）对模型进行了修正，并对各模型的系数进行了稳健估计。由 t 检验的伴随概率值可知，模型的估计结果在 5% 显著水平上是显著的，模型的 R^2 和调整后的 R^2 均大于 0.98，可知模型拟合效果较好。家庭直接、间接能源消费和 CO_2 排放模型分别见表 4-6 和表 4-7。由城市化水平影响系数可知，城市化水平对家庭能源消费和 CO_2 排放总量的影响程度存在较大的区域差异，少数省份影响程度明显较高，远大于影响程度低的省份。

将各省按城市化水平对家庭直接能源消费总量影响的系数 β^k 由大到小排序（表 4-6），上海、黑龙江、吉林、北京、内蒙古、浙江、广东及海南等 8 个省份城市化水平对家庭直接 CO_2 排放的影响系数在 5.0 以上，尤其是上海，影响系数高达 45.9。其他 22 个省份影响系数均在 5.0 以下，宁夏、甘肃、江西、河北和贵州影响系数较小，均在 1.0 以下，尤其是贵州，影响系数仅为 0.5，仅为上海影响系数的百分之一左右。

表 4-6　城市化水平对直接能源消费与 CO_2 排放影响模型及排序

省份	直接能源消费模型	影响系数排序	直接 CO_2 排放模型	影响系数排序
北京	DE = −13.2+7.6UR	4	DC = −22.3+9.7UR	4
天津	DE = 9.2+2.4UR	16	DC = 8.4+2.7UR	16
河北	DE = 18.4+0.6UR	29	DC = 17.3+1.1UR	28
山西	DE = 13.5+1.8UR	19	DC = 14.7+1.6UR	23
内蒙古	DE = −7.6+7.1UR	5	DC = −5.2+6.6UR	5
辽宁	DE = 9.5+2.7UR	13	DC = 9.9+2.8UR	15
吉林	DE = −26.0+11.6UR	3	DC = −22.6+10.9UR	3
黑龙江	DE = −40.5+15.2UR	2	DC = −43.0+16.0UR	2
上海	DE = −186.0+45.9UR	1	DC = −183.9+45.5UR	1
江苏	DE = 7.2+3.3UR	10	DC = 8.4+3.2UR	11
浙江	DE = −2.6+5.6UR	6	DC = −1.7+5.6UR	7
安徽	DE = 14.6+1.4UR	22	DC = 14.2+1.7UR	19
福建	DE = 9.2+2.7UR	14	DC = 7.8+3.2UR	10
江西	DE = 16.0+0.9UR	28	DC = 13.6+1.8UR	18
山东	DE = 3.6+4.5UR	9	DC = 6.7+3.8UR	9
河南	DE = 16.4+1.2UR	24	DC = 16.2+1.5UR	24
湖北	DE = 12.0+2.2UR	17	DC = 12.3+2.3UR	17
湖南	DE = 10.5+2.6UR	15	DC = 10.2+2.9UR	14

续表

省份	直接能源消费模型	影响系数排序	直接CO_2排放模型	影响系数排序
广东	DE=−1.0+5.3UR	7	DC=−1.0+5.5UR	8
广西	DE=9.0+2.9UR	11	DC=9.6+2.9UR	13
海南	DE=−2.3+5.1UR	8	DC=−4.0+5.7UR	6
重庆	DE=13.1+1.6UR	21	DC=13.9+1.6UR	22
四川	DE=14.5+1.7UR	20	DC=15.4+1.6UR	21
贵州	DE=18.6+0.5UR	30	DC=20.1+0.2UR	30
云南	DE=15.8+1.1UR	25	DC=14.5+1.7UR	20
陕西	DE=9.6+2.8UR	12	DC=9.0+3.1UR	12
甘肃	DE=16.5+0.9UR	27	DC=16.4+1.1UR	27
青海	DE=11.8+1.8UR	18	DC=13.7+1.5UR	25
宁夏	DE=14.9+0.9UR	26	DC=15.3+1.0UR	29
新疆	DE=15.6+1.2UR	23	DC=16.0+1.2UR	26

同样，将各省按城市化水平对家庭直接CO_2排放影响的系数β^k由大到小排序发现，上海、黑龙江、吉林、北京、内蒙古、海南、浙江及广东等8个省份城市化水平对家庭直接CO_2排放的影响系数在5.0以上，尤其是上海，影响系数高达45.5。宁夏和贵州影响系数较小，均在1.0以下，尤其是贵州，影响系数仅为0.2，不足上海影响系数的百分之一。可见，城市化水平对家庭直接CO_2排放的影响与对家庭直接能源消费的影响相类似，但部分省份存在明显差异。如江西和云南城市化水平对家庭直接CO_2排放的影响程度要大于对家庭直接能源消费总量的影响，表明两省份的能源消费结构不够优化。

将各省份按城市化水平对家庭间接能源消费总量影响的系数β^k由大到小排序（表4-7），全国30个省份中，上海、广东、北京、浙江与黑龙江城市化水平对家庭间接能源消费的影响系数均在5.0以上，尤其是上海，影响系数高达47.6。安徽影响系数在1.0以下，仅为0.2，不足上海影响系数的百分之一。

表4-7 城市化水平对间接能源消费与CO_2排放影响模型及排序

省份	间接能源消费模型	影响系数排序	间接CO_2排放模型	影响系数排序
北京	IE=−8.5+5.8UR	3	IC=−20.3+8.2UR	2
天津	IE=9.3+1.7UR	24	IC=8.9+1.5UR	25
河北	IE=10.6+2.0UR	18	IC=9.3+2.1UR	18

省份	间接能源消费模型	影响系数排序	间接CO$_2$排放模型	影响系数排序
山西	IE=12.2+1.5UR	28	IC=14.3+0.6UR	28
内蒙古	IE=10.2+1.8UR	21	IC=9.1+1.8UR	23
辽宁	IE=11.5+1.6UR	25	IC=11.7+1.2UR	27
吉林	IE=-0.7+4.5UR	6	IC=2.2+3.5UR	7
黑龙江	IE=-3.4+5.2UR	5	IC=-0.4+4.1UR	5
上海	IE=-196.0+47.6UR	1	IC=-168.2+41.1UR	1
江苏	IE=7.1+2.7UR	13	IC=4.7+3.0UR	10
浙江	IE=-3.8+5.3UR	4	IC=-7.6+6.0UR	3
安徽	IE=16.9+0.2UR	30	IC=15.7+0.2UR	30
福建	IE=3.8+3.4UR	9	IC=2.5+3.4UR	8
江西	IE=9.7+2.0UR	19	IC=8.8+1.9UR	22
山东	IE=3.9+3.8UR	8	IC=2.7+3.8UR	6
河南	IE=13.7+1.2UR	29	IC=12.4+1.3UR	26
湖北	IE=10.7+1.9UR	20	IC=9.3+2.0UR	20
湖南	IE=9.1+2.4UR	15	IC=7.4+2.5UR	13
广东	IE=-6.9+6.1UR	2	IC=-7.1+5.8UR	4
广西	IE=8.9+2.3UR	16	IC=7.2+2.4UR	14
海南	IE=0.8+3.9UR	7	IC=5.4+2.3UR	16
重庆	IE=11.4+1.5UR	27	IC=13.8+0.6UR	29
四川	IE=10.1+2.2UR	17	IC=9.3+2.0UR	19
贵州	IE=12.3+1.5UR	26	IC=11.1+1.5UR	24
云南	IE=8.0+2.8UR	12	IC=6.5+2.8UR	11
陕西	IE=8.2+2.4UR	14	IC=7.3+2.4UR	15
甘肃	IE=11.1+1.8UR	23	IC=9.2+2.0UR	21
青海	IE=4.8+2.9UR	11	IC=4.3+2.8UR	12
宁夏	IE=9.6+1.8UR	22	IC=7.2+2.2UR	17
新疆	IE=5.3+3.2UR	10	IC=3.3+3.4UR	9

同样,将各省份按城市化水平对家庭间接CO$_2$排放影响的系数β^k由大到小排序发现,全国30个省份中,上海、北京、浙江与广东城市化水平对家庭间接CO$_2$排放的影响系数均在5.0以上,尤其是上海,影响系数高达41.1。山西、重庆和安徽影响系数在1.0以下,尤其是安徽,其影响系数仅为0.2,不足上海影

响系数的百分之一。可见，城市化水平对家庭间接 CO_2 排放的影响与对家庭间接能源消费总量的影响基本类似，只有个别省份存在差异。例如，海南省城市化水平对家庭间接 CO_2 排放的影响明显小于对家庭间接能源消费总量的影响，表明海南省家庭间接能源消费结构较优。

根据城市化水平对家庭直接（间接）能源消费及 CO_2 排放影响的系数大小，将全国 30 个省份进行分类，将排序为 1~10、11~20、21~30 的省份分别归为城市化水平对直接（间接）能源消费及 CO_2 排放影响程度高、中和低的区域。从空间分布来看，城市化水平对家庭直接、间接能源消费与 CO_2 排放影响程度高的省份均主要位于我国东北和东部地区，影响程度中等和低的省份主要交错分布在我国中部、西部地区。

首先，从城市化水平对家庭直接能源消费与 CO_2 排放的影响程度来看，如图 4-8 和图 4-9 所示，我国东部和东北地区的上海、黑龙江、吉林、北京、浙江、广东、海南和山东等省份，城市化水平对家庭直接能源消费与 CO_2 排放增加的促进作用较大，尤其是上海、黑龙江和吉林，明显高于中部、西部地区。我国中部和西部地区中，内蒙古由于冬季较寒冷，其城市化水平对家庭直接能源消费与 CO_2 排放增加的促进作用也较高；其他省份，尤其是贵州，城市化水平对家庭直接能源消费与 CO_2 排放的影响程度较低；山西、四川和青海城市化水平对家庭直接能源消费增加的促进作用高于安徽、江西和云南，但是其城市化水平对家庭直接 CO_2 排放增加的促进作用低于安徽、江西和云南，说明相比安徽、江西和云南，山西、四川和青海家庭能源消费结构的优化程度要好。

其次，从城市化水平对家庭间接能源消费与 CO_2 排放的影响程度来看，如图 4-10 和图 4-11 所示，我国东部和东北地区的上海、广东、北京、浙江、黑龙江、吉林、山东、福建等省份，城市化水平对家庭间接能源消费与 CO_2 排放增加的促进作用较大，尤其是上海、广东、北京和浙江，明显高于中部、西部地区。说明越是经济发达的地区，城市化水平对家庭间接能源消费与 CO_2 排放增加的促进作用越大。而在我国中部、西部地区，城市化水平对家庭间接能源消费与 CO_2 排放增加的促进作用较小，尤其是安徽省最为突出。可见经济发展水平越低的地区，城市化水平对家庭间接能源消费与 CO_2 排放的影响程度越低。

4.2.4　结果讨论

如第 2 章所述，城市化发展过程中，人们的生活方式不断转变，居民收入水

图 4-8　城市化水平对家庭直接能源消费影响的空间分布规律

平逐步提高。托达罗的人口流动理论指出，城镇预期收入和农村平均收入存在差异导致人口流动，城镇预期收入越高，流向城镇的人口就越多。我国城乡居民收入差异不断增大，2000 年，城镇居民人均可支配收入比农村人均纯收入多 0.4 万元，2012 年增加到 1.7 万元。可见，随着城乡居民收入差异的增大，越来越多的人流向城市，导致居民收入水平整体上升，进而导致居民消费水平提高，一方面通过促进家庭能源商品的消费，导致家庭直接 CO_2 排放增加；另一方面通过促进非能源商品与服务的消费，导致家庭间接能源消费与 CO_2 排放增加。

已有研究证实，消费水平是城市化进程中影响能源消费和 CO_2 排放的重要因素。如 Poumanyvong 和 Kaneko（2010）分析了 1975～2005 年 99 个国家的平行数据，发现城市化、能源消费和 CO_2 排放之间的关系受经济状况和富裕程度的影响。汪臻（2012）对 2000～2010 年我国居民生活 CO_2 排放进行了 LMDI 分解，朱勤和魏涛远（2013）对 1980～2010 年我国 CO_2 排放的影响因素进行了 LMDI 分解，发现居民消费的贡献率较大。因此可以从家庭消费支出弹性的视角，进一步分析城市化水平对家庭能源消费和 CO_2 排放影响存在区域差异的原因。

首先，分析城市化水平对家庭直接 CO_2 排放影响程度不同的区域之间，其家

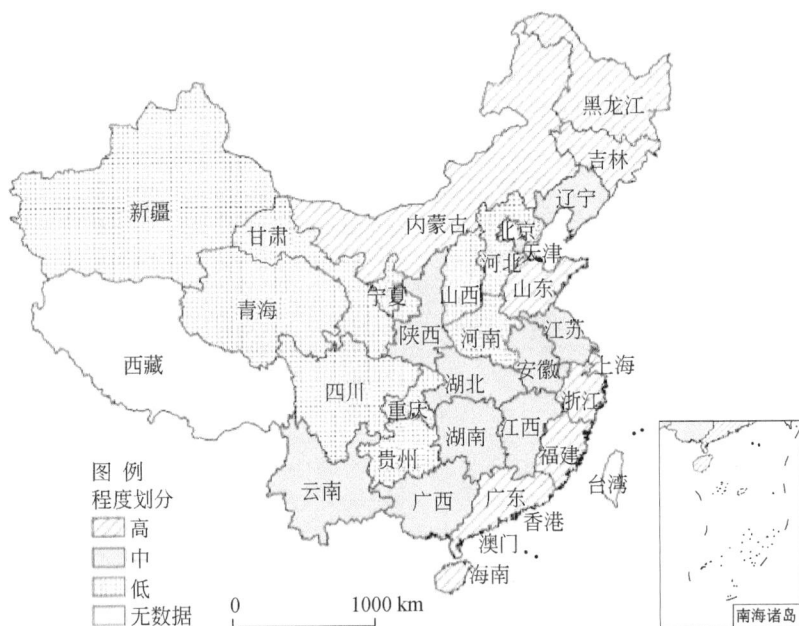

图 4-9　城市化水平对家庭直接 CO_2 排放影响的空间分布规律

庭直接 CO_2 排放的消费弹性差异。首先，从消费支出增加幅度来看，城市化水平对家庭直接 CO_2 排放总量影响程度高、中、低的区域，其家庭消费支出增加量依次降低。与 2000 年相比，2012 年影响程度高的区域，家庭消费支出增加量高达 6.8 万亿元；影响程度居中区域次之，家庭消费支出增加量为 5.2 万亿元；影响程度低的区域家庭消费支出增加量最低，为 3.4 万亿元。

其次，计算不同区域的消费弹性，即消费变动 1 个百分比，家庭直接 CO_2 排放总量的变动情况，可得城市化水平对家庭直接 CO_2 排放总量影响程度高、中、低的区域的消费支出弹性分别为 0.6、0.5、0.3。可见，城市化水平对家庭直接 CO_2 排放总量影响程度越高的地区，其家庭直接 CO_2 排放总量的消费支出弹性也越大。

城市化水平对家庭直接 CO_2 排放总量影响程度越高的地区，其家庭直接 CO_2 排放总量的消费支出弹性越高的主要原因在于，随着消费支出增加，汽油、电力等直接能源消费量的增加幅度较大。2000 ~ 2012 年，城市化水平影响程度高、中、低的区域直接能源消费增加量依次减小，其中增加幅度最大的能源类型均是汽油和电力，并且其消费增加幅度依次降低。与 2000 年相比，2012 年这三类区

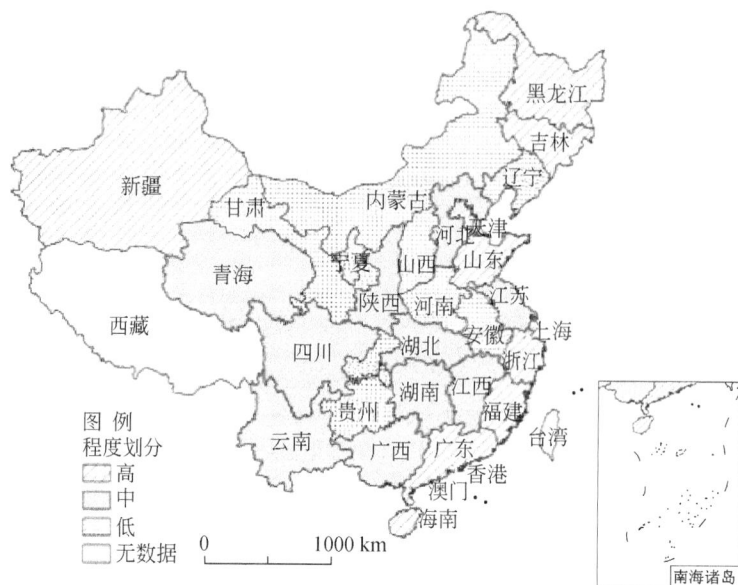

图 4-10　城市化水平对家庭间接能源消费影响的空间分布规律

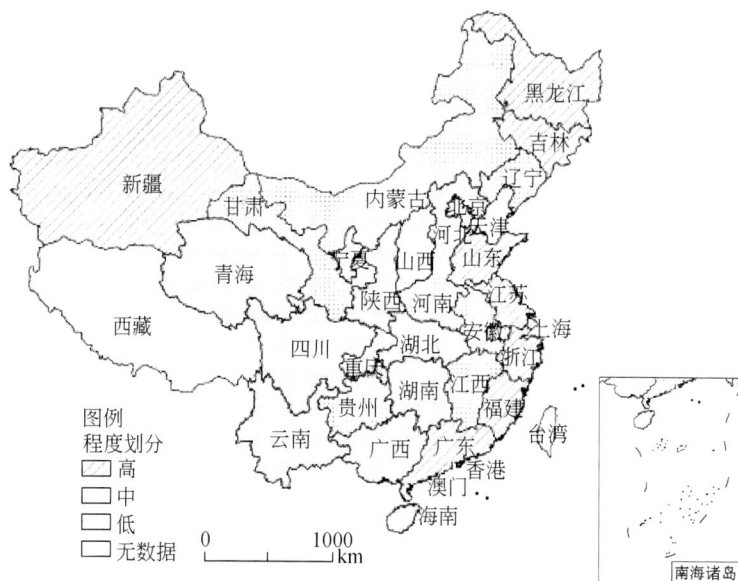

图 4-11　城市化水平对家庭间接 CO_2 排放影响的空间分布规律

域汽油消费量分别增加了 2215. 0 万 tce、1678. 2 万 tce、747. 1 万 tce，电力消费量分别增加了 2230. 9 万 tce、1908. 1 万 tce、1473. 4 万 tce（图 4-12）。可见，城市化水平影响程度越高的地区，其家庭直接能源，尤其是汽油和电力消费量随收入和消费增长而增加的幅度越大，即家庭直接 CO_2 排放总量的消费支出弹性也越大。

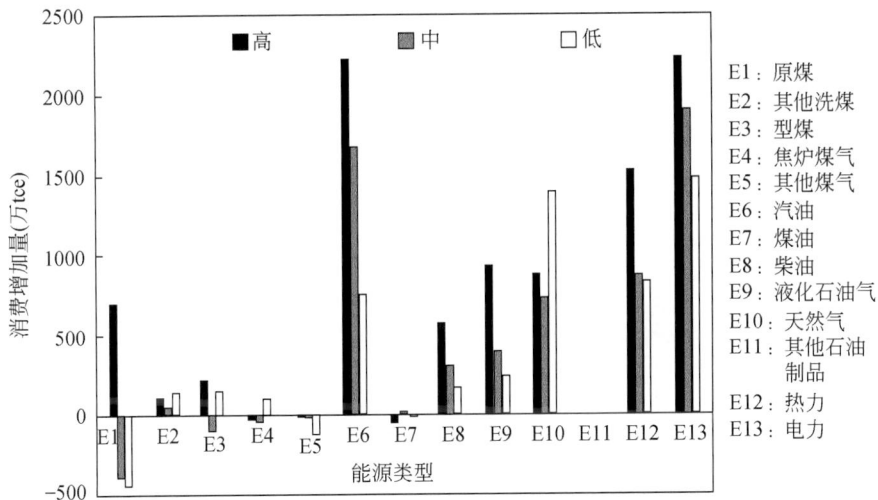

图 4-12 各类区域家庭对直接能源消费的变化情况（2000～2012 年）

城市化水平对家庭间接 CO_2 排放总量影响程度高、中、低的区域，其家庭间接 CO_2 排放的消费支出弹性同样存在一定的差异。首先，从家庭消费支出增加幅度来看，城市化水平对家庭间接 CO_2 排放总量影响高的区域，家庭消费支出增加幅度最大，影响程度中等、低的区域家庭消费支出增加幅度相近，均低于影响程度高的区域。与 2000 年相比，2012 年城市化水平对家庭间接 CO_2 排放总量影响程度高的区域，家庭消费支出增加量为 7. 8 万亿元，而城市化水平对间接 CO_2 排放总量影响程度中、低的区域，家庭消费支出增加量分别为 3. 7 万亿元和 3. 9 万亿元。其次，从消费弹性来看，城市化水平对家庭间接 CO_2 排放总量影响程度高、中、低区域的消费支出弹性分别为 0. 5、0. 5、0. 2。可见，城市化水平对家庭间接 CO_2 排放总量影响程度高、中的区域，其消费支出弹性高于影响程度低的区域。

城市化水平对家庭间接 CO_2 排放总量影响程度高、中、低的区域，工业部门产品的消费支出增加幅度对其家庭间接 CO_2 排放总量的消费支出弹性有重要的影响。消费支出增加会促进家庭间接 CO_2 排放总量增加，而消费支出来源部门中工业部门产品的消费支出增加幅度越大，消费支出增加对家庭间接 CO_2 排放总量增加的促进作用越强。如图 4-13 所示，2000～2012 年，城市化水平对家庭间接 CO_2 排放总量影响程度高、中、低的区域，消费支出增加幅度最大的部门均为工业部门。其中，城市化水平对家庭间接 CO_2 排放总量影响程度高、中的区域，对工业部门产品的消费增加量分别达 3.2 万亿元和 1.7 万亿元，城市化水平对家庭间接 CO_2 排放总量影响程度低的区域对工业部门产品的消费增加量为 1.6 万亿元。可见，城市化水平对家庭间接 CO_2 排放总量影响程度高、中的区域，对工业部门产品的消费增加幅度较大，导致消费支出增加对家庭间接 CO_2 排放总量的增加有较强的促进作用，因此，其家庭间接 CO_2 排放总量的消费支出弹性较大。

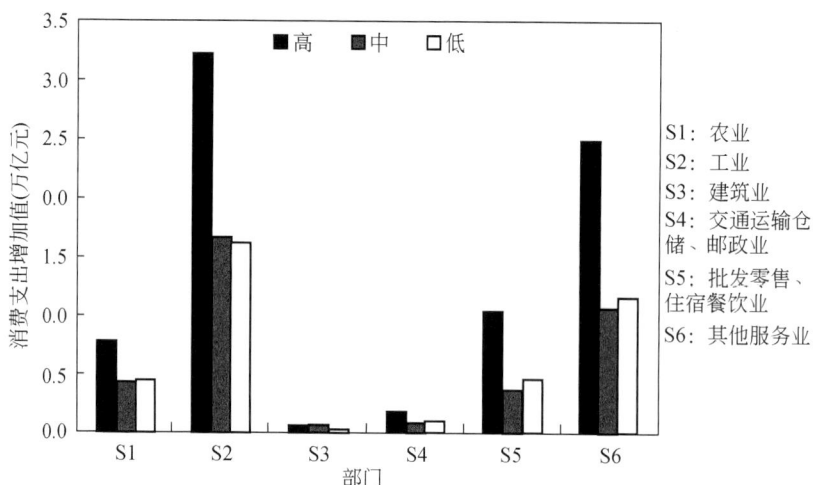

S1: 农业
S2: 工业
S3: 建筑业
S4: 交通运输仓储、邮政业
S5: 批发零售、住宿餐饮业
S6: 其他服务业

图 4-13　各类区域家庭对部门产品消费的变化情况（2000～2012 年）

4.2.5　结论与启示

基于上述分析，可得如下结论：

1) 2000～2012 年，我国 30 个省份城市化水平的提高对家庭直接和间接能源消费与 CO_2 排放总量增加均具有促进作用。但由于地区发展不平衡，其影响程度存在显著差异，整体表现为东部省份的影响程度高，而中西部省份的影响程度低。具体来看，城市化水平对家庭直接能源消费与 CO_2 排放影响程度高的省份，集中在东北和东部地区, 如上海、黑龙江和吉林等; 城市化水平对家庭间接能源消费与 CO_2 排放影响程度高的省份, 集中在东部地区, 如上海、广东、北京和浙江等; 城市化水平对家庭直接、间接能源消费与 CO_2 排放影响程度居中和低的省份, 交错分布在我国中部和西部地区, 如贵州以及安徽。

2) 城市化水平提高对家庭直接和间接 CO_2 排放总量增加的影响程度存在区域差异的原因主要在于家庭消费支出弹性不同。城市化水平对家庭直接 CO_2 排放影响程度越高的区域, 其家庭消费支出弹性越大, 尤其是用于汽油、电力等方面的消费支出弹性越大; 城市化水平对家庭间接 CO_2 排放影响程度越高的区域, 其家庭消费支出弹性也越大, 尤其是用于工业产品方面的消费支出弹性越大。

从上述的结论可得到如下启示:

1) 我国正处于城市化快速发展的中期阶段, 城市化还有很大的发展潜力。随着城市化水平的提高, 居民消费水平逐步提高, 会促使家庭直接和间接能源消费与 CO_2 排放不断增长。因此, 家庭部门将逐渐成为我国能源消耗与 CO_2 排放的重要增长点, 节能减排的政策措施也不应再仅仅盯在工业部门。尤其是像北京、上海这样城市化水平高度发达的直辖市, 其节能减排的重点更应关注家庭部门。

2) 目前城市化水平对家庭直接 CO_2 排放影响程度高的省份, 家庭购买汽油、电力的支出幅度很大。未来应着重于发展公共交通, 提高公共交通出行的便捷性和舒适性, 以降低私家车出行对汽油的消耗; 此外, 还应关注家庭节能电器产品的推广使用, 制定阶梯电价制度, 并加强宣传教育引导公众注重家庭日常生活节能, 以减少电力的消耗。

3) 目前城市化水平对家庭间接 CO_2 排放总量影响程度高的省份, 家庭购买高耗能的工业产品的支出幅度很大。未来应提高工业部门的能源使用效率, 降低单位产出的能源消耗和 CO_2 排放, 以减缓因工业产品消费量增加所导致的家庭 CO_2 排放总量增长。

4.3　小　　结

本章首先从时间维度分析了全国城市化对家庭能源消费与 CO_2 排放的影响效应, 其次拓展到空间维度, 基于面板数据, 对全国 30 个省份城市化对家庭能源消费与 CO_2 排放影响的差异进行了比较。

首先, 选取 1996~2012 年为样本期, 分别对全国城市化水平与家庭直接能源消费、直接 CO_2 排放、间接能源消费、间接 CO_2 排放进行了时间序列分析。经协整分析与格兰杰因果关系检验，发现城市化水平与家庭直接（间接）能源消费和 CO_2 排放均存在单向格兰杰因果关系，这表明随着城市化水平的不断提高，家庭直接以及间接能源消费和 CO_2 排放总量都会持续增加。进一步回归分析表明，样本期内城市化水平对家庭直接能源消费与 CO_2 排放的影响比对间接能源消费与 CO_2 排放影响更为显著。城市化水平每提高 1 个百分点，会引起家庭直接能源消费上升 2.58 个百分点，家庭直接 CO_2 排放上升 2.90 个百分点；家庭间接能源消费上升 1.63 个百分点，家庭间接 CO_2 排放上升 1.13 个百分点。

其次，选取 2000～2012 年为样本期，分析了除港、澳、台、西藏之外的 30 个省份城市化水平对家庭直接以及间接能源消费和 CO_2 排放的影响。通过构建变截距、变系数固定效应模型进行了实证分析，结果表明，城市化水平对全国 30 个省份的家庭直接能源消费和 CO_2 排放、间接能源消费和 CO_2 排放的增加均具有促进作用，但是对各省份的影响程度存在一定的差异。

从城市化水平对家庭直接能源消费与 CO_2 排放影响的系数来看，上海、黑龙江、吉林、北京、内蒙古、浙江、广东及海南等省份城市化水平对家庭直接 CO_2 排放的影响系数明显较高。宁夏和贵州影响系数较小，尤其是贵州，仅为上海影响系数的百分之一左右。从城市化水平对家庭间接能源消费与 CO_2 排放影响的系数来看，上海、广东、北京、浙江等省份的影响系数明显较高，而安徽影响系数较小，不足上海影响系数的百分之一。可见城市化水平对家庭能源消费与 CO_2 排放的影响呈一定的空间分布规律，总体而言，影响程度高的区域主要分布在我国东北和东部地区，影响程度中和低的区域主要交错分布在我国中部、西部地区。

进一步从家庭消费支出弹性角度，分析了城市化水平提高对家庭直接和间接 CO_2 排放总量增加的影响程度存在区域差异的原因。结果发现，城市化水平对家庭直接 CO_2 排放影响程度越高的区域，其家庭消费支出，尤其是用于汽油、电力等方面的支出弹性越大；城市化水平对家庭间接 CO_2 排放影响程度越高的区域，其家庭消费支出，尤其是用于工业产品方面的支出弹性越大。

第 5 章　中国家庭能源消费和碳排放城乡差异的分解分析

在城市化发展过程中，城镇是人类生产和生活的主要集聚地，城乡的能源消费和 CO_2 排放在总量与结构上存在较大的差异。本章以 1991~2012 年为样本期，对全国城乡家庭能源消费以及 CO_2 排放差异的原因进行分解分析，并以 2000~2012 年为样本期对区域城乡家庭能源消费以及 CO_2 排放差异的原因进行分解分析。

5.1　分解分析模型构建

已有研究对能源消费和 CO_2 排放增长的影响因素进行分解分析的具体方法有许多不同形式，主要差异在于如何将残余项分配给各个影响因素。不少学者采用 Sun 提出的完全分解模型，将残余项平等地分配到各影响因素之中（Zhang et al.，2009；李艳梅和张雷，2008b；李艳梅和杨涛，2013）。这种完全分解模型不仅简单明了，而且还能通过 Fisher（1972）所提出的因素分解法的三种合意性检验（时间可逆性检验、循环性检验和因素可逆性检验）。此外，它还使得 Laspeyres，Paasche 和 Marshall-Edgeworth 等三类指数具有相同的分解结果（Kok et al.，2006）。本章运用这种方法对城乡家庭能源消费与 CO_2 排放的差异进行分析分解。

5.1.1　直接能源消费和碳排放差异分解模型

5.1.1.1　直接能源消费差异分解模型

家庭直接能源消费总量可以通过《中国能源统计年鉴》获得。DE 为家庭直接能源消费总量，进一步地，家庭直接能源消费总量还可以表示为如下公式：

$$DE = \frac{DE}{HC} \times \frac{HC}{TP} \times TP \tag{5-1}$$

式中，HC 为居民消费支出总量；TP 为总人口。$\frac{DE}{HC}$ 表示家庭直接能源消费强度，即单位居民消费支出的直接能源消费量，记为 DE_I；$\frac{HC}{TP}$ 表示人均居民消费支出，表征消费水平，记为 HC_A；TP 表示人口数。

那么，家庭直接能源消费总量又可以写为

$$DE = DE_I \times HC_A \times TP \tag{5-2}$$

式（5-2）表明，城镇或农村的直接能源消费量受到三个因素的影响：家庭直接能源消费强度、人均消费支出以及人口数。

则城镇（上角标 1）与农村（上角标 0）的家庭直接能源消费总量的差异为

$$\begin{aligned} \Delta DE &= DE^1 - DE^0 \\ &= DE_I^1 \times HC_A^1 \times TP^1 - DE_I^0 \times HC_A^0 \times TP^0 \\ &= C\Delta DE_I + C\Delta HC_A + C\Delta TP \end{aligned} \tag{5-3}$$

式（5-3）中，C 表示某一因素的贡献值 $C\Delta DE_I$、$C\Delta HC_A$ 和 $C\Delta TP$ 分别代表家庭直接能源消费强度、人均消费支出以及人口数差异对城乡家庭直接能源消费总量差异的贡献值。

根据"共同产生、平均分担"的原则，来处理式（5-3）分解过程中的残余项（Guan et al.，2008），可得各因素的贡献值分别为

$$\begin{aligned} C\Delta DE_I = \Delta DE_I \times HC_A^0 \times TP^0 + \frac{1}{2}\big[(\Delta DE_I \times \Delta HC_A \times TP^0) \\ + (\Delta DE_I \times HC_A^0 \times \Delta TP) \big] + \frac{1}{3}\Delta DE_I \times \Delta HC_A \times \Delta TP \end{aligned} \tag{5-4}$$

$$\begin{aligned} C\Delta HC_A = DE_I^0 \times \Delta HC_A \times TP^0 + \frac{1}{2}\big[(\Delta DE_I \times \Delta HC_A \times TP^0) \\ + (DE_I^0 \times \Delta HC_A \times \Delta TP) \big] + \frac{1}{3}\Delta DE_I \times \Delta HC_A \times \Delta TP \end{aligned} \tag{5-5}$$

$$\begin{aligned} C\Delta TP = DE_I^0 \times HC_A^0 \times \Delta TP + \frac{1}{2}\big[(DE_I^0 \times \Delta HC_A \times \Delta TP) \\ + (\Delta DE_I \times HC_A^0 \times \Delta TP) \big] + \frac{1}{3}\Delta DE_I \times \Delta HC_A \times \Delta TP \end{aligned} \tag{5-6}$$

5.1.1.2 直接 CO_2 排放差异分解模型

家庭直接 CO_2 排放总量 DC 的计算公式如下:

$$DC = \sum_{j=1}^{n} DC_j = \sum_{j=1}^{n} DE_j \times \delta_j \tag{5-7}$$

式中, DE_j 为家庭对第 j 种能源的直接消费总量; δ_j 为第 j 种能源的 CO_2 排放系数。进一步地, 家庭直接 CO_2 排放总量还可以表示为如下公式:

$$\begin{aligned} DC &= \sum_{j=1}^{n} DC_j = \sum_{j=1}^{n} DE_j \times \delta_j \\ &= \sum_{j=1}^{n} \frac{DE_j}{DE} \times \delta_j \times \frac{DE}{HC} \times \frac{HC}{TP} \times TP \end{aligned} \tag{5-8}$$

式中, n 为能源种类数 $\dfrac{DE_j}{DE}$ 为家庭对第 j 种直接能源消费量在直接能源消费总量中所占比重, 表征家庭直接能源消费结构; δ_j 为第 j 种能源的 CO_2 排放系数; 其余变量如同式 (5-1), $\dfrac{DE}{HC}$ 表示家庭直接能源消费强度, 记为 DE_I; $\dfrac{HC}{TP}$ 表示人均居民消费支出, 表征消费水平, 记为 HC_A; TP 表示人口数。

那么, 家庭直接 CO_2 排放总量可以写为

$$DC = DE_S \times \delta \times DE_I \times HC_A \times TP \tag{5-9}$$

式中, DE_S 为 1 行 n 列矩阵, 代表家庭直接能源消费结构矩阵; δ 为 1 列 n 行矩阵, 代表 CO_2 排放系数矩阵。式 (5-9) 表明, 城镇或农村的家庭直接 CO_2 排放总量受到五个因素的影响: 家庭直接能源消费结构、CO_2 排放系数、家庭直接能源消费强度、人均消费水平以及人口数。

则城镇 (上角标 1) 与农村 (上角标 0) 的家庭直接 CO_2 排放总量的差异为

$$\begin{aligned} \Delta DC &= DC^1 - DC^0 \\ &= DE_S^1 \times \delta^1 \times DE_I^1 \times HC_A^1 \times TP^1 - DE_S^0 \times \delta^0 \times DE_I^0 \times HC_A^0 \times TP^0 \\ &= C\Delta DE_S + C\Delta\delta + C\Delta DE_I + C\Delta HC_A + C\Delta TP \end{aligned} \tag{5-10}$$

式 (5-10) 中, $C\Delta DE_S$、$C\Delta\delta$、$C\Delta DE_I$、$C\Delta HC_A$ 和 $C\Delta TP$ 分别代表家庭直接能源消费结构矩阵、CO_2 排放系数矩阵、家庭直接能源消费强度、人均消费支出以及人口数差异对城乡直接 CO_2 排放总量差异的贡献值。由于城乡能源消费的 CO_2 排放系数是相同的, 因此 CO_2 排放系数矩阵对城乡家庭直接 CO_2 排放总量差异的贡

献为零。

同样根据"共同产生、平均分担"的原则,来处理式(5-10)分解过程中的残余项(查建平等,2010),可得各因素的贡献值分别为[①]

$$C\Delta DE_s = \Delta DE_s \times \delta^0 \times DE_I^0 \times HC_A^0 \times TP^0 + \cdots$$
$$+ \frac{1}{5}\Delta DE_s \times \Delta\delta \times \Delta DE_I \times \Delta HC_A \times \Delta TP \quad (5\text{-}11)$$

$$C\Delta DE_I = DE_s^0 \times \delta^0 \times \Delta DE_I \times HC_A^0 \times TP^0 + \frac{1}{5}\Delta DE_s$$
$$\times \Delta\delta \times \Delta DE_I \times \Delta HC_A \times \Delta TP \quad (5\text{-}12)$$

$$C\Delta HC_A = DE_s^0 \times \delta^0 \times DE_I^0 \times \Delta HC_A \times TP^0 + \cdots$$
$$+ \frac{1}{5}\Delta DE_s \times \Delta\delta \times \Delta DE_I \times \Delta HC_A \times \Delta TP \quad (5\text{-}13)$$

$$C\Delta TP = DE_s^0 \times \delta^0 \times DE_I^0 \times HC_A^0 \times \Delta TP + \cdots$$
$$+ \frac{1}{5}\Delta DE_s \times \Delta\delta \times \Delta DE_I \times \Delta HC_A \times \Delta TP \quad (5\text{-}14)$$

5.1.2 间接能源消费和碳排放差异分解模型

5.1.2.1 间接能源消费差异分解模型

运用投入产出法计算家庭间接能源消费和 CO_2 排放量,需要在一般投入产出表的基础上,把能源投入以实物单位计量,置于投入产出表的下方,编制含能源实物流量的价值型投入产出表(刘起运等,2011)。此处建立静态投入产出开模型,即居民消费是最终需求的一部分,作为外生变量,不考虑居民部门的引致效应。

首先,对家庭间接能源消费总量进行计算,公式如下:

$$IE = D \times (I - A)^{-1} \times YC \quad (5\text{-}15)$$

式中,IE 为家庭间接能源消费总量;D 为生产部门的直接能源消耗系数矩阵,其元素 d_j 表示第 j 部门单位产出的直接能源消耗量;$(I-A)^{-1}$ 是列昂惕夫逆矩阵;YC 是居民家庭消费支出列向量,其元素 YC_j 表示家庭对第 j 部门产品的消费量。

---

① 因公式太长,所以式(5-11)~式(5-14)中间部分省略。

进一步地，家庭间接能源消费总量的计算公式又可以表示为

$$IE = D \times (I - A)^{-1} \times YC = D \times (I - A)^{-1} \times MC \times SC \qquad (5\text{-}16)$$

式中，MC 为家庭消费支出总量；SC 为家庭消费支出结构矩阵，反映家庭消费支出的部门结构，其元素 SC_i 表示第 i 部门产品的消费比例。

式 (5-16) 表明，城镇或农村家庭的间接能源消费总量受到四个因素的影响：生产部门的直接能源消耗系数 D 、列昂惕夫逆矩阵$(I{-}A)^{-1}$、家庭消费支出总量 MC 以及家庭消费支出结构 SC。由于生产部门的直接能源消耗系数和列昂惕夫逆矩阵在城镇和农村相同，故两者对城乡差异的贡献为 0。因此，城乡家庭间接能源消费总量的差异只受家庭消费支出总量和消费支出结构这两个因素的影响。城镇（上脚标 1）和农村（上脚标 0）的家庭间接能源消费总量的差异可以表示为

$$
\begin{aligned}
\Delta IE &= IE^1 - IE^0 = D \times (I - A)^{-1} \times MC^1 \times SC^1 - D \times (I - A)^{-1} \times MC^0 \times SC^0 \\
&= D \times (I - A)^{-1} \times (MC^0 + \Delta MC) \times (SC^0 + \Delta SC) - D \times (I - A)^{-1} \\
&\quad \times MC^0 \times SC^0 \\
&= D \times (I - A)^{-1} \times (MC^0 \times \Delta SC + \Delta MC \times SC^0 + \Delta MC \times \Delta SC) \\
&= C\Delta MC + C\Delta SC
\end{aligned}
$$

$$(5\text{-}17)$$

式 (5-17) 中，$C\Delta MC$ 和 $C\Delta SC$ 分别为家庭消费支出总量和消费支出结构的贡献值。分解过程中的残余项按照"共同产生、平均分担"的原则来处理，则可得各因素的贡献值分别为

$$C\Delta MC = D \times (I - A)^{-1} \times SC^0 \times \Delta MC + \frac{1}{2} \times D \times (I - A)^{-1} \times \Delta SC \times \Delta MC$$

$$(5\text{-}18)$$

$$C\Delta SC = D \times (I - A)^{-1} \times MC^0 \times \Delta SC + \frac{1}{2} \times D \times (I - A)^{-1} \times \Delta MC \times \Delta SC$$

$$(5\text{-}19)$$

5.1.2.2 间接 CO_2 排放差异分解模型

同理，基于静态投入产出生命周期模型，计算家庭间接 CO_2 排放总量，公式为

$$IC = C \times (I - A)^{-1} \times YC \qquad (5\text{-}20)$$

式中，IC 为家庭间接 CO_2 排放总量；C 为生产部门直接 CO_2 排放系数矩阵，其元

素 c_j 表示第 j 部门单位产出的直接 CO_2 排放量；其余变量同式（5-15）。

进一步，家庭间接 CO_2 排放总量的计算公式又可以表示为

$$IC = C \times (I - A)^{-1} \times YC = C \times (I - A)^{-1} \times MC \times SC \tag{5-21}$$

同样，生产部门的直接 CO_2 排放系数矩阵 C 和列昂惕夫逆矩阵 $(I-A)^{-1}$ 在城镇和农村是相同的，因此城镇和农村家庭的间接 CO_2 排放总量差异受家庭消费支出总量 MC 及消费支出结构 SC 这两个因素的影响。城镇（上脚标 1）和农村（上脚标 0）的家庭间接 CO_2 排放总量的差异可以表示为

$$
\begin{aligned}
\Delta IC = IC^1 - IC^0 &= C \times (I - A)^{-1} \times MC^1 \times SC^1 - C \times (I - A)^{-1} \\
&\quad \times MC^0 \times SC^0 \\
&= C \times (I - A)^{-1} \times (MC^0 + \Delta MC) \times (SC^0 + \Delta SC) - C \times (I - A)^{-1} \\
&\quad \times MC^0 \times SC^0 \\
&= C \times (I - A)^{-1} \times (MC^0 \times \Delta SC + \Delta MC \times SC^0 + \Delta MC \times \Delta SC) \\
&= C\Delta MC + C\Delta SC
\end{aligned}
\tag{5-22}
$$

按照"共同产生、平均分担"的原则来处理，则可得各因素的贡献值分别为

$$C\Delta MC = C \times (I - A)^{-1} \times SC^0 \times \Delta MC + \frac{1}{2} \times C \times (I - A)^{-1} \times \Delta SC \times \Delta MC \tag{5-23}$$

$$C\Delta SC = C \times (I - A)^{-1} \times MC^0 \times \Delta SC + \frac{1}{2} \times C \times (I - A)^{-1} \times \Delta MC \times \Delta SC \tag{5-24}$$

5.2 全国城乡差异分解分析

5.2.1 全国直接能源消费和 CO_2 排放差异分解

基于上述分解分析模型，对 1991~2012 年全国城乡家庭能源消费与 CO_2 排放差异进行原因分析。

5.2.1.1 分解结果

基于 5.1.1.1 部分构建的城乡家庭直接能源消费总量差异的分解模型，对

1991～2012 年全国城镇、农村家庭直接能源消费总量差异进行分解，结果见表
5-1。

表 5-1　全国城乡家庭直接能源消费总量差异的分解结果

项目	1991 年		2012 年	
	贡献值	贡献率（%）	贡献值	贡献率（%）
家庭直接能源消费强度（万 tce/亿元）	1 033.19	63.67	-12 141.68	-195.14
人均消费支出（亿元/万人）	9 336.85	575.43	16 739.52	269.04
人口数（万人）	-8 747.44	-539.10	1 624.06	26.10
合计（万 tce）	1 622.60	100	6 221.90	100

　　城镇和农村的家庭直接能源消费总量差异受到三个因素的影响：家庭直接能
源消费强度差异、人均消费水平差异以及人口数差异。1991 年，全国城镇家庭
直接能源消费总量比农村多 1622.60 万 tce，主要原因在于城镇人均消费支出远
高于农村，对城乡差异的贡献率达 575.43%。其次，城镇家庭直接能源消费强度
高于农村，对城乡家庭直接能源消费总量的差异也有一定的促进作用，贡献率达
63.67%。此外，城镇人口数小于农村，对城乡家庭直接能源消费总量的差异呈
反向促进作用，贡献率为-539.10%。

　　2012 年，城镇家庭直接能源消费总量比农村多 6221.90 万 tce，主要原因仍
是城镇家庭人均消费支出远高于农村，对城乡差异的贡献率为 269.04%。与
1991 年不同之处在于，随着城市化的发展，2012 年城镇人口数高于农村，对城
乡家庭直接能源消费总量的差异起促进作用，贡献率为 26.10%。而城镇家庭直
接能源消费强度低于农村，对城乡家庭直接能源消费量的差异起反向促进作用，
贡献率为-195.14%。

　　可见，1991 年以来，城镇家庭直接能源消费总量一直高于农村，主要原因
在于人均消费支出水平存在较大差异。随着城市化的快速发展，城镇人口数不断
增加，对城乡家庭直接能源消费总量差异由抑制作用转向促进作用，而城镇家庭
直接能源消费强度不断降低，对城乡家庭直接能源消费总量差异的作用由促进转
向抑制。

　　同理，基于 5.1.1.2 部分城乡家庭直接 CO_2 排放总量差异分解模型，对

1991～2012 年全国城镇和农村家庭直接 CO_2 排放总量差异进行分解，结果见表 5-2。

表 5-2　全国城乡家庭直接 CO_2 排放总量差异的分解结果

项目	1991 年		2012 年	
	贡献值	贡献率（%）	贡献值	贡献率（%）
家庭直接能源消费结构	-426.79	-9.54	-6 330.04	-42.64
家庭直接能源消费强度（万 tce/亿元）	3 074.02	68.74	-39 376.65	-265.23
人均消费支出（亿元/万人）	27 814.04	621.95	55 242.98	372.10
人口数（万人）	-25 989.26	-581.15	5 309.80	35.77
合计（万 t）	4 472.01	100	14 846.09	100

　　城镇和农村的家庭直接能源消费 CO_2 排放总量差异受到四个因素的影响：家庭直接能源消费结构、家庭直接能源消费强度、人均消费支出以及人口数。1991 年，全国城镇家庭直接 CO_2 排放总量比农村多 4472.01 万 t，主要原因在于城镇家庭人均消费支出远高于农村，对城乡差异的贡献率为 621.95%；其次城镇家庭直接能源消费强度大于农村，对城乡差异的贡献率为 68.74%。而城镇人口数低于农村，对城乡家庭直接 CO_2 排放总量的差异起抑制作用，贡献率为-581.15%；城镇家庭直接能源消费结构比农村较优，对两者直接 CO_2 排放总量的差异同样起抑制作用，贡献率为-9.54%。

　　2012 年，全国城镇家庭直接 CO_2 排放总量比农村多 14 846.09 万 t，主要原因仍在于城镇家庭人均消费支出远高于农村，对城乡差异的贡献率为 372.10%；其次，城镇人口数多于农村，对城乡家庭直接 CO_2 排放总量差异的贡献率为 35.77%。而城镇家庭直接能源消费强度小于农村，对城乡家庭直接 CO_2 排放总量的差异起抑制作用，贡献率为-265.23%；城镇家庭直接能源消费结构比农村更低碳，对两者直接 CO_2 排放总量的差异仍起抑制作用，贡献率为-42.64%。

　　由此可见，1991 年以来，城镇家庭直接 CO_2 排放总量一直高于农村，主要原因在于城镇家庭人均消费支出远高于农村。随着城市化的发展，城镇人口总数逐渐高于农村，对城乡家庭直接 CO_2 排放总量差异的贡献由抑制作用转向促进作用。而城镇家庭直接能源消费强度逐渐低于农村直接能源消费强度，对城乡家庭直接 CO_2 排放总量差异由促进作用转向抑制作用。此外，城镇家庭的直接能源消费结构比农村更低碳，对城乡家庭直接 CO_2 排放差异的抑制作用不断增强

（Pachauri and Jiang，2008；Wei et al.，2007）。

5.2.1.2　原因分析

全国城乡家庭直接能源消费与 CO_2 排放总量的差异均与家庭能源消费强度、人均消费支出和人口数相关。此外，全国城乡家庭直接 CO_2 排放总量的差异还与直接能源消费结构有关。在上述分解分析结果的基础上，进一步对城乡各影响因素的差异进行分析。

从家庭直接能源消费强度来看，随着城市化的发展，全国城乡家庭直接能源消费强度都在降低，而城镇下降速度较快。如图 5-1 所示，1991 年全国城镇家庭直接能源消费强度为 1.42 万 tce/亿元，比农村多 0.16 万 tce/亿元；2012 年，城镇家庭直接能源消费强度下降到 0.13 万 tce/亿元，比农村少 0.15 万 tce/亿元。可见，全国城镇家庭单位消费支出中，直接能源消费所占比例下降较快，导致该因素对城镇家庭直接能源消费与 CO_2 排放高于农村由促进作用转为抑制作用。

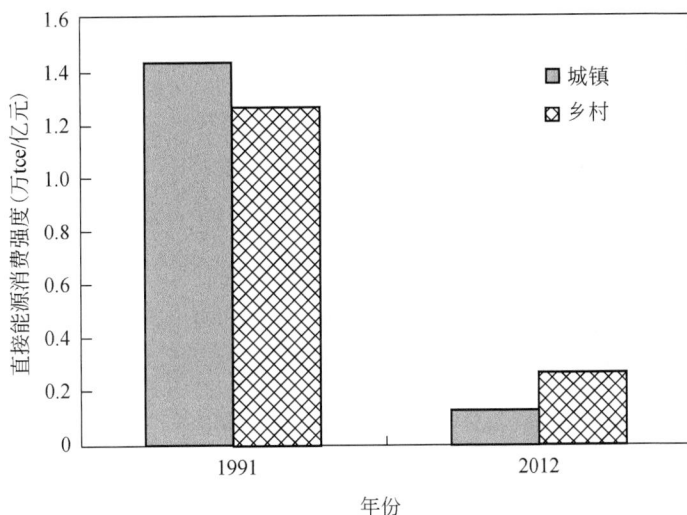

图 5-1　全国城乡家庭直接能源消费强度（1991～2012 年）

从家庭人均消费支出来看，随着城市化的发展，全国城乡家庭人均消费支出均在增加，并且城镇家庭人均消费支出一直高于农村。如图 5-2 所示，1991 年全国城镇家庭人均消费支出为 0.18 亿元/万人，比农村多 0.12 亿元/万人；2012 年城镇家庭人均消费支出增加到 1.83 亿元/万人，比农村多 1.22 亿元/万人。可见，全国城镇家庭人均消费支出越来越高于农村，成为促进城乡家庭直接能源消费与 CO_2 排放差异的主要因素。

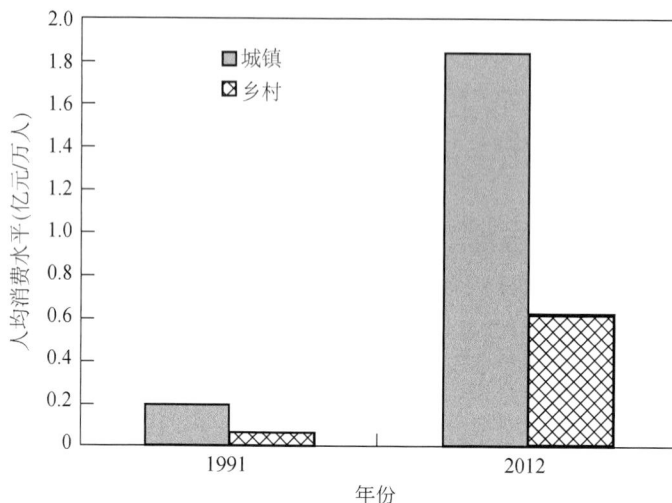

图 5-2　全国城乡家庭人均消费支出（1991～2012 年）

从人口总数来看，随着城市化的发展，人口从农村逐渐迁移到城镇，导致该因素对城镇家庭直接能源消费与 CO_2 排放高于农村由抑制作用转为促进作用。如图 5-3 所示，1991 年全国城镇和农村人口分别为 31 203 万人和 84 620 万人。2012 年全国城镇人口增加到 71 182 万人，而农村人口下降到 64 222 万人。可见，全国城镇人口逐渐超过农村人口，促进了城镇家庭直接能源消费与 CO_2 排放总量高于农村。

从家庭直接能源消费结构来看，随着城市化的发展，全国城乡家庭直接能源消费结构都在逐步低碳化，城镇家庭直接能源消费结构优于农村，对城镇家庭直接 CO_2 排放总量高于农村起抑制作用。如图 5-4 所示，1991 年城镇家庭能源消费以原煤为主，比例占 78% 左右，其次是电力、热力和天然气，共占 12% 左右。2012 年，城镇家庭能源消费以电力、天然气和热力为主，共占 63%，而原煤消费比例降到 5%。

如图 5-5 所示，1991 年农村家庭能源消费以原煤为主，比例占 92% 左右，其次是电力，占 4% 左右。2012 年农村家庭能源消费仍以原煤为主，但比例下降到 46%，其次是电力消费，比例上升到 30%。可见，随着城市化的发展，全国城乡家庭直接能源消费结构都在逐步优化，但城镇家庭直接能源消费结构要优于农村，对城乡家庭直接 CO_2 排放总量差异起抑制作用（王莉等，2012）。

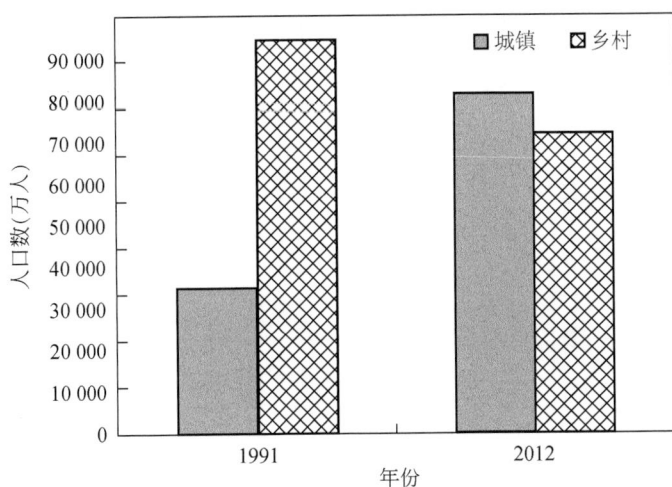

图 5-3　全国城乡家庭人口总数（1991～2012 年）

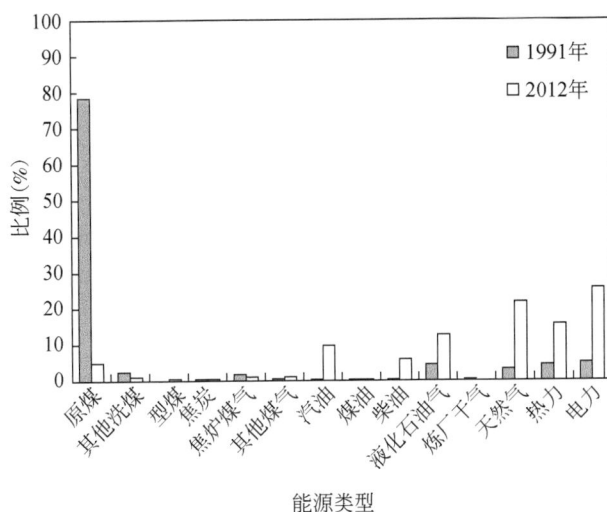

图 5-4　全国城镇家庭直接能源消费结构（1991～2012 年）

5.2.2　全国间接能源消费和 CO_2 排放差异分解

5.2.2.1　分解结果

基于 5.1.2.1 部分城乡家庭间接能源消费差异的分解模型，对 1991～2012

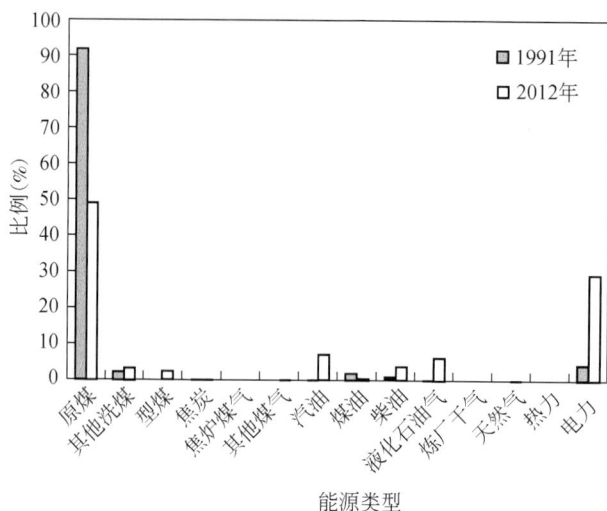

图 5-5　全国农村家庭直接能源消费结构（1991～2012 年）

年全国城乡家庭的间接能源消费总量差异进行分解，结果见表 5-3。

表 5-3　全国城乡家庭间接能源消费总量差异的分解结果

项目	1991 年		2012 年	
	贡献值	贡献率（%）	贡献值	贡献率（%）
家庭消费支出总量（万元）	1 665.40	85.47	30 436.78	93.75
家庭消费支出结构	283.09	14.53	2 030.69	6.25
合计（万 tce）	1 948.49	100	32 467.47	100

　　城镇和农村家庭间接能源消费总量差异受到两个因素的影响：家庭消费支出总量以及家庭消费支出结构。1991～2012 年，全国城镇家庭间接能源消费总量一直高于农村，主要原因在于城镇的家庭消费支出总量远高于农村，对 1991 年和 2012 年城乡家庭间接能源消费总量差异的贡献率分别达 85.47% 和 93.75%。其次，家庭消费支出结构差异对城乡间接能源消费总量差异也起到一定的促进作用，1991 年和 2012 年贡献率分别为 14.53% 和 6.25%。

　　同理，基于 5.1.2.2 部分构建的城乡家庭间接 CO_2 排放差异的分解模型，对1991～2012 年全国城镇和农村家庭间接 CO_2 排放总量差异进行分解，结果见表5-4。

表 5-4　全国城乡家庭间接 CO_2 排放总量差异的分解结果

项目	1991 年		2012 年	
	贡献值	贡献率（%）	贡献值	贡献率（%）
家庭消费支出总量（万元）	5 214.28	86.41	96 251.72	93.89
家庭消费支出结构	820.32	13.59	6 265.29	6.11
合计（万 t）	6 034.60	100	102 517.01	100

城镇和农村家庭间接 CO_2 排放总量差异同样受到两个因素的影响：家庭消费支出总量以及家庭消费支出结构。与家庭间接能源消费总量差异相似，1991 ~ 2012 年，城镇家庭间接 CO_2 排放总量一直高于农村，主要原因在于城镇的家庭消费支出总量远高于农村，对 1991 年和 2012 年城乡家庭间接 CO_2 排放总量差异的贡献率分别达 86.41% 和 93.89%。家庭消费支出结构对城乡家庭间接 CO_2 排放总量差异也具有一定的促进作用，1991 年和 2012 年的贡献率分别为 13.59% 和 6.11%。

5.2.2.2　原因分析

基于上述分解结果，发现全国城乡家庭间接能源消费与 CO_2 排放存在差异，主要受家庭消费支出总量和家庭消费支出结构这两个因素的影响，进一步对其进行分析。

从家庭消费支出总量来看，随着城市化的发展，全国城乡家庭消费支出总量都在增加，但城镇家庭消费支出总量增加更快。如图 5-6 所示，1991 年城镇和农村家庭消费支出总量分别为 5649 亿元和 5082 亿元，2012 年分别增加到 129 987 亿元和 38 970 亿元。可见，全国城镇家庭消费支出增幅较大，并且一直高于农村消费支出，成为促进城镇家庭间接能源消费与 CO_2 排放总量高于农村的主要因素（张馨等，2011）。

从家庭消费支出结构来看，随着城市化的发展，全国城乡家庭对农业部门产品的消费比例逐渐下降，对服务业部门产品的比例逐渐上升，城镇对工业部门产品的消费比例有所下降，而农村仍在上升。如图 5-7 和图 5-8 所示，1991 年，城镇和农村对农业部门 S1 产品的消费比例分别为 24% 和 43%。消费的工业 S2 ~ S11 产品中，以食品制造业 S3 为主，城镇和农村消费比例分别为 23% 和 14%。城乡对服务业产品的消费比例分别为 27% 和 18%。

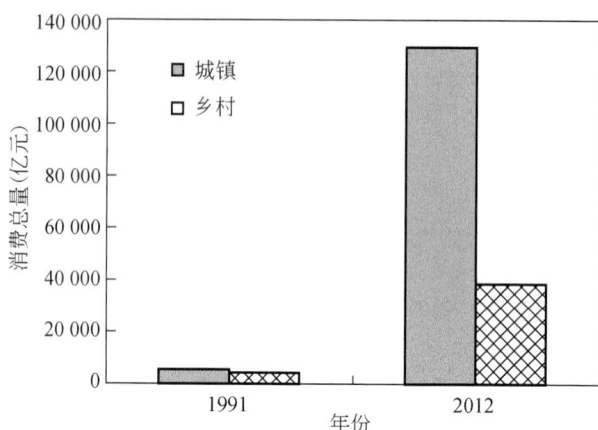

图 5-6　全国城乡家庭消费支出总量（1991～2012 年）

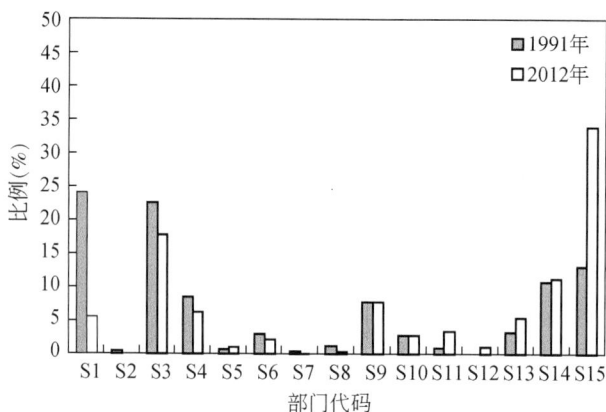

图 5-7　全国城镇家庭消费支出的部门结构（1991～2012 年）

注：横轴代码代表的部门同表 1-4

　　2012 年城镇和农村对农业部门产品的消费比例分别下降到 6% 和 18%。消费的工业 S2～S11 产品中，仍以食品制造业 S3 为主，城镇消费比例下降到 18%，农村消费比例上升到 24%。城乡对服务业 S13～S15 产品的消费比例分别增加到 51% 和 39%。可见，城镇消费支出部门结构逐渐向以服务业为主转变，农村逐渐向工业和服务业转变，这一变化促进城镇家庭间接能源消费与 CO_2 排放高于农村。

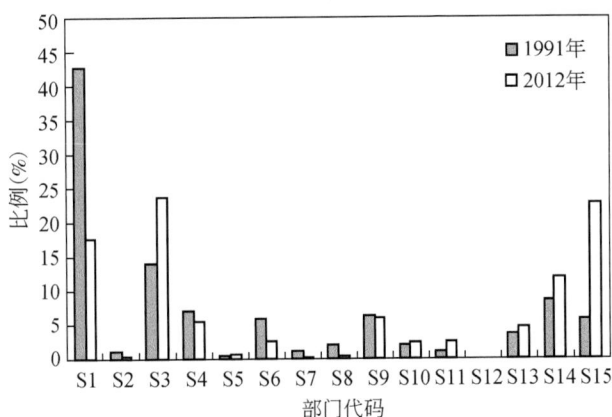

图 5-8 全国农村家庭消费支出的部门结构（1991～2012 年）

注：横轴代码代表的部门同表 1-4

5.3 区域城乡差异分解分析

5.3.1 区域直接能源消费和 CO_2 排放差异分解

5.3.1.1 直接能源消费差异分解结果

基于 5.1.1.1 部分构建的分解分析模型，对 2000～2012 年区域城乡家庭能源消费总量差异进行原因分析。

比较全国 30 个省（自治区、直辖市）的城乡家庭直接能源消费总量差异情况，发现黑龙江省的城乡差异最大，贵州省的城乡差异最小。因此选取黑龙江省和贵州省为典型省份，分析区域城乡家庭直接能源消费总量存在差异的原因。黑龙江省的分解结果见表 5-5。

表 5-5　黑龙江省城乡家庭直接能源消费总量差异的分解结果

项目	2000 年		2012 年	
	贡献值	贡献率（%）	贡献值	贡献率（%）
家庭直接能源消费强度（万 toe/亿元）	231.24	59.95	458.31	37.74
人均消费支出（亿元/万人）	141.67	36.73	561.64	46.24
人口数（万人）	12.81	3.32	194.53	16.02
合计（万 tce）	385.72	100	1214.48	100

— 153 —

2000 年黑龙江省城镇家庭直接能源消费总量比农村多 385.72 万 tce，主要原因在于城镇家庭直接能源消费强度高于农村，对城乡差异的贡献率达 59.95%。其次，城镇家庭人均消费支出高于农村，对城乡家庭直接能源消费总量差异也有较大的促进作用，贡献率达 36.73%。城镇人口总数多于农村，对城乡家庭直接能源消费量也略有促进作用，贡献率为 3.32%。

2012 年黑龙江省城镇家庭直接能源消费总量比农村多 1214.48 万 tce，主要原因是城镇人均消费支出远高于农村，对城乡差异的贡献率增加到 46.24%。其次，城镇家庭直接能源消费强度高于农村，对城乡家庭直接能源消费总量差异也有较大的促进作用，贡献率达 37.74%。城镇人口总数多于农村，对城乡家庭直接能源消费量的促进作用增强，贡献率为 16.02%。

可见，2000 年以来黑龙江省城镇家庭直接能源消费总量一直高于农村，主要原因是城镇家庭人均消费支出和直接能源消费强度高于农村，城镇人口数高于农村对城乡家庭直接能源消费总量差异也略有促进作用。随着城市化的发展，城镇家庭直接能源消费强度增长缓慢，对城乡家庭直接能源消费差异的贡献在减小，而城镇人口总数增多，对城乡家庭直接能源消费总量差异的贡献有所增大。

贵州省的分解结果见表 5-6。2000 年，贵州城镇家庭直接能源消费总量比农村少 593.83 万 tce，主要原因在于城镇家庭直接能源消费强度低于农村，对城乡差异的贡献率达 88.99%。其次，贵州城镇家庭人口总数小于农村，对城乡家庭直接能源消费总量差异也有较大的促进作用，贡献率达 71.37%。而贵州城镇家庭人均消费支出高于农村，对城乡家庭直接能源消费差异起抑制作用，贡献率为 −60.36%。

表 5-6　贵州省城乡家庭直接能源消费差异的分解结果

项目	2000 年		2012 年	
	贡献值	贡献率（%）	贡献值	贡献率（%）
家庭直接能源消费强度（万 tce/亿元）	−528.47	88.99	−608.59	288.95
人均消费支出（亿元/万人）	358.47	−60.36	703.96	−334.23
人口数（万人）	−423.83	71.37	−305.99	145.28
合计（万 tce）	−593.83	100	−210.62	100

2012 年贵州省城镇家庭直接能源消费总量仍然比农村少 210.62 万 tce，主要原因仍在于城镇家庭直接能源消费强度低于农村，对城乡差异的贡献率达

288.95%。其次，贵州城镇家庭人口数依旧小于农村，对城乡家庭直接能源消费总量差异仍有较大的促进作用，贡献率达145.28%。而贵州城镇家庭人均消费支出高于农村，对城乡家庭直接能源消费总量差异起抑制作用，贡献率为-334.23%。

可见，2000年以来贵州省城镇家庭直接能源消费总量一直低于农村，主要原因是城镇家庭直接能源消费强度和人口数低于农村。虽然贵州省城镇家庭人均消费支出高于农村，对城乡家庭直接能源消费差异有一定的抑制作用，但仍小于家庭直接能源消费强度和人口数对城乡差异的促进作用。

5.3.1.2 直接能源消费差异原因分析

上述分析表明，典型省份黑龙江省和贵州省，城乡家庭直接能源消费总量存在差异的主要原因与家庭直接能源消费强度、人均消费支出和人口数差异有关。进一步对这些因素进行对比分析。

首先，从家庭直接能源消费强度来看，随着城市化的发展，黑龙江省城乡家庭直接能源消费强度都在增加，并且城镇家庭的直接能源消费强度一直高于农村，促使城镇家庭直接能源消费总量一直高于农村。如图5-9所示，2000年，黑龙江省城镇和农村家庭的直接能源消费强度分别为0.38万tce/亿元和0.05万tce/亿元，2012年分别增加到0.43万tce/亿元和0.21万tce/亿元。可见，黑龙江省城乡家庭消费支出购买的能源商品量均在增多，但城镇增长幅度已经较小。

而贵州省恰好相反，如图5-10所示，城乡家庭直接能源消费强度均在降低，并且城镇家庭的直接能源消费强度一直低于农村，促使城镇家庭直接能源消费总量低于农村。2000年，贵州省城镇和农村家庭直接能源消费强度分别为0.43万tce/亿元和1.95万tce/亿元，2012年分别下降到0.18万tce/亿元和0.55万tce/亿元。

其次，从家庭人均消费支出来看，随着城市化的发展，黑龙江省城乡家庭人均消费支出均在增加，并且城镇人均消费支出均高于农村。如图5-11所示，2000年黑龙江省城镇和农村家庭人均消费支出分别为0.53亿元/万人和0.19亿元/万人，2012年分别增加到1.55亿元/万人和0.65亿元/万人。可见，黑龙江省城镇家庭人均消费水平一直高于农村，成为促进城镇家庭直接能源消费总量高于农村的主要因素之一。

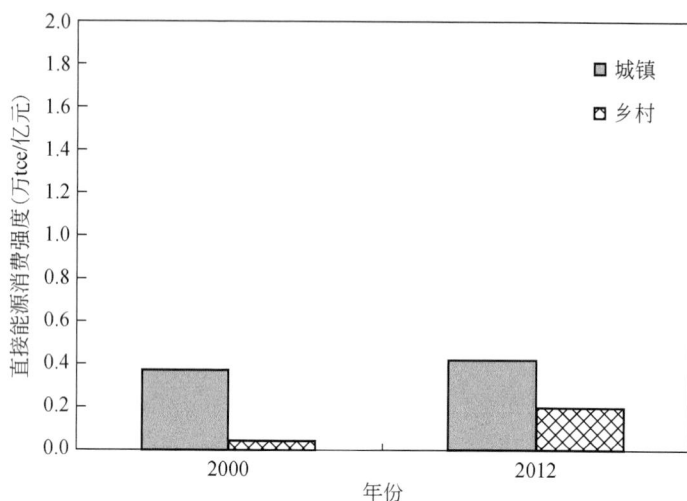

图 5-9 黑龙江省城乡家庭直接能源消费强度差异（2000~2012 年）

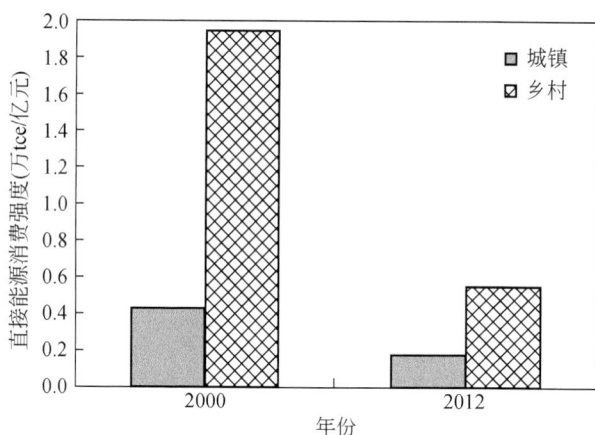

图 5-10 贵州省城乡家庭直接能源消费强度差异（2000~2012 年）

与黑龙江省相比，贵州省城乡家庭人均消费水平较低。如图 5-12 所示，
2000 年贵州省城镇和农村家庭人均消费支出分别为 0.27 亿元/万人和 0.13 亿元/
万人，2012 年分别增加到 1.51 亿元/万人和 0.45 亿元/万人。可见，贵州省的城
镇家庭人均消费水平一直高于农村，成为抑制城镇家庭直接能源消费总量低于农
村的因素之一。

最后，从人口总数来看，随着城市化的发展，黑龙江省和贵州省城镇人口均

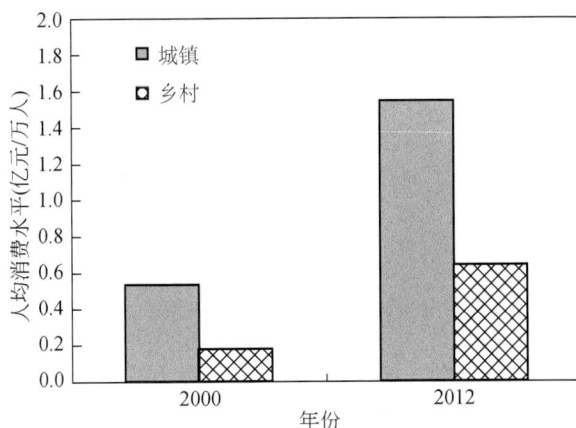

图 5-11　黑龙江省城乡家庭人均消费支出差异（2000～2012 年）

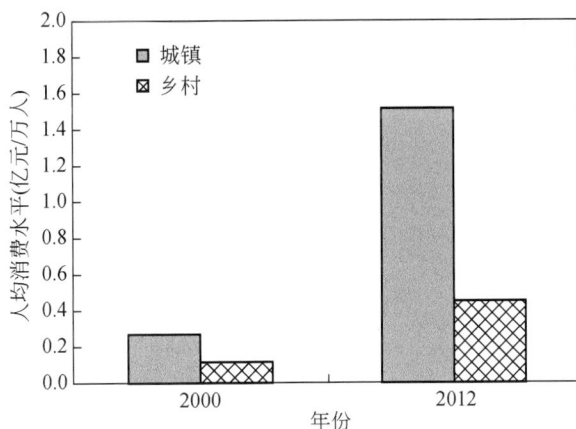

图 5-12　贵州省城乡家庭人均消费支出差异（2000～2012 年）

在增加，而农村人口在减少。但黑龙江省城镇人口数一直多于农村，促使城镇家庭的直接能源消费总量高于农村；而贵州省的城镇人口数一直少于农村，促进城镇家庭的直接能源消费总量低于农村。

如图 5-13 所示，2000 年黑龙江省城镇人口达 1977.4 万人，高于农村 147.8 万人。2012 年黑龙江省城镇人口数增加到 2181.5 万人，而农村人口数由 1829.6 万人减少到 1652.5 万人，比城镇少 529 万人。

而贵州省则不然，如图 5-14 所示，2000 年贵州省城镇和农村人口数分别是 896.49 万人和 2859.23 万人。2012 年贵州省城镇家庭人口数增加到 1268.52 万

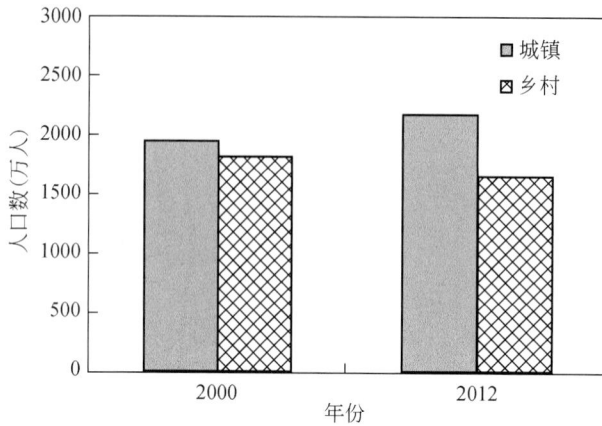

图 5-13　黑龙江省城乡家庭人口数差异（2000~2012 年）

人，而农村人口数减少到 2215.48 万人，但依然比城镇人口多。可见，贵州省农村人口虽然在向城镇转移，但由于城市化发展水平依然较低，所以城镇人口数仍低于农村，促使城镇家庭的直接能源消费总量低于农村。

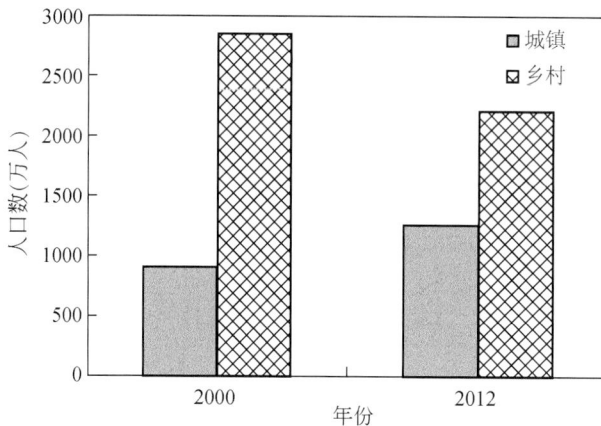

图 5-14　贵州省城乡家庭人口数差异（2000~2012 年）

上述两个省份的分析表明，受到人口总数分布的影响，城市化水平越高的省份，家庭直接能源消费总量在城镇聚集的程度越高；相反，城市化水平越低的省份，家庭直接能源消费总量在农村聚集的程度越高。

5.3.1.3 直接 CO_2 排放差异分解结果

同理，根据全国30个省（自治区、直辖市，除港、澳、台和西藏之外）城乡家庭直接 CO_2 排放总量的差异情况，选取城乡差异最大的黑龙江省和最小的河南省作为典型省份，分析其城乡家庭直接 CO_2 排放总量存在差异的原因。基于5.1.1.2部分构建的城乡家庭直接 CO_2 排放总量差异的分解模型进行分析，黑龙江省的分析结果见表5-7。

表5-7 黑龙江省城乡家庭直接 CO_2 排放总量差异的分解结果

项目	2000 年		2012 年	
	贡献值	贡献率（%）	贡献值	贡献率（%）
家庭直接能源消费结构	−440.71	−32.56	−652.52	−14.88
家庭直接能源消费强度（万 tce/亿元）	1088.90	80.45	1900.85	43.34
人均消费支出（亿元/万人）	648.43	47.91	2335.62	53.26
人口数（万人）	56.88	4.20	801.78	18.28
合计（万 t）	1353.50	100	4385.73	100

2000 年，黑龙江省城镇家庭的直接 CO_2 排放总量比农村多1353.50 万 t，主要原因在于城镇家庭的直接能源消费强度高于农村，对城乡差异的贡献率达80.45%。其次，城镇家庭人均消费支出高于农村，对城乡家庭直接 CO_2 排放总量差异也具有较大的促进作用，贡献率达47.91%。此外，城镇家庭人口数多于农村，对城乡家庭直接 CO_2 排放总量差异也略有促进作用，贡献率为4.20%。而城镇家庭直接能源消费结构优于农村，对城乡家庭直接 CO_2 排放总量差异起抑制作用，贡献率为−32.56%。

2012 年，黑龙江省城镇家庭直接 CO_2 排放总量比农村多4385.73 万 t，主要原因在于城镇人均消费支出高于农村，对城乡差异的贡献率为53.26%。其次，城镇家庭的直接能源消费强度高于农村，对城乡家庭直接 CO_2 排放总量差异也有较大的促进作用，贡献率达43.34%。城镇家庭人口数多于农村，对城乡家庭直接 CO_2 排放总量差异的贡献率为18.28%。而城镇家庭直接能源消费结构优于农村，对城乡家庭直接 CO_2 排放差异仍起抑制作用，贡献率为−14.88%。

可见，2000 年以来黑龙江省城镇家庭直接 CO_2 排放总量一直高于农村，主要原因在于城镇人均消费支出和家庭直接能源消费强度高于农村。城镇人口数高于农村,对城乡家庭直接 CO_2 排放总量的差异也有一定的促进作用。而城镇家庭的直接能源消费结构优于农村,对城乡家庭直接 CO_2 排放总量差异一直起抑制作用。

同理,对河南省 2000~2012 年城乡家庭直接 CO_2 排放总量差异进行分解,结果见表 5-8。

表5-8 河南省城乡家庭直接 CO_2 排放总量差异的分解结果

项目	2000 年		2012 年	
	贡献值	贡献率(%)	贡献值	贡献率(%)
家庭直接能源消费结构	256.28	−106.91	−277.68	43.90
家庭直接能源消费强度(万 tce/亿元)	39.09	−16.31	−3772.24	596.40
人均消费支出(亿元/万人)	1628.71	−679.44	3206.32	−506.93
人口数(万人)	−2163.79	902.66	211.10	−33.37
合计(万 t)	−239.71	100	−632.50	100

2000 年,河南省城镇家庭直接 CO_2 排放总量比农村少 239.71 万 t,主要原因在于城镇家庭人口数少于农村,对城乡差异的贡献率为 902.66%。而城镇家庭人均消费支出高于农村,对城乡家庭直接 CO_2 排放总量差异有较大的抑制作用,贡献率为 −679.44%。此外,家庭直接能源消费结构和直接能源消费强度也对城乡差异有一定的抑制作用。

2012 年,河南省城镇家庭直接 CO_2 排放总量比农村少 632.50 万 t,主要原因在于城镇家庭直接能源消费强度低于农村,对城乡差异的贡献为 596.40%。并且,城镇家庭直接能源消费结构优于农村,对城乡家庭直接 CO_2 排放总量差异也有一定的促进作用,贡献率为 43.90%。而城镇家庭人均消费支出和人口数高于农村,均对城乡家庭直接 CO_2 排放总量差异起抑制作用,贡献率分别为 −506.93% 和 −33.37%。

可见,2000 年以来河南省城镇家庭直接 CO_2 排放一直少于农村,主要原因起初是城镇人口数少于农村。随着城市化的发展,城镇家庭直接能源消费强度逐渐低于农村,对城乡直接 CO_2 排放总量差异起主导作用。并且,城镇家庭的直接能源消费结构逐步优化,对城乡家庭直接 CO_2 排放总量差异由抑制作用转向促进作用。而城镇人口数逐渐高于农村,对城乡直接 CO_2 排放差异由促进作用转为抑制作用。城镇人均消费支出高于农村,对城乡直接 CO_2 排放总量差异一直起抑制作用。

5.3.1.4 直接 CO_2 排放差异原因分析

如上所述，典型省份黑龙江省和河南省的家庭直接 CO_2 排放总量的城乡差异，与家庭直接能源消费结构、直接能源消费强度、人均消费支出和人口数有关。进一步对这些因素进行对比分析。

首先，从家庭直接能源消费结构来看，随着城市化的发展，黑龙江城乡家庭的直接能源消费结构都有所优化，并且城镇家庭的直接能源消费结构相对农村更为低碳化，因此该因素对城乡家庭直接 CO_2 排放总量差异起抑制作用。2000 年，黑龙江省城镇家庭直接能源消费中，热力消费最多，占比为 40%，其次是原煤，消费比重为 16%（图 5-15）；农村家庭直接能源消费仅依赖原煤和电力，两者比例分别为 46% 和 54%（图 5-16）。

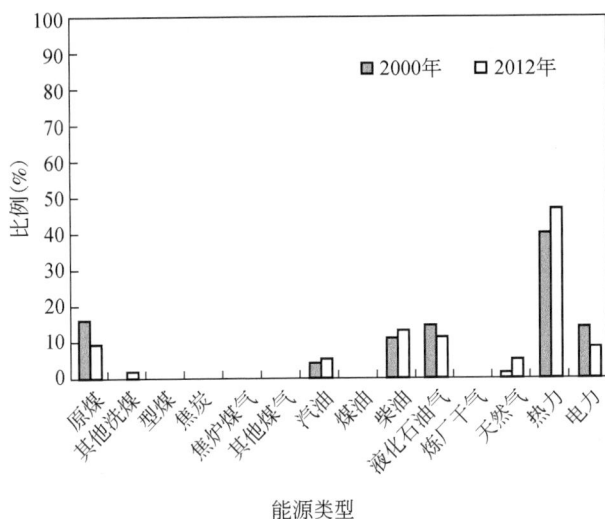

图 5-15 黑龙江省城镇家庭的直接能源消费结构变化（2000～2012 年）

2012 年，黑龙江省城镇家庭直接能源消费中，对热力的消费比例增加到 47%，其次是柴油和液化石油气，原煤消费比例下降到 9%（图 5-15）；农村家庭直接能源消费中，原煤消费最多，比例为 39%，电力消费比例下降到 32%，并且对柴油和汽油的消费比例明显增加（图 5-16）。可见，黑龙江省城镇家庭对煤炭的依赖小于农村，消费结构更加低碳化。

河南省城乡家庭的直接能源消费结构也表现出不断优化的特点。如图 5-17 所

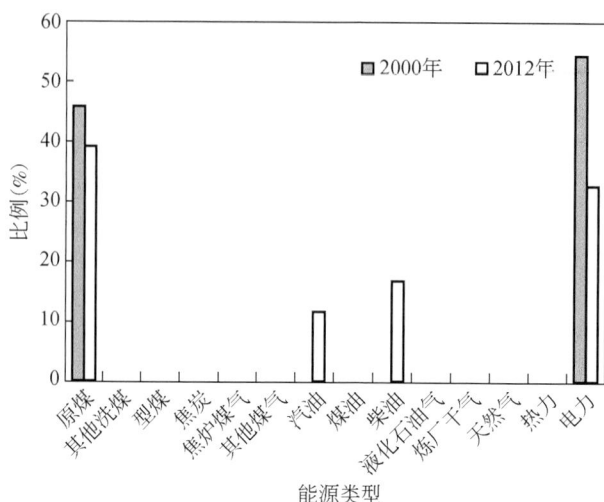

图 5-16 黑龙江省农村家庭的直接能源消费结构变化（2000～2012 年）

示，2000 年，河南省城镇家庭直接能源消费结构以原煤为主，消费比例达 61%，其次是电力、热力和天然气，消费比例共占 30% 左右。农村家庭直接能源消费结构以原煤为主，消费比例达 89%，其次是电力，消费比例为 7%（图 5-18）。

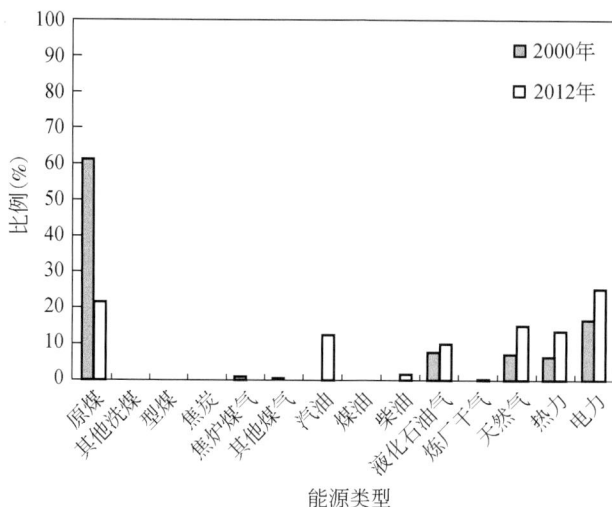

图 5-17 河南省城镇家庭的直接能源消费结构变化（2000～2012 年）

2012 年，河南省城镇家庭直接能源消费中，电力的消费最多，比例增加到 25%，而原煤的消费比例下降到 21%，天然气和热力的消费比例也明显上升（图

5-17)；农村家庭直接能源消费结构依然以原煤为主，消费比例为 51%，其次是电力，消费比例增加到 27%（图 5-18）。可见，河南省城镇家庭对煤炭的依赖要小于农村，因此对城镇家庭直接 CO_2 排放总量低于农村起到了促进作用。

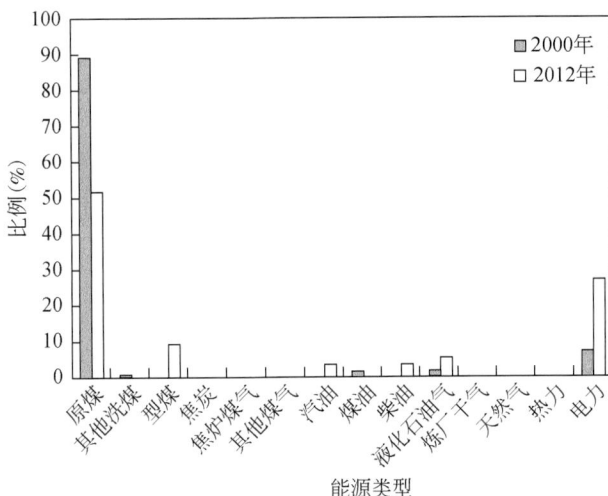

图 5-18　河南省农村家庭的直接能源消费结构变化（2000~2012 年）

其次，从家庭直接能源消费强度来看，如上所述，随着城市化的发展，黑龙江省城乡家庭直接能源消费强度都在增加，并且城镇家庭直接能源消费强度一直高于农村，成为促进城镇家庭直接 CO_2 排放总量高于农村的主要因素之一。

而河南省城乡家庭直接能源消费强度都在下降，并且城镇家庭的直接能源消费强度下降较快，逐渐低于农村，成为促使城镇家庭直接 CO_2 排放总量低于农村的主要因素。如图 5-19 所示，2000 年，河南省城镇和农村家庭直接能源消费强度分别为 0.40 万 tce/亿元和 0.39 万 tce/亿元，2012 年分别下降到 0.13 万 tce/亿元和 0.31 万 tce/亿元。可见，河南省城镇家庭的单位消费支出中，对能源商品的消费下降较快。

再次，从家庭人均消费支出来看，如上所述，黑龙江省城乡家庭人均消费支出均在增加，并且城镇人均消费支出均高于农村，成为促进城镇家庭直接 CO_2 排放总量高于农村的另一个主要因素。

河南省城乡家庭人均消费支出呈同样的变化规律。如图 5-20 所示，2000 年河南省城镇和农村家庭人均消费支出分别为 0.39 亿元/万人和 0.15 亿元/万人，2012 年分别增加到 1.24 亿元/万人和 0.60 亿元/万人。可见，河南省城镇家庭人

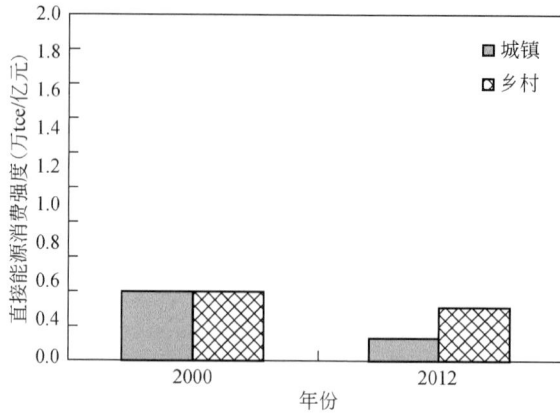

图 5-19　河南省城乡家庭直接能源消费强度（2000～2012 年）

均消费越来越高于农村，成为抑制城镇家庭直接 CO_2 排放总量低于农村的主要因素。

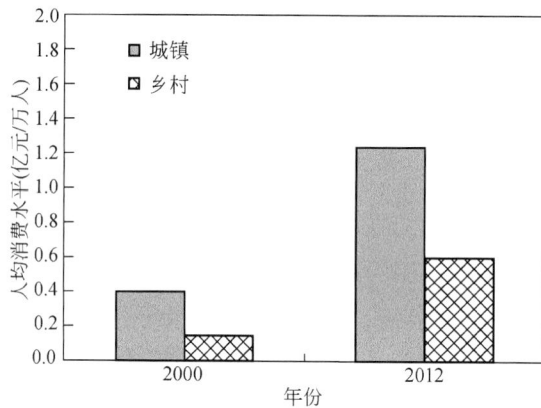

图 5-20　河南省城乡家庭人均消费支出差异（2000～2012 年）

最后，从人口数看，黑龙江省城镇人口数越来越多于农村，对城镇家庭直接 CO_2 排放总量高于农村有促进作用。而河南省农村人口逐渐向城镇转移，导致城镇人口超过农村，对城镇家庭直接 CO_2 排放总量低于农村起抑制作用。如图 5-21 所示，2000 年河南省城镇和农村人口分别为 2201 万人和 7827 万人，2012 年城镇人口增加到 5398 万人，而农村人口下降到 5145 万人。可见，随着城市化的发展，河南省人口逐渐向城镇聚集，农村人口越来越少，这一变化对城镇家庭直接 CO_2 排放总量低于农村起到了抑制作用。

上述两个省份的分析表明，受到人口总数分布的影响，城市化水平越高的省

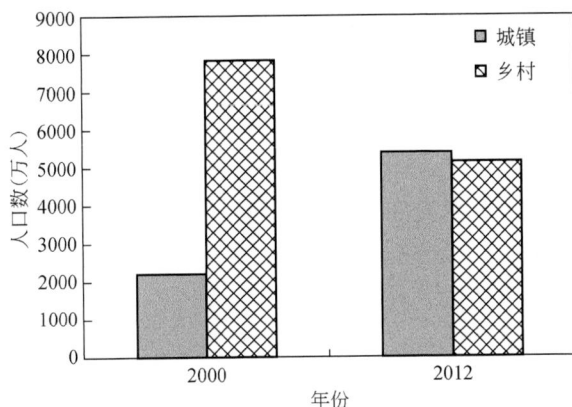

图 5-21   河南省城乡家庭人口数（2000～2012 年）

份，家庭直接 CO_2 排放总量在城镇聚集的程度越高；相反，城市化水平越低的省份，家庭直接 CO_2 排放总量在农村聚集的程度越高。此外，随着城市化水平的不断提高，城镇家庭的直接能源消费结构较农村更为低碳化。

5.3.2   区域间接能源消费和 CO_2 排放差异分解

5.3.2.1   间接能源消费差异分解结果

根据全国 30 个省（自治区、直辖市，除港、澳、台和西藏之外）城乡家庭间接能源消费总量差异情况，选取城乡差异最大的广东省和差异最小的青海省作为典型省份，分析其城乡家庭间接能源消费总量差异的原因。首先基于 5.1.2.1 部分构建的城乡家庭间接能源消费总量差异的分解模型，对 2000～2012 年广东省的数据进行分析，结果见表 5-9。

表 5-9   广东省城乡家庭间接能源消费总量差异的分解结果

项目	2000 年		2012 年	
	贡献值	贡献率（%）	贡献值	贡献率（%）
家庭消费支出总量（万元）	406.10	96.58	4312.40	101.28
家庭消费支出结构	14.36	3.42	−54.53	−1.28
合计（万 tce）	420.46	100	4257.87	100

2000年，广东省城镇家庭间接能源消费总量比农村多420.46万tce，主要原因在于城镇家庭消费支出总量高于农村，对城乡差异的贡献率为96.58%。家庭消费支出结构对城乡家庭间接能源消费总量差异也略有促进作用。

2012年，广东省城镇家庭间接能源消费总量比农村多4257.87万tce，主要原因仍在于城镇家庭消费支出总量高于农村，对城乡差异的贡献率为101.28%。家庭消费支出结构对城乡家庭间接能源消费总量差异起抑制作用，贡献率为-1.28%，这和2000年的情况有所不同。

可见，2000年以来广东省城镇家庭的间接能源消费总量一直高于农村，主要原因是由于城镇家庭消费支出总量高于农村。此外，家庭消费支出结构变化对城乡家庭间接能源消费差异的贡献作用由促进转向抑制，说明随着城市化的发展，城乡家庭之间的消费支出结构差异不断缩小，甚至于农村家庭的消费结构更耗能。

同理对青海省的数据进行分析，结果见表5-10。2000年，青海省城镇家庭间接能源消费总量比农村少54.97万tce，主要原因是城乡家庭消费支出结构差异的贡献，其贡献率为196.83%，说明城镇家庭对耗能部门产品的消费比例较低。另外，城镇家庭消费支出总量高于农村，对城乡家庭间接能源消费总量差异起抑制作用，贡献率为-96.83%。

表5-10　青海省城乡家庭间接能源消费总量差异的分解结果

项目	2000年		2012年	
	贡献值	贡献率（%）	贡献值	贡献率（%）
家庭消费支出总量（万元）	53.23	-96.83	206.68	94.77
家庭消费支出结构	-108.20	196.83	11.40	5.23
合计（万tce）	-54.97	100	218.08	100

2012年，青海省城镇家庭间接能源消费总量比农村多218.08万tce，主要原因是城镇家庭消费总量高于农村，贡献率为94.77%。家庭消费结构差异也对城乡家庭间接能源消费总量差异起到了些许的促进作用，贡献率为5.23%，这和2000年的情况有所不同，可见城镇的家庭消费结构越来越耗能。

5.3.2.2　间接能源消费差异原因分析

如上所述，广东省和青海省城乡家庭间接能源消费总量差异的原因，在于家庭消费支出总量与消费支出结构的差异，进一步对这两个因素进行分析对比。

首先，从家庭消费支出总量来看，广东省和青海省城乡家庭消费支出总量均在增加，并且城镇远高于农村，成为促进城镇家庭间接能源消费总量高于农村的主要因素。如图 5-22 所示，2000～2012 年，广东省城镇消费支出总量从 2284 亿元增加到 19 899 亿元，而农村从 1471 亿元增加到 3124 亿元。城镇家庭消费支出总量的增长更快，城乡差异不断扩大，成为促使城镇家庭间接能源消费总量高于农村的主要原因。

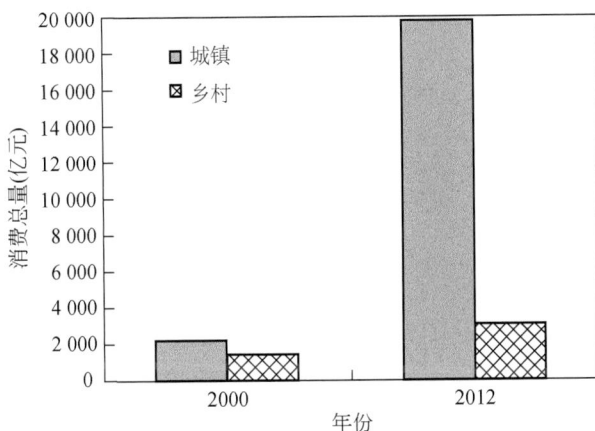

图 5-22　广东省城乡家庭消费支出总量差异（2000～2012 年）

虽然青海省城乡家庭消费支出总量远比广东省要小，但城镇家庭消费支出总量还是高于农村，并且城乡都在不断增长。2000～2012 年，城镇家庭的消费支出总量从 71 亿元增加到 402 亿元，分别高出农村 25 亿元和 216 亿元（图 5-23），因此该因素同样成为促进城镇家庭间接能源消费总量高于农村的主要因素。

其次，家庭消费支出结构差异变化，对广东省城乡家庭间接能源消费总量差异的贡献值由正转负。如图 5-24 所示，广东省城镇家庭对服务业产品的消费最多，消费比例由 2000 年的 45% 增加到 2012 年的 49%，对工业和农业部门产品的消费略有下降，对建筑业部门产品的消费略呈增加趋势。

农村家庭对服务业产品的消费比例也在增加，由 2000 年的 38% 增加到 2012 年的 44%，对工业部门产品的消费比例也有增加，对农业产品的消费比例下降幅度较大（图 5-25）。可见，虽然广东省城镇家庭对服务业部门产品的消费比例略高于农村，而农村家庭消费支出对工业和服务业部门产品的消费增加幅度较大，所以家庭消费支出部门结构的城乡差异，对广东省城乡家庭间接能源消费总

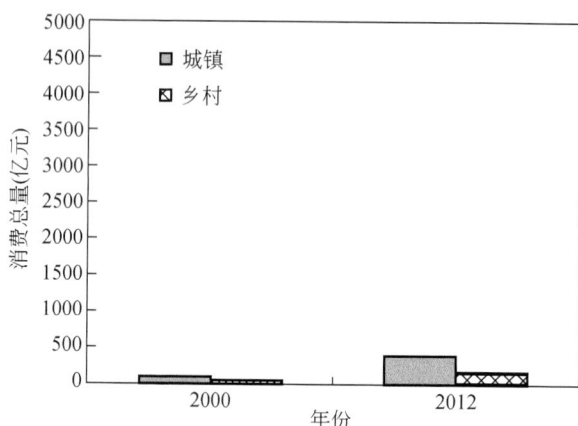

图 5-23 青海省城乡家庭消费支出总量差异（2000～2012年）

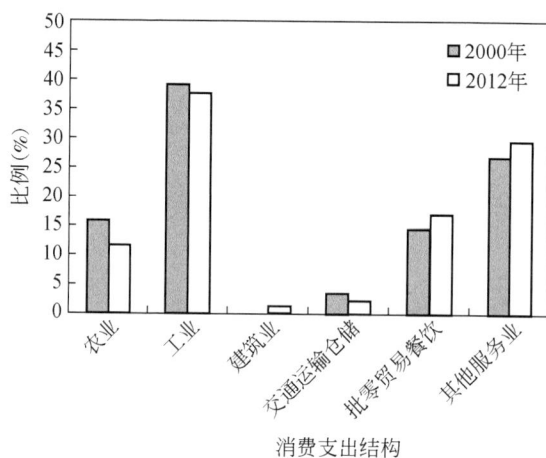

图 5-24 广东省城镇家庭消费支出结构变化（2000～2012年）

量差异的贡献值由正转负。

青海省城乡家庭消费支出部门结构差异的变化，对城乡家庭间接能源消费总量差异的贡献值由负转正。如图 5-26 所示，2000 年青海省城镇家庭对工业部门产品的消费最多，比例达 63%，其次是对服务业产品的消费；而农村家庭对工业部门和农业部门产品消费较多，比例分别达 46% 和 34%（图 5-27）。

2012 年，城镇家庭对服务业和建筑业部门产品的消费迅速增加，消费比例分别为 42% 和 30%，对工业部门产品的消费比例下降到 20%（图 5-26）；农村

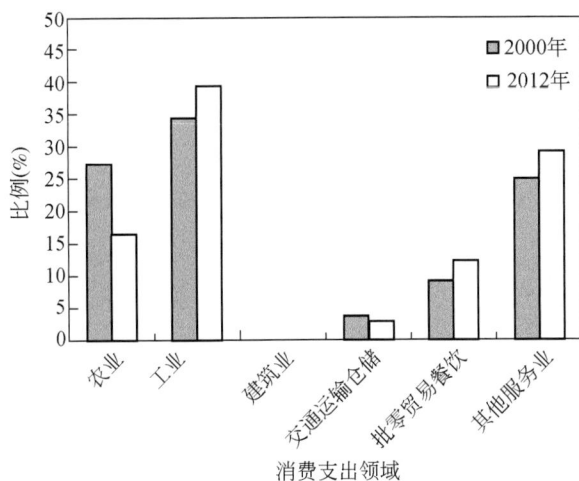

图 5-25　广东省农村家庭消费支出结构变化（2000～2012 年）

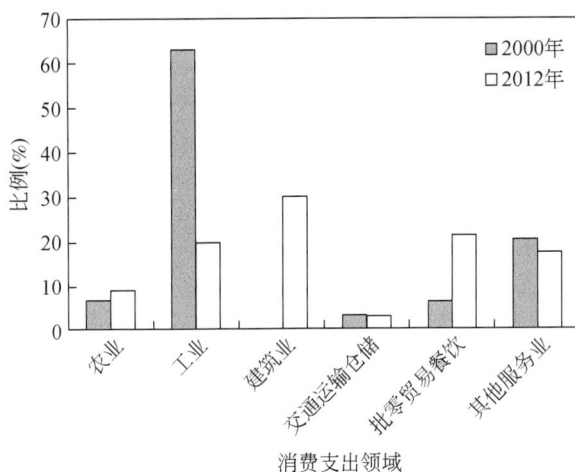

图 5-26　青海省城镇家庭消费支出结构变化（2000～2012 年）

家庭同样对服务业和建筑业部门产品的消费迅速增加为 40% 和 24%，但仍小于城镇消费比例；对工业和农业部门产品的消费比例分别下降到 20% 和 18%（图 5-27）。这一变化促进城镇家庭间接能源消费总量逐渐超过农村。

5.3.2.3　间接 CO_2 排放差异分解结果

同理，根据全国 30 个省（自治区、直辖市，除港、澳、台和西藏之外）城

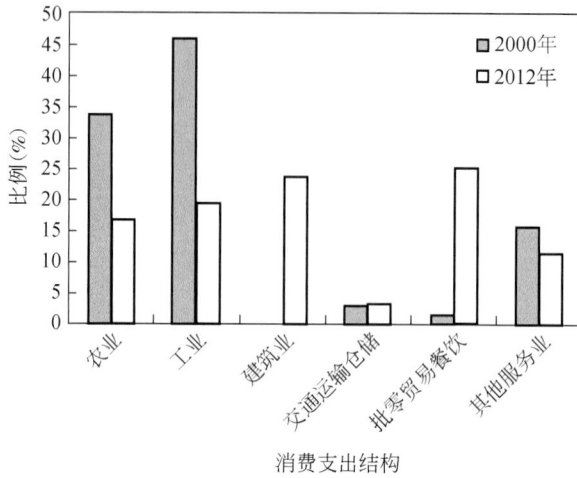

图 5-27　青海省农村家庭消费支出结构变化（2000~2012 年）

乡家庭间接 CO_2 排放总量差异情况，选取城乡差异最大的广东省和最小的海南省作为典型省份，分析其城乡家庭间接 CO_2 排放总量存在差异的原因。基于 5.1.2.2 部分构建的城乡家庭间接 CO_2 排放总量差异的分解模型，对 2000~2012 年广东省的数据进行分析，结果见表 5-11。

表 5-11　广东省城乡家庭间接 CO_2 排放总量差异的分解结果

项目	2000 年		2012 年	
	贡献值	贡献率（%）	贡献值	贡献率（%）
家庭消费支出总量（万元）	1 436.96	93.75	16 607.54	101.12
家庭消费支出结构	95.78	6.25	−183.16	−1.12
合计（万 t）	1 532.74	100	16 424.38	100

2000 年，广东省城镇家庭间接 CO_2 排放总量比农村多 1532.74 万 t，主要原因在于城镇家庭消费支出总量远高于农村，对城乡差异的贡献率为 93.75%。此外，家庭消费支出结构对城乡家庭间接 CO_2 排放的差异也略有促进作用，贡献率为 6.25%。2012 年，广东省城镇家庭间接 CO_2 排放总量比农村多 16 424.38 万 t，主要原因仍是城镇家庭消费支出总量远高于农村，对城乡差异的贡献率为 101.12%。而家庭消费支出结构对城乡家庭间接 CO_2 排放总量的差异起抑制作用，贡献率为 −1.12%，这和 2000 年的情况有所不同。

同理，对 2000～2012 年海南省的数据进行分析，结果见表 5-12。2000 年，海南省城镇家庭间接 CO_2 排放总量比农村少 62.37 万 t，主要原因是城镇家庭消费支出总量比农村少，对城乡差异的贡献为 131.03%。而家庭消费支出结构对城乡家庭间接 CO_2 排放总量的差异起抑制作用，贡献率为 -31.03%。可见相对于农村而言，2000 年时海南省的城镇家庭消费支出结构更为高碳化。

表 5-12　海南省城乡家庭间接 CO_2 排放总量差异的分解结果

项目	2000 年		2012 年	
	贡献值	贡献率（%）	贡献值	贡献率（%）
家庭消费支出总量（万元）	-81.72	131.03	718.72	107.48
家庭消费支出结构	19.35	-31.03	-49.99	-7.48
合计（万 t）	-62.37	100	668.73	100

2012 年，海南省城镇家庭间接 CO_2 排放总量比农村多 668.73 万 t，主要原因是城镇家庭消费支出总量高于农村，对城乡差异的贡献为 107.48%，这和 2000 年的情况有所不同。而家庭消费支出结构对城乡家庭间接 CO_2 排放总量的差异起抑制作用，贡献率为 -7.48%。可见相对于农村而言，2012 年时海南省的城镇家庭消费支出结构更为低碳化。

5.3.2.4　间接 CO_2 排放差异原因分析

上述分析表明，广东省和海南省城乡家庭间接 CO_2 排放总量存在差异，是由于城乡家庭的消费支出总量与消费支出结构存在差异，进一步对这两个因素进行对比分析。

首先，从家庭消费支出总量来看，广东省城乡家庭消费支出总量均在增加，并且城镇远高于农村，这成为促进城镇家庭间接 CO_2 排放总量高于农村的主要因素。

而海南省城乡家庭消费总量远小于广东省，并且 2000 年时城镇家庭消费支出总量小于农村，2012 年时超过了农村。如图 5-28 所示，2000 年海南省城镇和农村家庭消费总量分别为 95 亿元和 124 亿元。2012 年城镇家庭消费总量增加到 678 亿元，高于农村 418 亿元。

其次，从家庭消费支出结构来看，广东省城乡家庭消费支出部门结构的变化，对城乡家庭间接 CO_2 排放总量差异的影响作用，与对间接能源消费总量差异

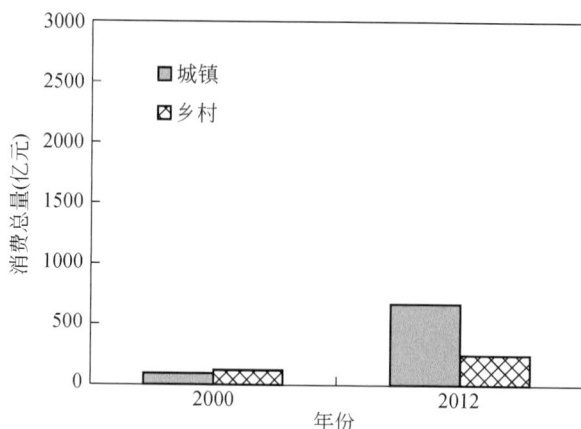

图 5-28　海南省城乡家庭消费支出总量差异（2000～2012 年）

的影响相似，由促进作用转为抑制作用。

海南省城乡家庭消费支出部门结构也不断发生变化，相对于农村而言，2000 年时城镇家庭消费结构更为高碳化，2012 年时城镇家庭消费结构更为低碳化。如图 5-29 所示，2000～2012 年，海南省城镇家庭对服务业产品的消费最多，由 45% 增加到 49%，其次是工业部门产品，但其消费比例由 34% 下降到 30%。而农村家庭对工业部门产品的消费较多，消费比例由 32% 增加到 40%，其次是服务业部门产品，消费比例在 31% 左右（图 5-30）。

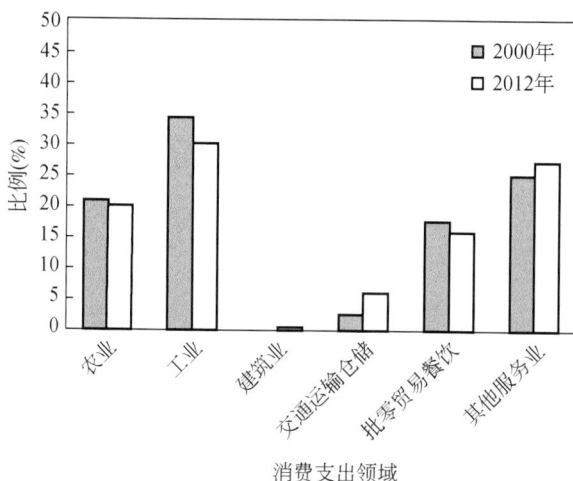

图 5-29　海南省城镇家庭消费支出结构变化（2000～2012 年）

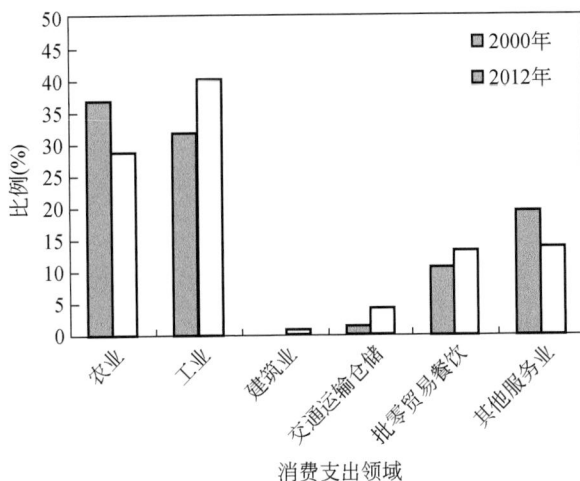

图 5-30　海南省农村家庭消费支出结构（2000～2012 年）

5.4　结论与启示

基于上述对全国以及典型省份城乡家庭能源消费与 CO_2 排放差异的分解分析，可得到如下主要的结论及相应的启示。

首先，从全国层面来看：

1）城镇家庭直接能源消费总量高于农村的主要原因在于人均消费支出存在差异，而家庭直接能源消费强度是缓解城乡差异的主要因素。全国城乡家庭直接能源消费差异由 1991 年的 1623 万 tce 增加到 2012 年的 6222 万 tce，主要是城镇家庭人均消费支出增幅大于农村的促进作用，而城镇家庭直接能源消费强度的下降，在较大程度上缓解了城镇家庭直接能源消费总量较高的局面。随着城市化的发展，城镇家庭人均消费水平还会继续提升，因此，降低城镇家庭直接能源消费强度是缓解城镇家庭直接能源消费总量过快增长的重要途径。

2）与直接能源消费相类似，城镇家庭直接 CO_2 排放总量高于农村的主要原因，仍是家庭人均消费支出存在差异，而家庭直接能源消费强度和直接能源消费结构是缓解城乡差异的主要因素。全国城乡家庭直接 CO_2 排放差异由 1991 年的 4472 万 t 增加到 2012 年的 14 846 万 t，主要是城乡家庭人均消费支出差异的促进作用，而城镇家庭直接能源消费强度的大幅下降及直接能源消费结构的优化在较大程度上缩小了全国城乡家庭直接 CO_2 排放的差异。因此，优化家庭直接能源消费结构，是抑制城镇家庭直接 CO_2 排放总量较快增长的重要途径。

3）城镇家庭间接能源消费与 CO_2 排放总量高于农村的主要原因在于消费支出总量存在差异，消费支出部门结构的差异也略有促进作用。全国城乡家庭间接能源消费总量差异由 1991 年的 1948 万 tce 增加到 2012 年的 32 467 万 tce，相应地，家庭间接 CO_2 排放总量差异由 1991 年的 6035 万 t 增加到 2012 年的 102 517 万 t。主要原因是城镇家庭消费支出总量的迅速增长。城镇家庭消费对服务业产品的消费比例较高，而农村家庭对工业部门产品的消费比例仍高于服务业部门。因此，消费支出部门结构的改善，是减少农村家庭间接能源消费与 CO_2 排放总量的重要途径。

其次，从典型省份层面的分析来看：

1）黑龙江省城乡家庭直接能源消费差异最大，主要原因在于城镇家庭直接能源消费强度与人均消费水平均高于农村，而贵州省城乡家庭直接能源消费差异最小，主要原因在于城镇家庭直接能源消费强度和人口数低于农村。黑龙江省城镇家庭直接能源消费一直高于农村，2000 年高出 386 万 tce，而 2012 年已经高出 1214 万 tce，这一差异的增大主要是由于黑龙江省城镇家庭不仅人均消费水平高于农村，而且家庭直接能源消费强度高于农村。而贵州省城镇家庭直接能源消费一直低于农村，并且城乡差距在缩小，主要原因在于城镇家庭直接能源消费强度及人口数较低，抵消了城镇人均消费水平较高对其家庭直接能源消费增加的促进作用。因此，随着城市化的发展，未来将有更多的省份城镇家庭直接能源消费远远高于农村，因此城镇是绝大多数省份节能减碳关注的重点区域。

2）黑龙江省城乡家庭直接 CO_2 排放差异最大，主要原因是城镇家庭直接能源消费强度与人均消费水平均高于农村，而河南省城乡家庭直接 CO_2 排放差异最小，主要原因是城镇家庭直接能源消费强度低于农村，且家庭直接能源消费结构优于农村。与家庭直接能源消费相似，黑龙江省城镇家庭直接 CO_2 排放总量一直高于农村，并且差异由 2000 年的 1354 万 t 增加到 2012 年的 4386 万 t。虽然该省城镇家庭直接能源消费结构优于农村，在一定程度上抑制了城镇家庭直接 CO_2 排放总量的增长，但家庭人均消费支出与直接能源消费强度对城镇家庭直接 CO_2 排放较快增长的促进作用较强。而河南省城镇家庭直接 CO_2 排放一直小于农村，虽然人均消费水平的提高及人口数的增加促进城镇家庭直接 CO_2 排放高于农村，但城镇家庭直接能源消费强度的降低及直接能源消费结构的优化，对城镇家庭直接

CO_2排放总量高于农村的抑制作用更强。因此，降低城镇家庭直接能源消费强度以及优化城镇家庭的直接能源消费结构，是缓解各省份城镇家庭直接 CO_2 排放总量增长较快的重要途径。

3）广东省城乡家庭间接能源消费差异最大，主要原因是家庭消费总量存在较大差异，青海省城乡家庭间接能源消费差异最小，主要原因是城乡家庭消费总量均不高。广东省城镇家庭间接能源消费一直高于农村，由 2000 年的 420 万 tce 增加到 2012 年的 4258 万 tce，主要是由于城镇家庭消费支出总量的增长速度远快于农村。而农村家庭对工业和服务业部门产品的消费比例增加幅度较大，一定程度上抑制了城镇家庭间接能源消费总量高于农村。而青海省城乡家庭间接能源消费总量差异最小，主要是城乡消费支出总量差异仅为广东省城乡消费总量差异的百分之一左右。可见随着城市化的发展，城乡家庭的间接能源消费总量差距会不断扩大。

4）广东省城乡家庭间接 CO_2 排放差异最大，主要原因仍是家庭消费总量存在较大差异，海南省城乡家庭间接 CO_2 排放差异最小，主要原因是城乡家庭消费支出总量差异较小，并且城镇家庭消费支出部门结构优于农村，对城乡家庭间接 CO_2 排放总量的差异有一定的抑制作用。广东省城镇家庭间接 CO_2 排放一直高于农村，城乡差异由 2000 年的 1533 万 t 增加到 2012 年的 16 424 万 t，主要原因与间接能源消费总量差异相同。而海南省城乡差异最小，主要原因在于海南省城乡家庭消费总量差异仅为广东省的百分之二左右，并且海南省城镇家庭消费支出部门结构的优化，对城乡家庭间接 CO_2 排放总量差异也有一定的抑制作用。可见随着城市化的发展，城乡家庭的间接 CO_2 排放总量差距会不断扩大。未来节能减碳的重点更多地会集中在城镇地区。

5.5　小　　结

本章首先构建了城乡家庭直接能源消费和 CO_2 排放差异的分解模型，以及城乡家庭间接能源消费和 CO_2 排放差异的分解模型。城乡家庭直接能源消费与 CO_2 排放差异均受家庭直接能源消费强度、人均消费支出以及人口数的影响，此外，城乡家庭直接 CO_2 排放差异还受家庭直接能源消费结构的影响。城乡家庭间接能源消费与 CO_2 排放差异均受家庭消费支出总量以及消费支出结构的影响。

然后选取 1991～2012 年为样本期，对全国家庭直接、间接能源消费与 CO_2

排放的城乡差异进行分解分析，并进一步剖析了具体原因。1991 年以来，城镇家庭直接能源消费与 CO_2 排放总量一直高于农村，主要原因在于城镇人均消费支出水平增长较快，而且城镇人口数不断增加。而城镇家庭直接能源消费结构比农村更为低碳。全国城镇家庭间接能源消费与 CO_2 排放量一直高于农村，主要原因在于城镇的家庭消费支出总量远高于农村。而城镇家庭的消费支出结构比农村更为低碳。

最后选取 2000～2012 年为样本期，对典型省份家庭直接、间接能源消费与 CO_2 排放总量的城乡差异进行分解分析，并进一步剖析了具体原因。分析表明，黑龙江省的城乡家庭直接家庭能源消费总量和 CO_2 排放总量的差异最大，主要由于黑龙江省城镇家庭不仅人均消费水平高于农村，而且家庭直接能源消费强度也高于农村。贵州省的城乡家庭直接家庭能源消费总量差异最小，而且城镇家庭直接能源消费总量一直低于农村，主要原因在于城镇家庭直接能源消费强度及人口数均较低，抵消了城镇人均消费水平较高的促进作用。河南省的城镇家庭直接 CO_2 排放总量一直小于农村，原因在于城镇家庭的直接能源消费强度较低，而且能源消费结构更为低碳。

广东省城镇家庭间接能源消费和 CO_2 排放总量一直高于农村，主要是由于城镇家庭消费支出总量的增长速度远快于农村。青海省城乡家庭间接能源消费差异最小，主要是城乡消费支出总量差异较小。海南省城乡家庭间接 CO_2 排放总量差异最小，主要原因也是由于城乡家庭消费总量差异较小，并且城镇家庭消费支出部门结构更为低碳化。

第6章 中国城市化快速发展阶段家庭能源消费与碳排放预测

如前所述，1996 年以来中国城市化年均增长 1 个以上百分点，即已经进入了快速发展阶段，未来 5 ~ 10 年，这一快速发展进程是否将继续持续呢？在城市化快速发展继续持续的这段时间内，家庭的直接和间接能源消费以及 CO_2 排放又将如何变化呢？本章对这些问题进行探讨。

6.1 城市化发展进程趋势判断

根据城市化的发展规律，构建 Logistic 模型，对中国城市化的发展趋势进行分析。

6.1.1 城市化发展模型构建

城市化发展实践和理论研究证明，城市化发展存在阶段性规律。如第 3 章所述，各国城市化发展过程所经历的轨迹，可以概括为一条稍被拉平的 "S" 形曲线（Northam，1979）。当前预测城市化发展水平的模型，主要有直接预测法、简单线性回归模型、时间序列模型以及 Logistic 模型等。然而，在理论分析中，应用较多的是 Logistic 模型。Logistic 模型最早应用于生物学、医学领域，其预测对象均具备一个突出的特点：对象事物在发展初期增长缓慢，而后迅速增长，达到事物发展的一定限度后又处于停滞或饱和状态。Logistic 模型的数学表达式为

$$UR = \frac{K}{1 + Ce^{-rt}} \tag{6-1}$$

式中，UR 为城市化发展水平；K 为城市化的饱和值，K 的值介于 0 和 1 之间；C 为城市化起步的时间程度；r 为城市化的发展速度；t 为时间。

城市化发展阶段呈"S"形曲线规律已成为学术界的共识，并被多国实践所证明，城市化发展起步早的欧美等国，其城市化发展进程都呈现出一种"S"形曲线的形式。观察中国城市化过程（图6-1），可以发现1949～2013年，其发展轨迹也经历了"S"形曲线的初期以及中期的前半段。因而本章选取 Logistic 函数作为预测中国城市化发展的模型。

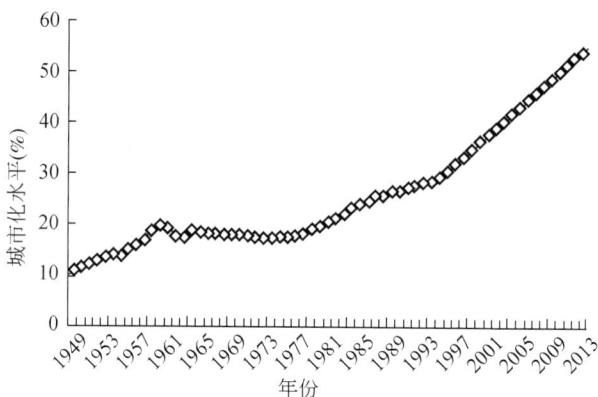

图6-1　中国城市化发展（1949～2013年）

数据来源：各年《中国统计年鉴》

6.1.2　中国城市化水平预测

选取1949～2013年的数据，借助 Eviews 软件对中国的城市化进行时间序列回归。城市化发展指标选取城市化水平 UR，即城镇人口占总人口的比重，数据来源于各年的《中国统计年鉴》。

理论上 K 值可以达到1，但是现实中城市化水平的饱和值一般都达不到1（新加坡除外）。观察世界几个大国的城市化发展进程曲线（图6-2），可以发现目前这几个国家的城市化水平基本上在80%左右。根据联合国的预测，2050年西方发达国家的城市化水平不会超过90%。中国2013年的城市化水平是53.73%，因此根据发达国家的城市化发展历程，式（6-1）中的 K 值取0.9较为合适。

将 Logistic 模型线性化，利用线性回归求出参数 C 和 r 的值，得到回归模型如下：

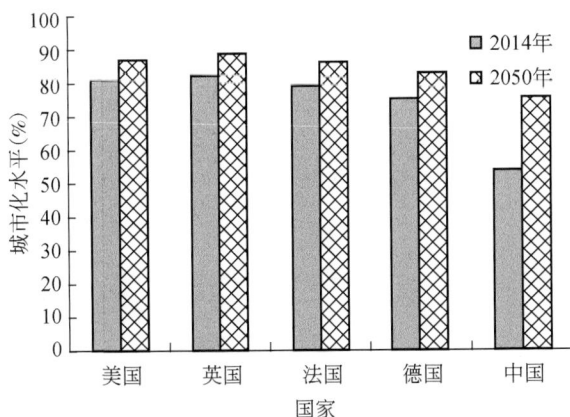

图 6-2　主要发达国家城市化水平预测（2014～2050 年）

资料来源：World Urbanization Prospects：The 2014 Revision，Highlights

$$UR = \frac{0.9}{1 + 7.5075 e^{-0.0319t}} \tag{6-2}$$

回归结果见表 6-1，R^2 和 $\bar{R}^2$ 值都大于 0.9，拟合优度较好，c 和 r 的 t 统计量也通过了显著性检验，回归模型较优。

表 6-1　中国城市化进程的回归分析（1949～2013 年）

变量	系数	标准误差	t 统计量	P 值
T	-0.031 88	0.001 299	-24.531 41	0.000 0
C	2.015 97	0.048 173	41.847 29	0.000 0
拟合优度	0.905 23	因变量均值		0.995 6
调整拟合优度	0.903 79	因变量标准差		0.633 3
回归标准差	0.196 46	AIC 准则		-0.386 0
残差平方和	2.430 98	SC 准则		-0.319 6
对数似然	14.566 7	HQ 准则		-0.360 2
F 统计量	601.790	DW 统计量		0.047 5
P 值（F 统计量）	0.000 00			

根据式（6-2）来预测我国 2020 年的城镇化率，经计算为 50.51%，而我国 2013 年的城镇化率已经达到了 53.73%，这显然跟实际状况不相符合。由于 1978 年前后，城市化发展的经济环境，国家政策属于两个不同的历史阶段。因而以 1978 年为界对回归方程进行 Chow's 断点检验，来观察方程是否有显著差异。

由于 Chow's 断点检验的零假设是两个子样本拟合的方程无显著差异，有显著差异意味着关系结构的改变（易丹辉，2014）。根据表 6-2，F 检验等的收尾概率都是 0.0000，所以拒绝原假设，说明线性化后的方程（6-2）在 1978 年前后两个阶段有显著差异。这与我国经济社会发展的实际状况相吻合，从图 6-3 可以看出，1978 年以前代表我国城市化发展的实际值很多年份都低于预测值，而 1978 年之后则不是这样的走势，实际值和预测值之间的差有相应的浮动。有必要以 1978 年为界点，对新时期我国城市化发展规律进行把握。

表 6-2　Chow's 断点检验

F 统计量	78. 769 10	F 检验 (2, 61)	0. 000 0
对数似然比	82. 945 65	卡方检验 (2)	0. 000 0
W 统计量	157. 538 2	卡方检验 (2)	0. 000 0

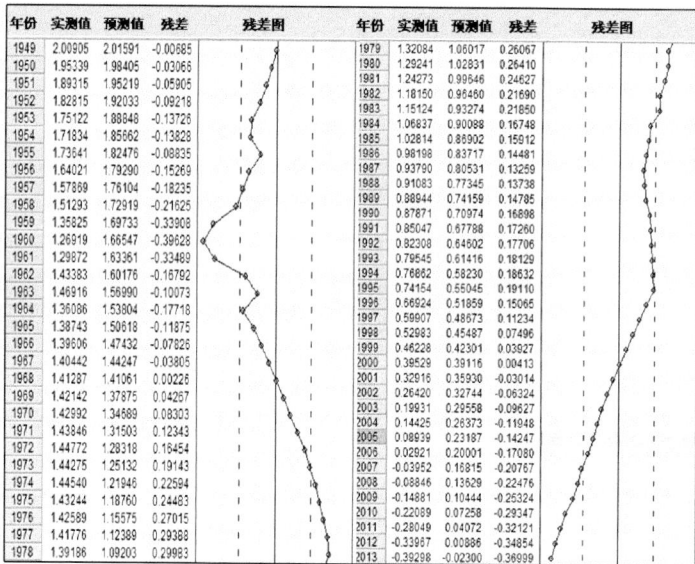

年份	实测值	预测值	残差	残差图	年份	实测值	预测值	残差	残差图
1949	2.00905	2.01591	-0.00685		1979	1.32084	1.06017	0.26067	
1950	1.95339	1.98405	-0.03066		1980	1.29241	1.02831	0.26410	
1951	1.89315	1.95219	-0.05905		1981	1.24273	0.99646	0.24627	
1952	1.82815	1.92033	-0.09218		1982	1.18150	0.96460	0.21690	
1953	1.75122	1.88848	-0.13726		1983	1.15124	0.93274	0.21850	
1954	1.71834	1.85662	-0.13828		1984	1.06837	0.90088	0.16748	
1955	1.73641	1.82476	-0.08835		1985	1.02814	0.86902	0.15912	
1956	1.64021	1.79290	-0.15269		1986	0.98198	0.83717	0.14481	
1957	1.57869	1.76104	-0.18235		1987	0.93790	0.80531	0.13259	
1958	1.51293	1.72919	-0.21625		1988	0.91083	0.77345	0.13738	
1959	1.35825	1.69733	-0.33908		1989	0.88944	0.74159	0.14785	
1960	1.26919	1.66547	-0.39628		1990	0.87871	0.70974	0.16898	
1961	1.29872	1.63361	-0.33489		1991	0.85047	0.67788	0.17260	
1962	1.43383	1.60176	-0.16792		1992	0.82308	0.64602	0.17706	
1963	1.46916	1.56990	-0.10073		1993	0.79545	0.61416	0.18129	
1964	1.36086	1.53804	-0.17718		1994	0.76862	0.58230	0.18632	
1965	1.38743	1.50618	-0.11875		1995	0.74154	0.55045	0.19110	
1966	1.39606	1.47432	-0.07826		1996	0.66924	0.51859	0.15065	
1967	1.40442	1.44247	-0.03805		1997	0.59907	0.48673	0.11234	
1968	1.41287	1.41061	0.00226		1998	0.52983	0.45487	0.07496	
1969	1.42142	1.37875	0.04267		1999	0.46228	0.42301	0.03927	
1970	1.42992	1.34689	0.08303		2000	0.39529	0.39116	0.00413	
1971	1.43846	1.31503	0.12343		2001	0.32916	0.35930	-0.03014	
1972	1.44772	1.28318	0.16454		2002	0.26420	0.32744	-0.06324	
1973	1.44275	1.25132	0.19143		2003	0.19931	0.29558	-0.09627	
1974	1.44540	1.21946	0.22594		2004	0.14425	0.26373	-0.11948	
1975	1.43244	1.18760	0.24483		2005	0.08939	0.23187	-0.14247	
1976	1.42589	1.15575	0.27015		2006	0.02921	0.20001	-0.17080	
1977	1.41776	1.12389	0.29388		2007	-0.03952	0.16815	-0.20767	
1978	1.39186	1.09203	0.29983		2008	-0.08846	0.13629	-0.22476	
					2009	-0.14881	0.10444	-0.25324	
					2010	-0.22089	0.07258	-0.29347	
					2011	-0.28049	0.04072	-0.32121	
					2012	-0.33987	0.00886	-0.34854	
					2013	-0.39298	-0.02300	-0.36999	

图 6-3　模型拟合情况及残差分布

基于上述 Chow's 断点检验的结论以及相应的实证分析，再次运用 Eviews 软件对我国 1978～2013 年的城市化水平进行回归分析，以重新确定式（6-1）中的 C、r 值。同时，把 1978～2013 城市化水平的实际值与预测值进行对比，计算相对误差，来检验模型的精准性。

回归结果见表6-3，R^2 和 $\bar{R}^2$ 值都大于0.9，拟合优度较好，c 和 r 的 t 统计量也通过了显著性检验，回归模型较优。

表6-3 中国城市化进程的回归分析（1978~2013年）

变量	系数	标准误差	t 统计量	P 值
T	−0.049 636	0.001 123	−44.196 25	0.000 0
C	1 436 835	0.022 856	62.865 20	0.000 0
拟合优度	0.982 891	因变量均值		0.568 210
调整拟合优度	0.982 388	因变量标准差		0.527 477
回归标准差	0.070 001	AIC 准则		−2.426 661
残差平方和	0.166 605	SC 准则		−2.338 687
对数似然	45.679 89	HQ 准则		−2.395 956
F 统计量	1953.309	DW 统计量		0.071 892
P 值（F 统计量）	0.000 00			

可以得到回归模型的函数表达式为

$$UR = \frac{0.9}{1 + 4.208e^{-0.0496t}} \tag{6-3}$$

根据式（6-3），对我国1978~2020年的城市化水平进行预测，并与1978~2013年的实际值进行对比（表6-4），得到模型预测的误差。

表6-4 中国城市化水平实际值、预测值及误差

年份	城市化水平			年份	城市化水平		
	实际值	预测值	误差		实际值	预测值	误差
1978		17.28	17.28	1984	23.01	21.83	−1.19
1979	18.96	17.99	−0.97	1985	23.71	22.66	−1.05
1980	19.39	18.71	−0.68	1986	24.52	23.51	−1.02
1981	20.16	19.46	−0.70	1987	25.32	24.38	−0.94
1982	21.13	20.23	−0.90	1988	25.81	25.27	−0.54
1983	21.62	21.01	−0.61	1989	26.21	26.18	−0.03

年份	城市化水平			年份	城市化水平		
	实际值	预测值	误差		实际值	预测值	误差
1990	26.41	27.12	0.71	2006	44.34	43.94	-0.40
1991	26.94	28.06	1.12	2007	45.89	45.06	-0.83
1992	27.46	29.03	1.57	2008	46.99	46.18	-0.81
1993	27.99	30.02	2.03	2009	48.34	47.29	-1.05
1994	28.51	31.02	2.51	2010	49.95	48.40	-1.55
1995	29.04	32.03	2.99	2011	51.27	49.51	-1.76
1996	30.48	33.07	2.59	2012	52.57	50.61	-1.96
1997	31.91	34.11	2.20	2013	53.73	51.71	-2.02
1998	33.35	35.17	1.82	2014		52.80	
1999	34.78	36.24	1.46	2015		53.88	
2000	36.22	37.32	1.10	2016		54.94	
2001	37.66	38.41	0.75	2017		56.00	
2002	39.09	39.50	0.41	2018		57.04	
2003	40.53	40.61	0.08	2019		58.07	
2004	41.76	41.71	-0.05	2020		59.09	
2005	42.99	42.83	-0.16				

由表6-4可以看出，对中国1978～2013年的城市化水平进行预测的误差较小。预测值低于我国城市化水平的实际值，与中国1978年以来的经济发展水平、产业结构的调整、城乡二元发展格局有关。根据式（6-3）可以预测计算出我国2020年的城市化水平为59.09%，《国家新型城镇化发展规划（2014～2020)》中设定的我国2020年城市化水平目标为60%，预测值与国家新型城市化规划相差0.91%。

6.1.3 中国城市化发展趋势判断

依据中国的历史数据（1978～2013年）构建模型进行数量分析，中国当前的城市化正处于快速发展阶段的判断。虽然未来中国城市化速度可能有所放缓，但还将处一个高位状态，这一阶段将一直持续到2020年左右。这就需要准确地把握中国未来的城市化可能存在的一系列变化。

第一，人口数量的变化。可以预见中国城镇人口数量将不断增长，总人口数也将有一定的增长。一方面，是由于城市化发展水平主要的标志之一是城市人口占总人口的比例会不断的加大，因而中国未来的城市人口数量会显著增加；另一方面，受益于我国在 2015 年放开家庭生育"二胎"政策，这会为国家的经济社会发展带来较大的"人口红利"，也会间接地推动城市化水平的提升。同时，也应看到人口数量的高位缓慢增加，会带来家庭人口数和家庭规模的扩大，将引起经济、社会、生态等的连锁反应。

第二，城市规模的变化。高水平城市化的主要标志就是城市规模的不断扩大，随着未来我国城市化水平的提升，国家新型城市化发展战略的实施，我国城市规模在可预见的未来会急剧的膨胀。城市规模的变化会促使城市的产业结构发生变化。

第三，产业结构的变动与经济发展速度的调整。发达国家城市化发展的经验表明，城市化水平的提升与经济结构有较大的关联度。城市化水平的提升一般伴随着农业规模的萎缩、工业规模的壮大；城市化发展成熟阶段，以服务业为代表的第三产业发展会逐步超过工业的发展规模。不过，当前中国城乡二元发展格局对于城市化水平提升是一个很大的障碍，未来的城市化要想健康、稳定、快速发展就必须在改革的过程中破解城乡二元发展格局。

第四，能源消耗和碳排放的变化。本书第 2 章中提到，城市化的快速发展需要消耗大量的化石能源、排放大量的 CO_2，能源的消耗和 CO_2 的排放与城市化发展水平、质量等存在着直接关联。根据目前的能源使用模式和经济发展结构，随着城市化水平的快速提升，大量增加的城市人口会消耗大量的能源，直接和间接带动碳排放数量不断增长。

6.2　家庭能源消费和碳排放预测模型构建

对家庭能源消费和碳排放的预测分析，既包括总量分析，也包括结构分析。总量预测模型主要基于 H-P（Hodrick-Prescott）滤波分析法，结构预测基于马尔科夫链（Markov chain）方法。

6.2.1　总量预测模型构建

H-P 滤波分析法是用于分析类似能源消费与碳排放量等非平稳时间序列的有效、常用方法（李嫣怡等，2013），本书运用该方法首先对家庭直接与间接能源消费和 CO_2 排放总量数据进行分析，将其分离成随机波动成分（cycle）和长期趋势成分（trend）。然后运用最小二乘回归法（ordinary least square，OLS）分析长期趋势；运用 ARIMA 模型分析随机波动成分。

H-P 滤波分析法最大特点是能够把被分析对象的数量变化分离成随机波动成分（cycle）和长期趋势成分（trend）。运用 H-P 滤波分析法对家庭直接能源消费与 CO_2 排放总量，以及间接能源消费与 CO_2 排放总量进行趋势分离如下：

$$DE = DE^T + DE^C \tag{6-4}$$

$$DC = DC^T + DC^C \tag{6-5}$$

$$IE = IE^T + IE^C \tag{6-6}$$

$$IC = IC^T + IC^C \tag{6-7}$$

式中，DE、DC、IE、IC 分别为家庭直接能源消费总量、直接 CO_2 排放总量、间接能源消费总量和间接 CO_2 排放总量；DE^T、DC^T、IE^T、IC^T 分别为家庭直接能源消费总量、直接 CO_2 排放总量、间接能源消费总量和间接 CO_2 排放总量的长期趋势成分；DE^C、DC^C、IE^C、IC^C 分别为家庭直接能源消费总量、直接 CO_2 排放总量、间接能源消费总量和间接 CO_2 排放总量的随机波动成分。

然后根据 DE^T、DC^T、IE^T、IC^T 的走势图，运用最小二乘回归法，选取适宜的函数进行预测。运用 ARIMA 模型，通过观察序列 DE^C、DC^C、IE^C、IC^C 的自相关与偏自相关系数图，判别模型类型与阶数，以确定 p、d、q 的值。

6.2.2　结构预测模型构建

运用基于二次规划的马尔科夫链方法，进行结构预测。首先对家庭直接能源消费和 CO_2 排放在终端部门中所占比重进行分析，然后对家庭直接能源消费和 CO_2 排放的燃料结构进行分析。其次对家庭间接能源消费和 CO_2 排放在最终需求部门中所占比重进行分析，再对家庭间接能源消费和 CO_2 排放的部门结构进行分析。

在此以对家庭直接 CO_2 排放的燃料结构预测为例，对分析过程及基本原理进行阐释。

马尔科夫性（Markov）是指系统在每个时期所处的状态是随机的，从这个时期到下一个时期的状态按照一定的概率进行转移，并且下一个时期的状态只取决于这个时期的状态和转移概率，与以往各时期的状态无关（姜启源等，2011），这种性质称为无后效性。用数学表达即为在随机过程中，$\{X(t)，t \in T\}$，其中时间 $T = \{0，1，2，\cdots\}$，状态空间 $I = \{0，1，2，\cdots\}$，若对任一年份 n，以及任意状态 $i_0，i_1，i_2，\cdots，i_{n-1}，i，j$ 有

$$E = \{X(n+1)=j \mid X(n)=i_n，X(n-1)=i_{n-1}，\cdots，X(1)=i_1，X(0)=i_0\}$$
$$= E\{X(n+1)=j \mid X(n)=i\}$$

$$(6\text{-}8)$$

则称 $\{X(t)，t \in T\}$ 为一个马尔科夫链（杨德平等，2012），简记为 $X_n，n \geqslant 0$

马尔科夫转移概率为，在年份 n 处于状态 i 的条件下，到年份 $(n+1)$ 转移到状态 j 的条件概率为 $E_{ij}(n) = E\{X_{n+1}=j \mid X_n=i\}$，$E_{ij}(n)$ 也被称为家庭直接 CO_2 排放燃料结构来源由 i 到 j 的一步转移概率。

由燃料结构的一步转移概率构成的矩阵称为家庭直接 CO_2 排放燃料结构的一步转移矩阵，即

$$\mathbf{DE} = \begin{bmatrix} DE_{11} & DE_{12} & \cdots & DE_{1n} \\ DE_{21} & DE_{22} & \cdots & DE_{2n} \\ \vdots & \vdots & & \vdots \\ DE_{n1} & DE_{n2} & \cdots & DE_{nn} \end{bmatrix}$$

根据概率的性质有 $0 \leqslant DE_{ij} \leqslant 1$；$\sum_{j=1}^{n} DE_{ij} = 1$。

在求解一步转移概率矩阵时，可根据最优化的思想把其转化为一个二次规划的问题。由于在实际环境中，相邻时刻的一步转移概率矩阵并不相同，即 $S(t+1)$ 与 $S(t)\mathbf{DE}$ 之间存在一定的误差，以误差平和最小，建立最优化模型（何江宏和陈启明，2006）：

$$\min f(\mathbf{DE}) = \sum_{t=1}^{4} \| S(t+1) - S(t)\mathbf{DE} \|^2 = \sum_{t=1}^{4} (S(t+1) - S(t)$$

$$\mathbf{DE}) (S(t+1) - S(t)\mathbf{DE})^T \text{ s. t. } \sum_{j=1}^{n} DE_{ij} = 1, \ i = 1, 2, 3, \cdots, n;$$

$$\mathbf{DE}_{ij} \geqslant 0$$

$$(6\text{-}9)$$

由 Chapman-Kolmogorov 方程可知，$DE_{ij}^{m+n} = \sum_{K \subseteq I} DE_{ik}^{(n)} DE_{kj}^{(m)}$；$i, j \subseteq I$，因而可得马尔科夫预测模型为

$$DE(n) = DE(0)\mathbf{DE}^n = DE(0) \begin{pmatrix} DE_{11} & DE_{12}\cdots & DE_{1n} \\ DE_{21} & DE_{22}\cdots & DE_{2n} \\ \vdots & & \vdots \\ DE_{n1} & DE_{n2}\cdots & DE_{nn} \end{pmatrix}^n \quad (6\text{-}10)$$

当初始状态 DE（0）与状态转移矩阵 $\mathbf{DE}^n$ 已知时，便可以利用式（6-10）预测在 n 时刻家庭直接 CO_2 排放的燃料结构。

6.3 家庭直接能源消费和碳排放变化趋势预测

在 6.2 部分构建模型的基础上，对家庭直接能源消费与 CO_2 排放的总量和结构变化趋势进行预测。

6.3.1 总量变化预测

6.3.1.1 家庭直接能源消费总量预测

基于 Eviews 软件对 1996~2012 年中国家庭直接能源消费总量数据进行 H-P 滤波分析（图 6-4），从而分离出家庭能源消费总量的长期趋势成分（DE^T）、随机波动成分（DE^C）。

（1）家庭直接能源消费总量长期趋势成分的拟合

根据图 6-4 中 DE^T 的走势图，选取二次函数与指数函数两种模型对其进行拟合（表 6-5 和表 6-6）。

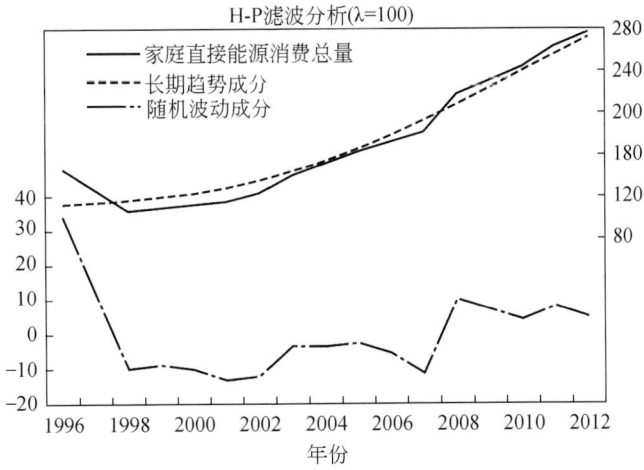

图 6-4 中国家庭直接能源消费总量的 H-P 滤波分析（1996~2012 年）

表 6-5 DE^T 二次函数回归结果

变量	系数	标准误差	t 统计量	P 值
T	0.544 452	0.326 779	1.666 117	0.117 9
TT	0.611 361	0.019 706	31.024 86	0.000 0
C	111.591 7	1.127 183	99.000 49	0.000 0
拟合优度	0.999 093	因变量均值		169.747 1
调整拟合优度	0.998 963	因变量标准差		53.877 74
回归标准差	1.734 981	AIC 准则		4.098 655
残差平方和	42.142 23	SC 准则		4.245 693
对数似然	−31.838 57	HQ 准则		4.113 271
F 统计量	7707.703	DW 统计量		0.465 21
P 值（F 统计量）	0.000 00			

表 6-6 DE^T 指数函数回归结果

变量	系数	标准误差	t 统计量	P 值
T	0.059 891	0.002 552	23.472 77	0.000 0
C	4.609 958	0.023 935	192.600 5	0.000 0
拟合优度	0.973 497	因变量均值		5.089 087
调整拟合优度	0.971 73	因变量标准差		0.306 525

变量	系数	标准误差	t 统计量	P 值
回归标准差	0.051 538	AIC 准则		-2.982 86
残差平方和	0.039 843	SC 准则		-2.884 84
对数似然	27.354 31	HQ 准则		-2.973 12
F 统计量	550.970 8	DW 统计量		0.192 029
P 值（F 统计量）	0.000 00			

从模型的拟合优度来看，二次函数的 $\bar{R}^2$ 值为 0.998 96，大于指数函数的 0.971 73。观察两个函数回归模型的残差分布图（图 6-5 和图 6-6），发现二次函数整体的残差波动幅度明显小于指数函数的残差波动幅度，二次函数模型稳定性相对较强，适宜于进行预测。

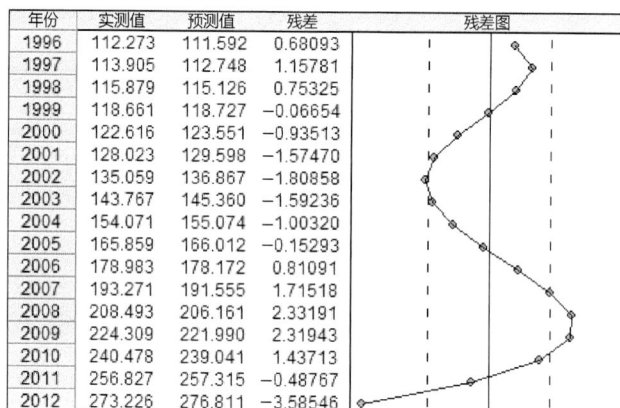

年份	实测值	预测值	残差	残差图
1996	112.273	111.592	0.68093	
1997	113.905	112.748	1.15781	
1998	115.879	115.126	0.75325	
1999	118.661	118.727	-0.06654	
2000	122.616	123.551	-0.93513	
2001	128.023	129.598	-1.57470	
2002	135.059	136.867	-1.80858	
2003	143.767	145.360	-1.59236	
2004	154.071	155.074	-1.00320	
2005	165.859	166.012	-0.15293	
2006	178.983	178.172	0.81091	
2007	193.271	191.555	1.71518	
2008	208.493	206.161	2.33191	
2009	224.309	221.990	2.31943	
2010	240.478	239.041	1.43713	
2011	256.827	257.315	-0.48767	
2012	273.226	276.811	-3.58546	

图 6-5 DE^T 二次函数回归残差分布图

二次函数的数学表达式如下：

$$DE^T = 111.59 + 0.54t + 0.61t^2$$
$$(0.000)\ (0.000)\ (0.118)$$
$$\bar{R}^2 = 0.999,\ F = 7707.7$$

(6-11)

（2）随机波动成分的拟合

运用 ARIMA 模型对家庭直接能源消费总量的随机波动成分（DE^c）进行拟合，其前提是 DE^c 序列应是平稳的时间序列。通过 ADF 单位根检验，发现 t-

年份	实测值	预测值	残差	残差图
1996	4.72093	4.60996	0.11097	
1997	4.73537	4.66985	0.06552	
1998	4.75255	4.72974	0.02281	
1999	4.77627	4.78963	-0.01336	
2000	4.80906	4.84952	-0.04046	
2001	4.85221	4.90941	-0.05720	
2002	4.90571	4.96931	-0.06359	
2003	4.96820	5.02920	-0.06100	
2004	5.03741	5.08909	-0.05167	
2005	5.11114	5.14898	-0.03784	
2006	5.18729	5.20887	-0.02158	
2007	5.26409	5.26876	-0.00467	
2008	5.33991	5.32865	0.01125	
2009	5.41302	5.38854	0.02448	
2010	5.48263	5.44843	0.03419	
2011	5.54840	5.50833	0.04008	
2012	5.61030	5.56822	0.04208	

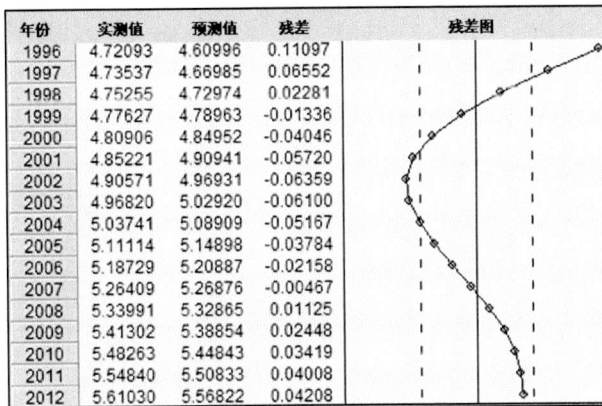

图 6-6　DE^T 指数函数回归残差分布图

statistic 的绝对值大于置信水平 5%、10% 下的绝对值，通过了 t 检验因而 DE^C 序列是平衡的（表 6-7）。

表 6-7　DE^C 序列平稳性的 ADF 单位根检验

		t 统计量	P 值
ADF 检验统计量		-4.661 017	0.010 1
临界值检验：	1% level	-4.667 883	
	5% level	-3.733 2	
	10% level	-3.310 349	

在序列平稳的基础之上，对 DE^C 序列的自相关、偏自相关进行检验（图 6-7）。自相关系数在滞后期 $K=1$ 之后很快的趋于零，出现"拖尾"，偏自相关系数在 $K=1$ 之后也逐渐趋于零，尽管随后出现了接近置信区间的情况，但是从整体上看出现了"截尾"。因而，可以认为 DE^C 序列服从 ARMA（1，1）过程。

因而 DE^C 序列预测模型如下：

$$DE^C = 0 + [AR(1) = 0.363，MA(1) = 0.261] \tag{6-12}$$

（3）叠加后的家庭直接能源消费总量预测

将上文所述的 DE^T 与 DE^C 序列模型表达式进行叠加，可得家庭直接能源消费总量 DE 的预测模型：

$$DE = 111.59 + 0.54t + 0.61t^2 + AR(1) = 0.579，AR(2) = -0.168 \tag{6-13}$$

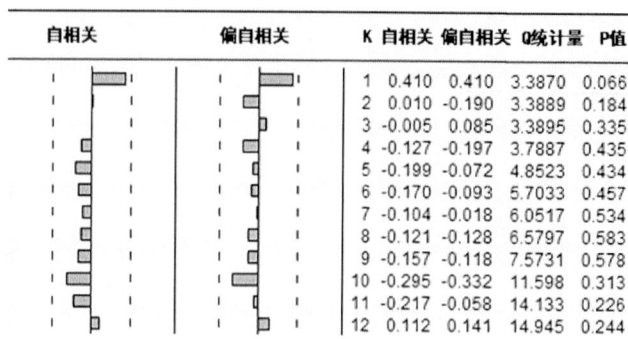

图 6-7　DE^c 序列的自相关与偏自相关系数图

由预测值与实际值对比可以看出，2009 年以来误差控制在 5% 范围内，因而预测数据的可信度较高（表 6-8）。

表 6-8　中国家庭直接能源消费总量的实际值、预测值及误差（1996 ~ 2020 年）

年份	实际值 （百万吨标煤）	预测值 （百万吨标煤）	误差（%）	年份	实际值 （百万吨标煤）	预测值 （百万吨标煤）	误差（%）
1996	146.4	111.6	−23.77	2009	231.1	222.0	−3.96
1997	126.4	125.4	−0.82	2010	244.7	239.0	−2.33
1998	105.9	119.7	13.05	2011	264.9	257.3	−2.88
1999	109.8	120.4	9.60	2012	278.2	276.8	−0.50
2000	112.5	124.2	10.39	2013		297.5	
2001	114.8	129.8	13.06	2014		319.5	
2002	122.9	136.9	11.44	2015		342.6	
2003	140.3	145.4	3.62	2016		367.0	
2004	150.5	155.1	3.08	2017		392.6	
2005	163.3	166.0	1.65	2018		419.5	
2006	173.5	178.2	2.67	2019		447.5	
2007	181.9	191.6	5.32	2020		476.8	
2008	218.6	206.2	−5.67				

6.3.1.2　家庭直接 CO_2 排放总量预测

基于 Eviews 软件对 1996 ~ 2012 年中国家庭直接 CO_2 排放总量进行 H-P 滤波

分析（图6-8），从而分离出长期趋势成分（DC^T）和随机波动成分（DC^C）。

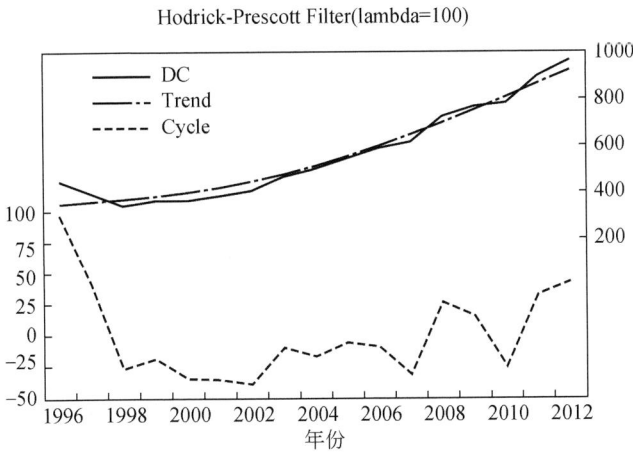

图 6-8 中国家庭直接 CO_2 排放总量的 H-P 滤波分析（1996～2012 年）

（1）家庭直接 CO_2 排放总量长期趋势成分的拟合

根据图 6-8 中 DC^T 的走势图，选取二次函数与指数函数两种模型对 DC^T 进行拟合（表 6-9 和表 6-10）

表 6-9　DC^T 二次回归结果

变量	系数	标准误差	t 统计量	P 值
T	4.841 987	0.849 141	5.702 217	0.000 1
TT	1.973 065	0.051 205	38.532 56	0.000 0
C	350.787 3	2.929 006	119.763 3	0.000 0
拟合优度	0.999 502	因变量均值		563.152 9
调整拟合优度	0.999 431	因变量标准差		188.973 3
回归标准差	4.508 38	AIC 准则		6.008 538
残差平方和	284.556 8	SC 准则		6.155 575
对数似然	-48.072 57	HQ 准则		6.023 154
F 统计量	14 048.61	DW 统计量		0.506 06
P 值（F 统计量）	0.000 00			

表6-10 DC^T指数回归结果

变量	系数	标准误差	t统计量	P值
T	0.064 179	0.002 123	30.225 83	0.000 0
C	5.769 046	0.019 918	289.634 6	0.000 0
拟合优度	0.983 847	因变量均值		6.282 475
调整拟合优度	0.982 77	因变量标准差		0.326 736
回归标准差	0.042 889	AIC准则		−3.350 29
残差平方和	0.027 592	SC准则		−3.252 26
对数似然	30.477 45	HQ准则		−3.340 54
F统计量	913.600 7	DW统计量		0.193 911
P值（F统计量）	0.000 00			

从模型的拟合优度来看，二次函数的$\bar{R}^2$值为0.9994，大于指数函数的0.9828。观察两个函数回归模型的残差分布图（图6-9和图6-10），发现二次函数整体的残差波动幅度明显小于指数函数的残差波动幅度，因而选用二次函数进行预测。

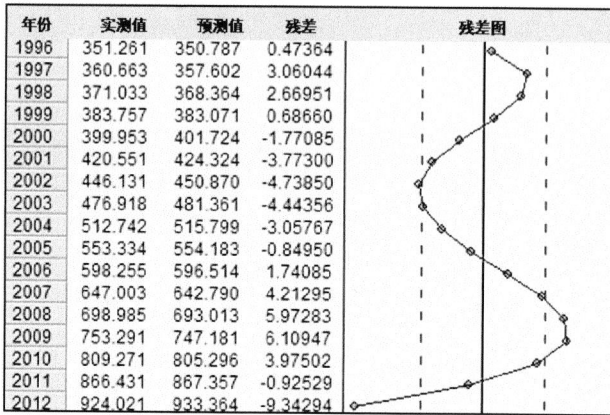

图6-9 DC^T二次回归残差分布图

由此可得到DC^T的二次回归模型：

$$DC^T = 350.787 + 4.845t + 1.973t^2$$

$$(0.0000)(0.0001)(0.0000)$$

$$\bar{R}^2 = 0.999, \quad F = 14\,048.61$$

(6-14)

年份	实测值	预测值	残差	残差图
1996	5.86153	5.76905	0.09248	
1997	5.88794	5.83322	0.05472	
1998	5.91629	5.89740	0.01809	
1999	5.95001	5.96158	-0.01157	
2000	5.99135	6.02576	-0.03441	
2001	6.04157	6.08994	-0.04837	
2002	6.10061	6.15412	-0.05351	
2003	6.16734	6.21830	-0.05095	
2004	6.23977	6.28248	-0.04270	
2005	6.31596	6.34665	-0.03069	
2006	6.39402	6.41083	-0.01682	
2007	6.47235	6.47501	-0.00266	
2008	6.54963	6.53919	0.01044	
2009	6.62445	6.60337	0.02108	
2010	6.69613	6.66755	0.02859	
2011	6.76438	6.73173	0.03266	
2012	6.82873	6.79590	0.03283	

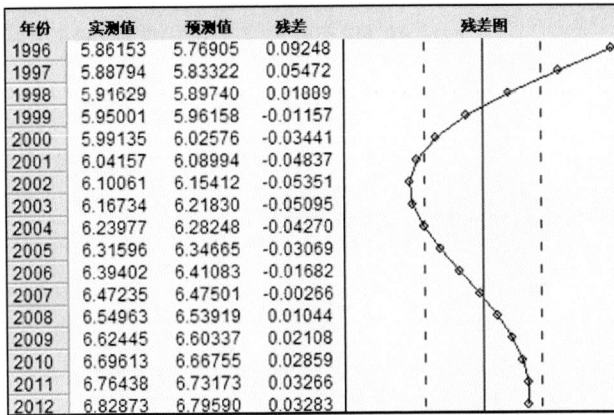

图 6-10　DC^T 指数回归残差分布图

（2）家庭直接 CO_2 排放总量随机波动成分的拟合

运用 ARIMA 模型对家庭直接 CO_2 排放总量的随机波动成分（DC^C）进行拟合，其前提是 DC^C 序列应为平稳的时间序列。通过 ADF 单位根检验（表6-11），发现一阶差分后的 DC^C 序列的 t 检验值的绝对值大于置信度在 1%、5%、10% 水平下的绝对值。因而，可判定一阶差分后的 DC^C 序列为平稳的时间序列。

表 6-11　一阶差分后的 DC^C 序列平稳性的 ADF 单位根检验

		t 统计量	P 值
ADF 检验统计量		-4.815 429	0.009 8
临界值检验:	1% level	-4.800 08	
	5% level	-3.791 172	
	10% level	-3.342 253	

在序列平稳的基础之上，对 DC^C 序列的自相关、偏自相关系数进行检验（图 6-11）。自相关系数在滞后期 $K=2$ 之后很快的趋于零，出现"拖尾"，偏自相关系数在 $K=2$ 之后也逐渐趋于零，尽管随后出现了接近置信区间的情况，但是从整体上看出现了"截尾"。因而，可以认为 DC^C 序列服从 ARIMA（2，1，2）过程。

因而选取 ARIMA（2，1，2）序列对 DC^C 进行预测：

$$DC^C = 0 + [AR(1) = -0.1714, AR(2) = 0.0008, MA(2) = -0.8312]$$

$$(6-15)$$

自相关	偏自相关	K	自相关	偏自相关	Q统计量	P值
		1	-0.030	-0.030	0.0168	0.897
		2	-0.144	-0.145	0.4437	0.801
		3	0.299	0.296	2.4189	0.490
		4	-0.051	-0.073	2.4824	0.648
		5	-0.062	0.027	2.5821	0.764
		6	-0.031	-0.153	2.6093	0.856
		7	-0.089	-0.060	2.8649	0.897
		8	0.011	-0.006	2.8691	0.942
		9	0.132	0.186	3.5862	0.936
		10	-0.137	-0.126	4.4898	0.923
		11	-0.213	-0.218	7.1068	0.790
		12	0.186	0.071	9.6090	0.650

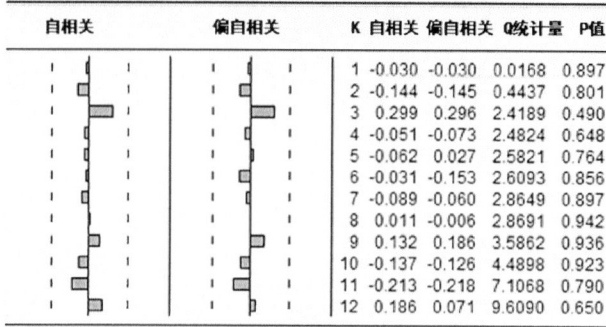

图 6-11　一阶差分后的 DC^c 序列自相关与偏自相关系数图

（3）叠加后的家庭直接 CO_2 排放总量预测

将上文所述 DC^T 与 DC^c 序列模型表达式进行叠加（式 6-16），可以对中国家庭直接 CO_2 排放总量（DC）进行预测（表 6-12）。由预测值与实际值对比可以看出，2009 年以来家庭能源消费的误差控制在 5% 范围内，因而预测数据的可信度较高。

表 6-12　中国家庭直接 CO_2 排放总量的实际值、预测值及误差（1996 ~ 2020 年）

年份	实际值	预测值	误差（%）	年份	实际值	预测值	误差（%）
1996	448.1	350.8	−21.7	2009	768.6	747.2	−2.8
1997	402.4	357.6	−11.1	2010	783.6	805.3	2.8
1998	344.2	368.4	7.0	2011	898.7	867.4	−3.5
1999	365.0	411.6	12.8	2012	966.9	933.4	−3.5
2000	365.1	393.7	7.8	2013		1003.3	
2001	384.8	425.7	10.6	2014		1077.2	
2002	406.8	450.6	10.8	2015		1155.1	
2003	467.0	481.4	3.1	2016		1236.9	
2004	495.6	515.8	4.1	2017		1322.6	
2005	547.3	554.2	1.3	2018		1412.3	
2006	588.9	596.5	1.3	2019		1505.9	
2007	615.3	642.8	4.5	2020		1603.5	
2008	725.3	693.0	−4.4				

$$DC = 350.787 + 4.845t + 1.973t^2 + \tag{6-16}$$
$$[AR(1) = -0.1714,\ AR(2) = 0.0008;\ MA(1) = -0.8312]$$

6.3.2 在终端部门中所占比重变化预测

6.3.2.1 家庭直接能源消费在终端部门中所占比重

由二次规划的基本原理及 2007～2012 年终端各部门直接能源消费占比，可求得马尔科夫一步转移概率矩阵 **M**，如式 (6-17) 所示。

$$M = \begin{pmatrix} 0.1271 & 0.0000 & 0.8729 & 0.0000 & 0.0000 \\ 0.0000 & 0.0000 & 1.0000 & 0.0000 & 0.0000 \\ 0.1200 & 0.0283 & 0.8307 & 0.0209 & 0.0000 \\ 0.4137 & 0.0000 & 0.0000 & 0.2284 & 0.3579 \\ 0.0158 & 0.0000 & 0.0000 & 0.0000 & 0.9842 \end{pmatrix} \tag{6-17}$$

可对 2008～2012 年终端各部门能源消费占比进行预测。通过实际值与预测值对比，发现模型预测的最大误差控制在 1% 以内 (表 6-13)，说明本模型精度较高。因而可以对 2013～2020 年终端各部门能源消费占比进行预测。

表 6-13　2008～2012 年终端各部门能源消费占比实际值与预测值的误差

（单位：%）

年份	家庭	农业	工业	建筑业	服务业
2008	0.14	-0.03	-0.97	0.39	0.47
2009	0.12	-0.03	-1.19	0.18	0.91
2010	-0.09	-0.05	0.02	-0.45	0.57
2011	-0.10	0.00	-0.53	-0.06	0.69
2012	-0.31	0.03	0.41	-0.11	-0.01

分析结果表明，2013～2020 年家庭直接能源消费在终端部门中的占比仅次于工业部门、服务业部门，高于建筑业与农业部门。2013 年工业、服务业、家庭、建筑业、农业部门能源消费占比分别为 67.46%、18.19%、10.58%、

1.86%、1.91%，到 2020 年各部门的占比分别为 65.47%、20.62%、10.26%、1.79%、1.86%。正如本书第 4 章提到的，中国还未完成工业化进程，工业部门能源消费量较高，家庭部门的直接能源消费量占比基本稳定在 11% 左右，变动幅度较小，控制在 0.32% 以内（图 6-12）。

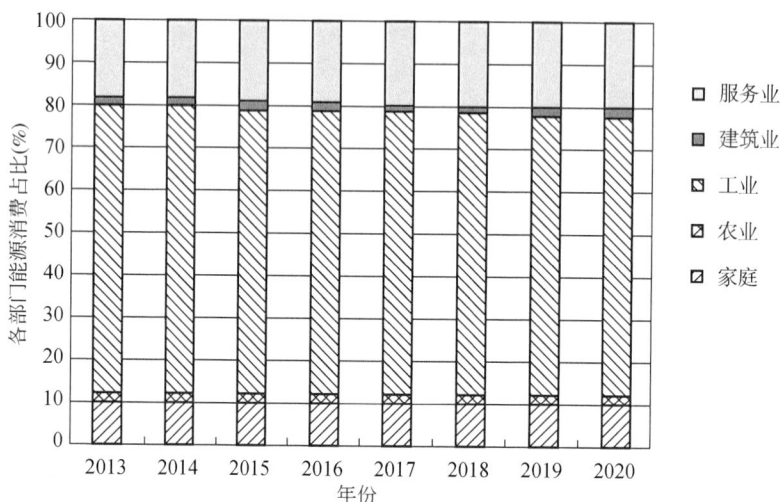

图 6-12　各部门能源消费在终端部门中所占比重（2013～2020 年）

6.3.2.2　家庭直接 CO_2 排放在终端部门中所占比重

由上述二次规划原理公式，及 2007～2012 年终端部门 CO_2 排放部门结构可得到终端部门 CO_2 排放结构的一步转移概率矩阵 N（式 6-18）。

$$N = \begin{pmatrix} 0.3337 & 0.2267 & \cdots & 0.0932 \\ 1.0000 & 0.0000 & \cdots & 0.0000 \\ \vdots & \vdots & & \vdots \\ 0.0000 & 0.0000 & \cdots & 0.0000 \end{pmatrix} \tag{6-18}$$

据此可对 2007～2012 年终端各部门 CO_2 排放占比进行预测。通过实际值与预测值对比，发现模型预测的最大误差控制在 2% 以内（表 6-14），说明本模型精度较高。因而可以对 2013～2020 年终端各部门 CO_2 排放占比进行预测。

表 6-14 2008~2012 年终端各部门 CO₂ 排放实际值与预测值的误差

（单位：%）

年份	家庭	农业	工业	建筑业	服务业
2008	1.31	-0.28	-0.38	0.44	-1.08
2009	-0.01	-0.06	-0.75	0.88	-0.07
2010	-0.18	-0.05	-0.90	1.26	-0.13
2011	-0.12	-0.03	-0.66	1.62	-0.81
2012	-0.07	0.04	-1.07	0.53	0.57

上述分析结果表明，2013~2020 年家庭直接 CO_2 排放在中国终端部门 CO_2 排放总量中所占比重也稳定在 11% 左右（图 6-13）。

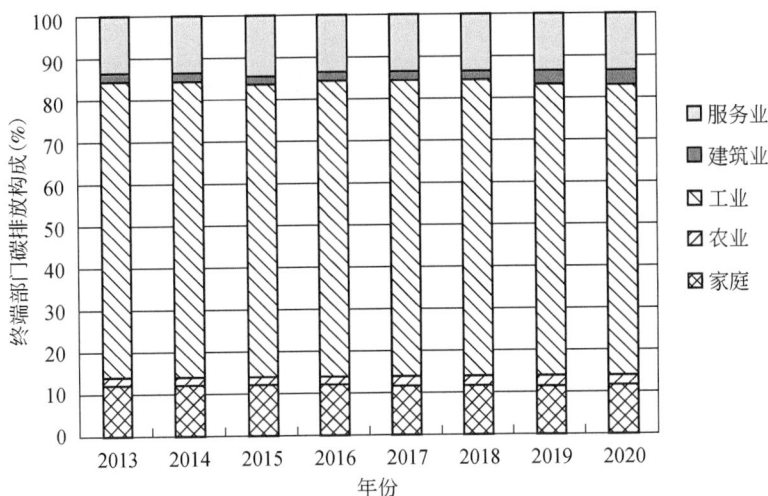

图 6-13　各部门 CO_2 排放在终端部门中占比预测（2013~2020 年）

正如第 3 章所述，能源消费与 CO_2 排放的终端部门构成特征非常类似，但是各部门 CO_2 排放所占比重与能源消费所占比重又不完全相同，原因在于各部门的能源消费结构存在差异。家庭部门、农业部门、工业部门以及建筑业部门的 CO_2 排放所占比重高于能源消费所占比重，即二者差额为正；而与服务业部门 CO_2 排放所占比重低于能源消费所占比重，即二者差额为负（图 6-14）。说明家庭部门、农业部门、工业部门以及建筑业部门的能源消费结构相对高碳化，工业部门的高碳化现象最为明显；而服务业部门的能源消费具有明显的低碳化特征

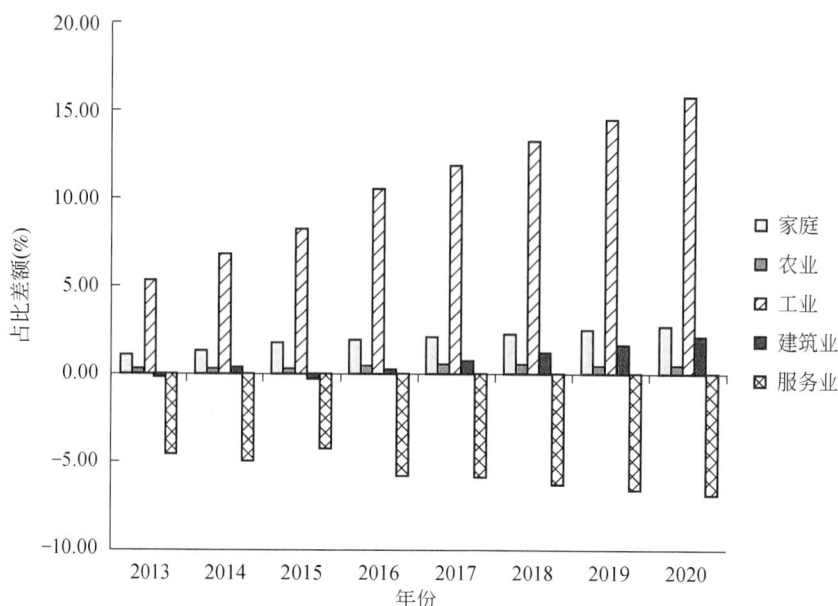

图 6-14　能源消费与 CO_2 排放终端部门结构对比 （2013～2020 年）

6.3.3　燃料结构变化预测

6.3.3.1　家庭直接能源消费的燃料结构变化趋势

根据二次规划的基本原理及 2008～2012 年家庭直接能源消费的燃料结构，可得到家庭直接能源消费的一步转移概率矩阵 $\boldsymbol{T}$，如式（6-19）所示。

$$\boldsymbol{T} = \begin{pmatrix} 0.6833 & 0.1672 & \cdots & 0.0790 \\ 1.0000 & 0.0000 & \cdots & 0.8629 \\ \vdots & \vdots & & \vdots \\ 0.0000 & 0.0000 & \cdots & 0.0000 \end{pmatrix} \tag{6-19}$$

由一步转移概率矩阵 $\boldsymbol{T}$ 及 2007 年家庭直接能源消费的燃料结构，可预测得到 2008～2012 年家庭直接能源消费的预测值。通过预测值与实际值对比，发现模型的预测误差较小，控制在 1% 之内（表 6-15）。

表 6-15 **2008~2012 年家庭直接能源消费燃料结构的实际值与预测值误差**

(单位:%)

年份	原煤	热力	电力	汽油	天然气	液化石油气	其他
2008	−0.12	0.09	0.12	−0.02	−0.16	0.03	0.06
2009	−0.74	−0.28	−0.31	0.43	1.12	−0.16	−0.06
2010	−0.82	0.04	0.45	0.26	−0.06	0.27	−0.15
2011	−0.53	0.25	0.69	0.05	−0.29	−0.21	0.04
2012	0.78	−0.38	−0.19	−0.20	0.09	−0.11	0.00

因而可以基于该模型对 2013~2020 年家庭直接能源消费燃料结构进行预测（图 6-15）。结果表明，2013~2020 年家庭能源消费仍将集中于电力和原煤，二者的消费占据家庭直接能源消费总量的比重在 2013 年为 48.18%，2020 年为 47.46%。分开来看，电力消费占比将持续上升，而原煤消费占比将持续下降，而且原煤消费主要集中在农村家庭。天然气的消费在总量中的比重逐步提高，在 2013 年为 14.15%，2020 年将达到 15.7%，而且几乎全部集中在城镇家庭。

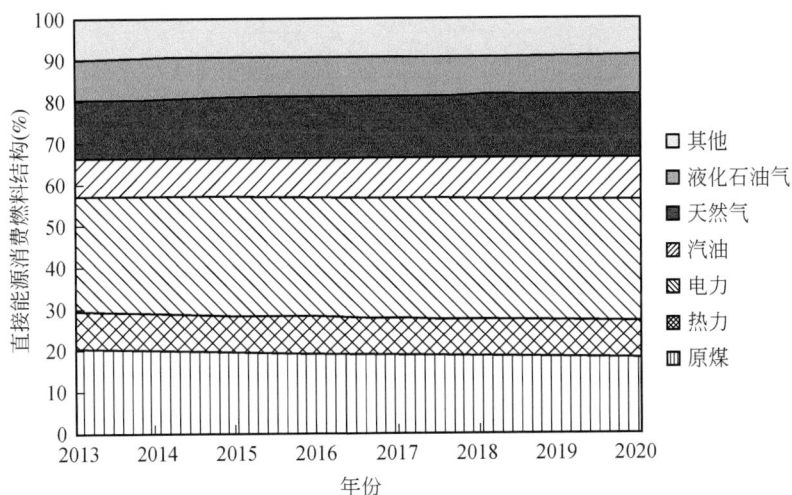

图 6-15 家庭直接能源消费的燃料结构变化趋势预测（2013~2020 年）

6.3.3.2 家庭直接 CO_2 排放的燃料结构变化趋势

由二次规划的基本原理及 2007~2012 年中国家庭直接 CO_2 排放的燃料结构

可得到家庭直接 CO_2 排放燃料结构的一步转移概率矩阵 S 式（6-20）。

$$S = \begin{pmatrix} 0.2384 & 0.0918 & 0.3462 & 0.0379 & 0.2857 \\ 0.0000 & 0.0000 & 0.0000 & 0.0000 & 1.0000 \\ 0.0927 & 0.0000 & 0.7954 & 0.0000 & 0.1128 \\ 0.0000 & 0.0000 & 0.0000 & 1.0000 & 0.0000 \\ 0.1673 & 0.0814 & 0.7513 & 0.0000 & 0.0000 \end{pmatrix} \quad (6\text{-}20)$$

由一步转移概率矩阵 S 及 2007 年各燃料 CO_2 排放的占比，可对 2008~2012 年中国家庭直接 CO_2 排放燃料结构进行预测。通过实际值与预测值对比（表6-16），发现模型预测的最大误差控制在 2.5% 以内，说明模型的预测精度较高。

表6-16 2008~2012 年家庭直接 CO_2 排放燃料结构占比实际值与预测值的误差

（单位:%）

年份	原煤	热力	电力	汽油	天然气	液化石油气	其他
2008	2.40	0.02	-2.13	1.26	0.12	-1.69	0.02
2009	-0.30	-0.18	-0.40	0.67	0.52	-0.06	-0.27
2010	-0.63	-0.43	-0.73	0.78	1.05	-0.08	0.03
2011	-1.17	-0.02	0.98	0.31	0.07	0.03	-0.22
2012	-0.54	0.19	0.84	-0.02	-0.23	-0.22	-0.04

据此可以对 2013~2020 年各类燃料占比进行预测，结果如图 6-16 所示。首先家庭直接 CO_2 排放的能源构成种类集中于原煤、电力、热力。2013~2020 年三者的 CO_2 排放占家庭直接 CO_2 排放总量的比例保持在 70% 以上，说明受能源供应结构的制约，家庭部门对这些能源消费存在刚性需求。

其次，家庭直接 CO_2 排放的燃料构成主体出现了显著的变化，呈现出以原煤为主体向以电力为主体转变的特征，原因在于大量消费原煤的农村居民转变为消费电力的城镇居民。1996 年原煤消费产生的 CO_2 排放所占比重高达 58.46%，到 2020 年降为 18.18%；电力消费产生的 CO_2 排放占比由 1996 年的 21.31% 上升到 2020 年的 47.37%。

最后，液化石油气、汽油以及天然气消费所产生的 CO_2 排放的占比有所提高，这与当前我国大力改善能源消费结构、居民消费观念的转变有较大关联度；汽油占比出现了大幅上升，主要是由于中国居民家庭平均汽车拥有量出现了增加

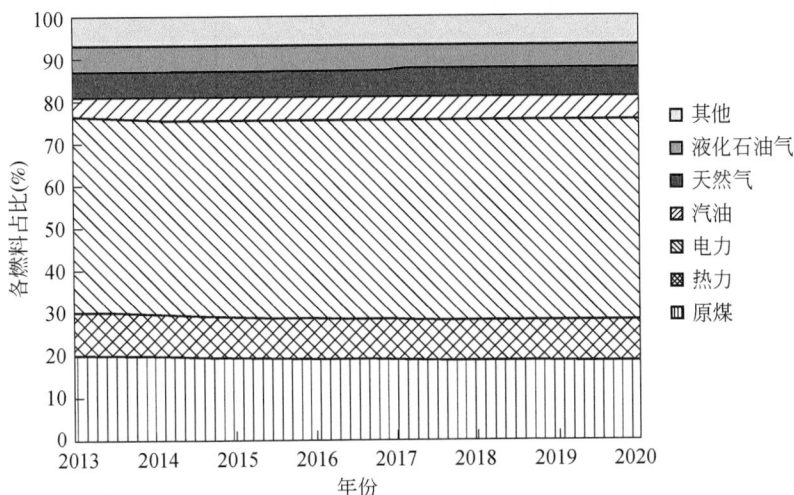

图 6-16　中国家庭直接 CO_2 排放的燃料结构预测（2013～2020 年）

（Liu and Zhao，2015）。

6.4　家庭间接能源消费和碳排放变化趋势预测

在 6.2 部分构建模型的基础上，对家庭间接能源消费与 CO_2 排放的总量和结构变化趋势进行预测。

6.4.1　总量变化预测

6.4.1.1　家庭间接能源消费总量预测

基于 Eviews 软件对 1996～2012 年中国家庭间接能源消费总量数据进行 H-P 滤波分析（图 6-17），从而分离出家庭间接能源消费总量变化的长期趋势成分（IE^T）和随机波动成分（IE^C）。

（1）家庭间接能源消费总量长期趋势成分的拟合

根据家庭间接能源消费总量长期趋势成分（IE^T）的走势，分别选取一次函数与二次函数对 IE^T 序列进行拟合（表 6-17 和表 6-18）

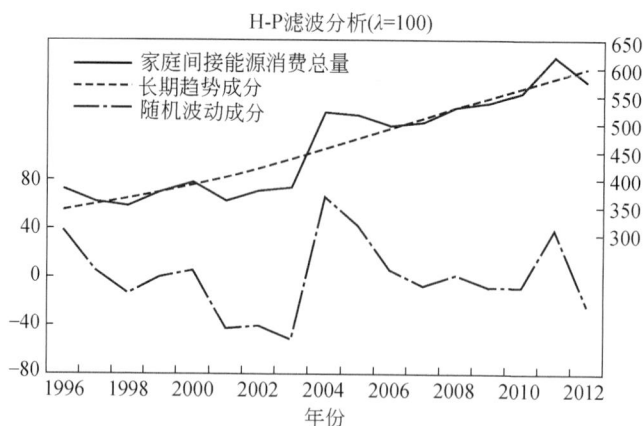

图 6-17　中国家庭间接能源消费总量变化的 H-P 滤波分析

表 6-17　IE^T 一次函数回归结果

变量	系数	标准误差	t 统计量	P 值
T	16. 502 45	0. 344 174	47. 948 03	0. 000 0
C	329. 745 1	3. 228 635	102. 131 4	0. 000 0
拟合优度	0. 993 518	因变量均值		461. 764 7
调整拟合优度	0. 993 086	因变量标准差		83. 604 71
回归标准差	6. 951 968	AIC 准则		6. 826 058
残差平方和	724. 947 9	SC 准则		6. 924 083
对数似然	−56. 021 49	HQ 准则		6. 835 801
F 统计量	229 9. 014	DW 统计量		0. 199 068
P 值（F 统计量）	0			

表 6-18　IE^T 二次函数回归结果

变量	系数	标准误差	t 统计量	P 值
T	12. 106 68	0. 595 242	20. 339 08	0. 000 0
TT	0. 274 736	0. 035 894	7. 653 991	0. 000 0
C	340. 734 5	2. 053 213	165. 951 9	0. 000 0
拟合优度	0. 998 75	因变量均值		461. 764 7
调整拟合优度	0. 998 571	因变量标准差		83. 604 71
回归标准差	3. 160 343	AIC 准则		5. 298 023
残差平方和	139. 828 7	SC 准则		5. 445 061

续表

变量	系数	标准误差	t 统计量	P 值
对数似然	−42.033 2	HQ 准则		5.312 639
F 统计量	5 591.647	DW 统计量		0.329 005
P 值（F 统计量）	0.000 00			

从模型的拟合优度来看，二次函数的 $\bar{R}^2$ 值为 0.9986，大于一次函数的 0.9931。观察两个函数回归模型的残差分布图（图6-18 和图6-19），二次函数整体的残差波动幅度明显小于一次函数的残差波动幅度，因而选用二次函数进行预测。

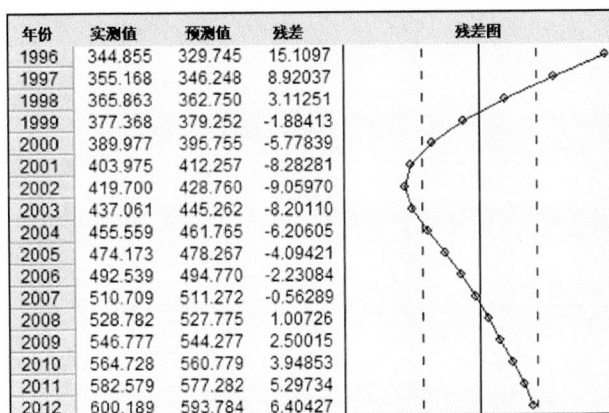

年份	实测值	预测值	残差	残差图
1996	344.855	329.745	15.1097	
1997	355.168	346.248	8.92037	
1998	365.863	362.750	3.11251	
1999	377.368	379.252	−1.88413	
2000	389.977	395.755	−5.77839	
2001	403.975	412.257	−8.28281	
2002	419.700	428.760	−9.05970	
2003	437.061	445.262	−8.20110	
2004	455.559	461.765	−6.20605	
2005	474.173	478.267	−4.09421	
2006	492.539	494.770	−2.23084	
2007	510.709	511.272	−0.56289	
2008	528.782	527.775	1.00726	
2009	546.777	544.277	2.50015	
2010	564.728	560.779	3.94853	
2011	582.579	577.282	5.29734	
2012	600.189	593.784	6.40427	

图 6-18　IE^T一次函数拟合残差分布图

模型表达如下：

$$IE^T = 340.735 + 12.107\ t + 0.275\ t^2$$
$$(0.0000)\quad(0.0000)\quad(0.0000)$$

(6-21)

$$\bar{R}^2 = 0.9986,\ F = 5591.647$$

（2）家庭间接能源消费总量随机波动成分的拟合

运用 ARIMA 模型对家庭间接能源消费量的随机波动成分（IE^c）进行拟合，其前提是 IE^c 序列应是平稳的时间序列。通过 ADF 单位根检验（表6-19），发现二阶差分后的 IE^c 序列的 t 检验值的绝对值大于置信度在 1%、5%、10% 水平下

年份	实测值	预测值	残差	残差图
1996	344.855	340.735	4.12025	
1997	355.168	353.116	2.05197	
1998	365.863	366.047	-0.18432	
1999	377.368	379.527	-2.15886	
2000	389.977	393.557	-3.58050	
2001	403.975	408.136	-4.16178	
2002	419.700	423.265	-3.56498	
2003	437.061	438.943	-1.88217	
2004	455.559	455.171	0.38761	
2005	474.173	471.948	2.22471	
2006	492.539	489.275	3.26388	
2007	510.709	507.151	3.55814	
2008	528.782	525.577	3.20514	
2009	546.777	544.552	2.22542	
2010	564.728	564.076	0.65170	
2011	582.579	584.150	-1.57105	
2012	600.189	604.774	-4.58516	

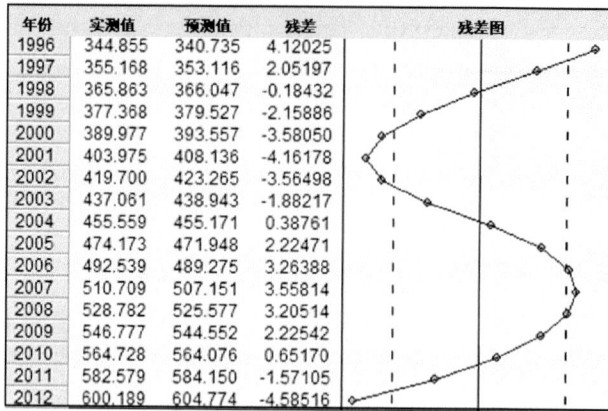

图 6-19　IE^T 二次函数拟合残差分布图

的绝对值。因而，可判定二阶差分后的 IE^C 序列为平稳的时间序列。

表 6-19　IE^C 二阶差分后的 ADF 单位根检验

		t 统计量	P 值
ADF 检验统计量		−5.278 516	0.004 8
临界值检验:	1% level	−4.800 08	
	5% level	−3.791 172	
	10% level	−3.342 253	

在序列平稳的基础之上，对二阶差分后的 IE^C 序列的自相关、偏自相关系数进行检验（图 6-20）。自相关系数在滞后期 $K=1$ 之后急剧趋于零，出现"拖尾"，偏自相关系数在 $K=1$ 之后也逐渐趋于零，尽管随后出现了接近置信区间的情况，但是从整体上看出现了"截尾"。因而，可以认为 IE^C 序列服从 ARIMA（1，2，1）过程。

由此可得到二阶差分后的 IE^C 序列表达式为

$$IE^C = 0 + [AR(1) = -0.311, MA(1) = -0.901] \qquad (6-22)$$

（3）叠加后的家庭间接能源消费总量预测

叠加上述对家庭间接能源消费总量长期趋势成分与随机波动成分的拟合，可以得到家庭间接能源消费总量的预测公式：

$$IE = 340.735 + 12.107\,t + 0.275\,t^2 + [AR(1) = -0.311, MA(1) = -0.901]$$

$$(6-23)$$

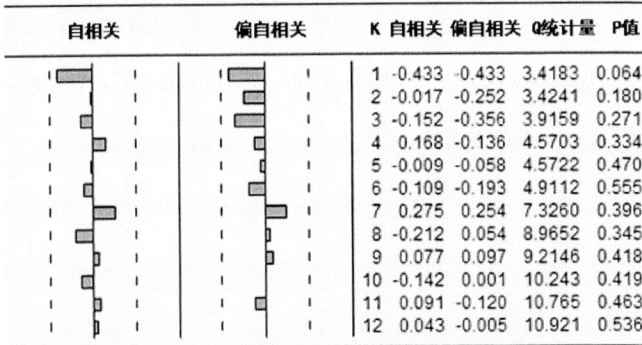

<table>
<tr><td>自相关</td><td>偏自相关</td><td>K</td><td>自相关</td><td>偏自相关</td><td>Q统计量</td><td>P值</td></tr>
</table>

图 6-20 IE^c 自相关与偏自相关系数图

根据式（6-23）对家庭间接能源消费总量进行预测，结果见表6-20。由预测值与实际值对比可以看出，2009年以来家庭能源消费的误差基本控制在5%范围内，因而预测数据的可信度较高。

表 6-20　1996～2020 年中国家庭间接能源消费总量的实际值、预测值及误差

年份	实际值	预测值	误差（%）	年份	实际值	预测值	误差（%）
1996	382.5	340.7	-10.9	2009	537.5	544.6	1.3
1997	360.2	353.1	-2.0	2010	556.2	564.1	1.4
1998	352.3	366.0	3.9	2011	621.1	584.2	-6.0
1999	376.8	389.9	3.5	2012	575.9	604.8	5.0
2000	395.1	390.3	-1.2	2013		625.9	
2001	361.4	409.1	13.2	2014		647.7	
2002	379.2	423.0	11.5	2015		669.9	
2003	385.0	439.0	14.0	2016		692.8	
2004	521.2	455.1	-12.7	2017		716.1	
2005	516.2	472.0	-8.6	2018		740.1	
2006	497.0	489.3	-1.6	2019		764.5	
2007	503.1	507.2	0.8	2020		789.5	
2008	529.7	525.6	-0.8				

6.4.1.2　家庭间接 CO$_2$ 排放总量预测

基于 Eviews 软件对 1996～2012 年中国家庭间接 CO$_2$ 排放总量数据进行 H-P

滤波分析（图6-21），从而分离出家庭间接CO_2排放总量的长期趋势成分（IC^T）、随机波动成分（IC^C）。

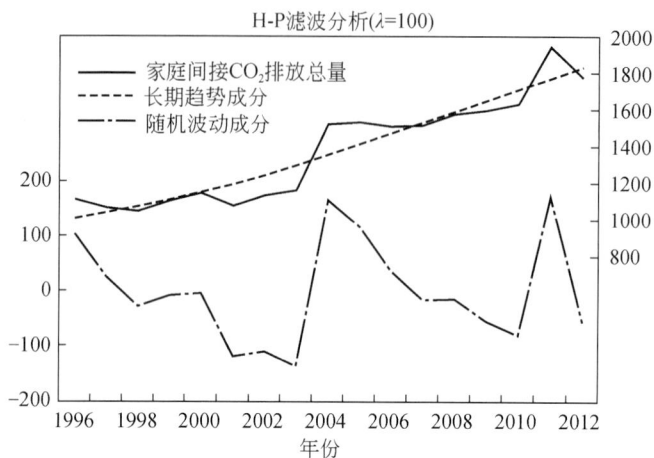

图6-21　家庭间接CO_2排放总量的 H-P 滤波分析（1996~2012 年）

（1）家庭间接CO_2排放总量长期趋势成分的拟合

根据家庭间接CO_2排放总量长期趋势成分的走势，选用一次函数与二次函数分别对IC^T进行拟合（表6-21 和表6-22）。

表6-21　IC^T一次函数拟合结果

变量	系数	标准误差	t 统计量	P 值
T	53. 075 49	1. 237 264	42. 897 46	0. 000 0
C	954. 372 5	11. 606 57	82. 226 95	0. 000 0
拟合优度	0. 991 915	因变量均值		1 378. 976
调整拟合优度	0. 991 376	因变量标准差		269. 108 2
回归标准差	24. 991 51	AIC 准则		9. 385 08
残差平方和	9368. 633	SC 准则		9. 483 105
对数似然	−77. 773 18	HQ 准则		9. 394 824
F 统计量	1 840. 192	DW 统计量		0. 183 909
P 值（F 统计量）	0. 000 00			

表 6-22 IC^T 二次函数拟合结果

变量	系数	标准误差	t 统计量	P 值
T	36.338 76	1.498 605	24.248 4	0.000 0
TT	1.046 046	0.090 369	11.575 24	0.000 0
C	996.214 4	5.169 248	192.719 4	0.000 0
拟合优度	0.999 235	因变量均值		1378.976
调整拟合优度	0.999 126	因变量标准差		269.108 2
回归标准差	7.956 602	AIC 准则		7.144 666
残差平方和	886.305 1	SC 准则		7.291 704
对数似然	−57.729 66	HQ 准则		7.159 282
F 统计量	9 144.424	DW 统计量		0.382 694
P 值（F 统计量）	0			

从模型的拟合优度来看，二次函数的 $\bar{R}^2$ 值为 0.999，大于一次函数的 0.991。观察两个函数回归模型的残差分布图（图 6-22 和图 6-23），发现二次函数整体的残差波动幅度明显小于一次函数的残差波动幅度，因而选用二次函数进行预测。

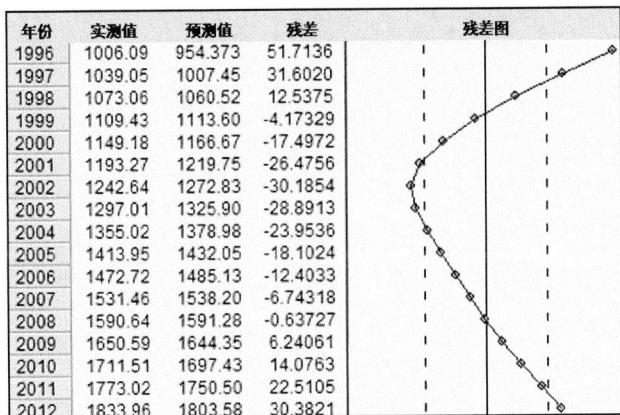

年份	实测值	预测值	残差	残差图
1996	1006.09	954.373	51.7136	
1997	1039.05	1007.45	31.6020	
1998	1073.06	1060.52	12.5375	
1999	1109.43	1113.60	-4.17329	
2000	1149.18	1166.67	-17.4972	
2001	1193.27	1219.75	-26.4756	
2002	1242.64	1272.83	-30.1854	
2003	1297.01	1325.90	-28.8913	
2004	1355.02	1378.98	-23.9536	
2005	1413.95	1432.05	-18.1024	
2006	1472.72	1485.13	-12.4033	
2007	1531.46	1538.20	-6.74318	
2008	1590.64	1591.28	-0.63727	
2009	1650.59	1644.35	6.24061	
2010	1711.51	1697.43	14.0763	
2011	1773.02	1750.50	22.5105	
2012	1833.96	1803.58	30.3821	

图 6-22 IC^T 一次函数拟合残差分布图

模型表达如下：

$$IC^T = 996.214 + 36.339\,t + 1.046\,t^2$$
$$(0.0000)\,(0.0000)\,(0.0000) \tag{6-24}$$
$$\bar{R}^2 = 0.999,\ F = 9144.424$$

年份	实测值	预测值	残差	残差图
1996	1006.09	996.214	9.87179	
1997	1039.05	1033.60	5.45083	
1998	1073.06	1073.08	-0.01509	
1999	1109.43	1114.65	-5.21933	
2000	1149.18	1158.31	-9.12885	
2001	1193.27	1204.06	-10.7849	
2002	1242.64	1251.90	-9.26445	
2003	1297.01	1301.84	-4.83227	
2004	1355.02	1353.87	1.15151	
2005	1413.95	1407.99	5.95662	
2006	1472.72	1464.21	8.51761	
2007	1531.46	1522.51	8.94750	
2008	1590.64	1582.91	7.73109	
2009	1650.59	1645.40	5.19457	
2010	1711.51	1709.98	1.52371	
2011	1773.02	1776.66	-3.64064	
2012	1833.96	1845.42	-11.4597	

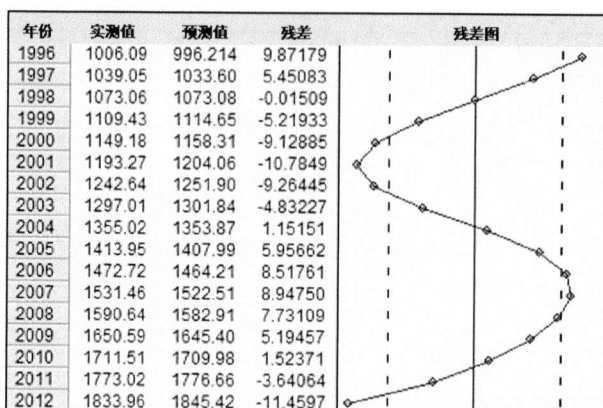

图 6-23　IC^T 二次函数拟合残差分布图

（2）家庭间接 CO_2 排放总量随机波动成分的拟合

运用 ARIMA 模型对家庭间接 CO_2 排放总量的随机波动成分（IC^C）进行拟合，其前提是 IC^C 序列应是平稳的时间序列。通过 ADF 单位根检验，发现二阶差分后的 IC^C 序列的 t 检验值的绝对值大于置信度在 1%、5%、10% 水平下的绝对值（表6-23）。因而可判定二阶差分后的 IC^C 序列为平稳的时间序列。

表 6-23　IC^C 二阶差分后的 ADF 单位根检验

		t 统计量	P 值
ADF 检验统计量		-5.451 893	0.003 7
临界值检验：	1% level	-4.800 08	
	5% level	-3.791 172	
	10% level	-3.342 253	

在序列平稳的基础之上，对二阶差分后的 IC^C 序列的自相关、偏自相关系数进行检验（图6-24）。自相关系数在滞后期 $K = 1$ 之后急剧趋于零，出现"拖尾"，偏自相关系数在 $K = 1$ 之后也逐渐趋于零，尽管随后出现了接近置信区间的情况，但是从整体上看出现了"截尾"。因而，可以认为 IC^C 序列服从 ARIMA（1，2，1）过程。

模型表达为

$$IC^C = 0 + [AR(1) = -0.484, MA(1) = -0.913] \qquad (6-25)$$

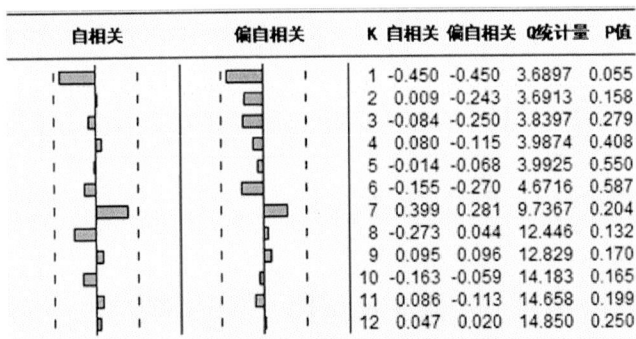

图 6-24　IC^c 二阶查分后的自相关与偏自相关系数图

（3）叠加后的家庭间接 CO_2 排放总量预测

由上述对家庭间接 CO_2 排放长期趋势成分与随机波动成分的拟合，可得到家庭间接 CO_2 排放总量的预测表模型：

$$IC = 996.214 + 36.339\,t + 1.046\,t^2 + \left[AR(1) = -0.484,\ MA(1) = -0.913 \right]$$

$$(6\text{-}26)$$

根据式（6-26）对家庭间接 CO_2 排放总量进行预测（表 6-24），由预测值与实际值对比可以看出，2006 年以来家庭间接 CO_2 排放总量的误差基本控制在 5% 范围内，因而预测数据的可信度较高。

表 6-24　1996 ~ 2020 年中国家庭间接 CO_2 排放总量的实际值、预测值及误差

年份	实际值	预测值	误差（%）	年份	实际值	预测值	误差（%）
1996	1110.8	996.2	−10.3	2006	1509.9	1464.0	−3.0
1997	1065.0	1033.6	−3.0	2007	1515.6	1522.6	0.5
1998	1045.7	1073.1	2.6	2008	1576.6	1582.9	0.4
1999	1102.0	1154.3	4.7	2009	1596.1	1645.4	3.1
2000	1145.6	1139.2	−0.6	2010	1631.3	1710.0	4.8
2001	1074.5	1213.3	12.9	2011	1945.4	1776.7	−8.7
2002	1133.1	1247.4	10.1	2012	1777.7	1845.4	3.8
2003	1160.0	1304.0	12.4	2013		1916.3	
2004	1521.5	1352.8	−11.1	2014		1989.2	
2005	1531.8	1408.5	−8.0	2015		2064.3	

年份	实际值	预测值	误差（％）	年份	实际值	预测值	误差（％）
2016		2141.4		2019		2385.4	
2017		2220.6		2020		2470.9	
2018		2302.0					

6.4.2 在最终需求部门中所占比重变化预测

6.4.2.1 家庭间接能源消费在最终需求部门中所占比重

马尔科夫链状态具有连续性特点，但是政府部门每隔 5 年公布一次投入产出表，因此考虑到无法获取连续每年的相关数据，此处把 2015 年、2020 年数据与 2000 年、2005 年、2010 年的数据视为"连续性"状态（下同）。

由二次规划的基本原理，以及 2000 年、2005 年、2010 年最终需求各部门间接能源消费占比数据，可得到最终需求各部门间接能源消费之间的一步转移概率矩阵 P，如式（6-27）所示。

$$P = \begin{pmatrix} 0.1789 & 0.1227 & 0.0000 & 0.6984 \\ 0.0000 & 0.0000 & 0.0000 & 0.0000 \\ 0.4467 & 0.0737 & 0.3802 & 0.0994 \\ 0.0000 & 0.0000 & 0.9932 & 0.0068 \end{pmatrix} \tag{6-27}$$

基于 2000 年最终需求各部门间接能源消费占比，可对 2005 年、2010 年最终需求各部门间接能源消费进行预测，通过预测值与实际值对比（表6-25），发现模型预测的最大误差控制在 0.01% 以内，可见模型预测结果的精度较高。

表 6-25 2005 年和 2010 年最终需求部门间接能源消费占比实际值与预测值的误差

（单位:%）

年份	家庭消费	政府消费	投资	出口
2005	0.0011	0.0053	-0.0056	-0.0008
2010	0.0022	-0.0019	0.0042	-0.0044

据此可以对 2015 年和 2020 年最终需求部门间接能源消费占比进行预测（图 6-25 和图6-26）。可见未来一段时期家庭部门间接能源消费在最终需求部门中的

占比会出现略有增加的态势，不过发展并不快，2010 年占比为 20.79%，2015 年增长到 24.92%，2020 年为 24.16%。而投资部门间接能源消费占比从 2010 年的 47.46% 下降到 2015 年的 44.11%、出口部门间接能源消费占比从 2010 年的 26.24% 下降到 2015 年的 24.93%，原因在于中国外贸出口和投资都比较疲软。

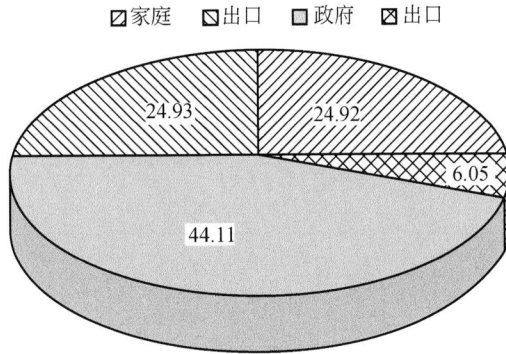

图 6-25　最终需求部门间接能源消费占比趋势预测（2015 年）

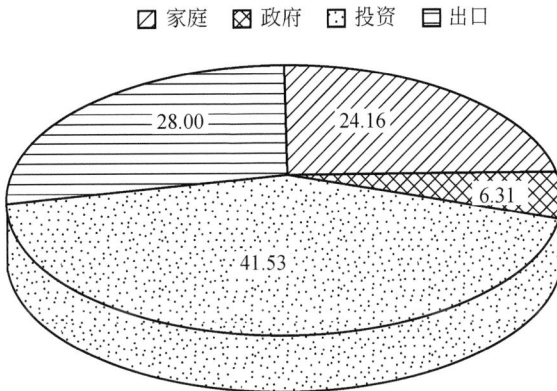

图 6-26　最终需求部门间接能源消费占比趋势预测（2020 年）

6.4.2.2　家庭间接 CO_2 排放在最终需求部门中所占比重

由二次规划的基本原理，以及 2000 年、2005 年、2010 年最终需求各部门间接 CO_2 排放占比数据，可得到最终需求各部门间接 CO_2 排放占比的一步转移概率矩阵 Q（式 6-28）。

$$Q = \begin{pmatrix} 0.1520 & 0.1437 & 0.0000 & 0.7043 \\ 0.0000 & 0.0109 & 0.0000 & 0.9891 \\ 0.4761 & 0.0420 & 0.3550 & 0.1269 \\ 0.0000 & 0.0194 & 0.9806 & 0.0000 \end{pmatrix} \tag{6-28}$$

基于 2000 年最终需求各部门间接 CO_2 排放占比，可对 2005 年、2010 年最终需求各部门间接 CO_2 排放占比进行预测，通过预测值与实际值对比（表 6-26），发现模型预测的最大误差控制在 0.005% 以内，可见模型预测结果的精度较高。

表 6-26 2005 ~ 2010 年最终需求部门 CO_2 排放占比实际值与预测值的误差

（单位：%）

年份	家庭	政府	投资	出口
2005	-0.0012	0.0042	0.0002	-0.0032
2010	-0.0007	-0.0001	-0.0034	0.0041

据此可以对 2015 年和 2020 年最终需求部门间接 CO_2 排放占比进行预测，结果表明家庭间接 CO_2 排放在最终需求部门中的占比将呈现出增加的趋势。2010 年家庭间接 CO_2 排放在最终需求部门中占比为 20.91%，到 2015 年和 2020 年将分别上升到 25.37% 和 24.34%（图 6-27 和图 6-28）。当前中国正在转变经济发展方式，注重开发国内消费市场来寻求贸易结构的平衡，随着《中国新型城镇化战略（2014 ~ 2020)》的实施，未来家庭部门间接 CO_2 排放占比会出现上升的势头。

☑ 家庭　☒ 政府　▦ 投资　☐ 出口

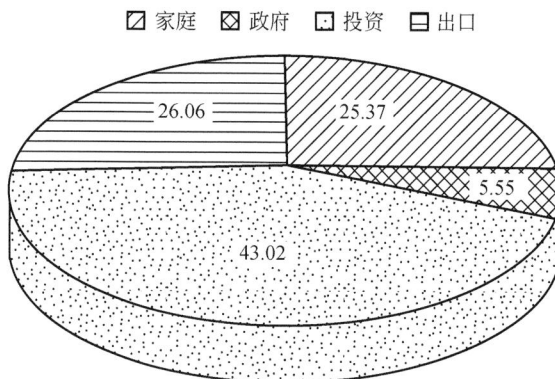

图 6-27　最终需求部门间接 CO_2 排放占比趋势预测（2015 年）

☑ 家庭 ☒ 政府 ⊞ 投资 ☐ 出口

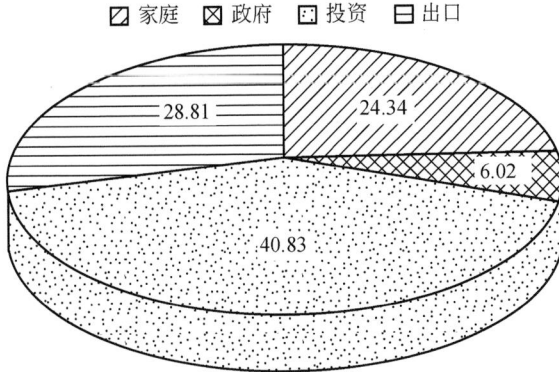

图 6-28 最终需求部门间接 CO_2 排放占比趋势预测（2020 年）

6.4.3 部门结构变化预测

6.4.3.1 家庭间接能源消费部门结构变化趋势

组合第 3 章相关数据，对 2013～2020 年家庭间接能源消费和碳排放的部门结构变化进行预测。如图 3-39 和图 3-40 所示，2012 年家庭间接能源消费和碳排放的部门结构中，采掘业（S2）、炼焦、煤气及石油加工业（S5）、建筑材料及其他非金属矿物制品业（S7）、金属产品制造业（S8）、其他制造业（S10）以及建筑业（S12）部门的能源消费和碳排放量所占比重非常低，仅在 1% 左右。因此进行预测时，仅分析了其余 9 个占比较大的部门。

由二次规划的基本原理，以及 2007～2012 年中国家庭间接能源消费的部门结构数据，可得到家庭间接能源消费部门结构的一步转移概率矩阵 S（式 6-29）。

$$S = \begin{pmatrix} 0.2710 & 0.0000 & \cdots & 0.0790 \\ 0.0308 & 0.2749 & \cdots & 0.0000 \\ \vdots & \vdots & & \vdots \\ 0.0000 & 0.0000 & \cdots & 0.6919 \end{pmatrix} \quad (6-29)$$

由一步转移概率矩阵 S 及 2007 年各部门间接能源消费的占比，可对 2008～2012 年中国家庭间接能源消费的部门结构进行预测。通过实际值与预测值对比（表 6-27），发现模型预测的最大误差控制在 1.5% 以内，说明模型的预测精度较高。

表 6-27　2008～2012 年家庭间接能源消费部门占比实际值与预测值的误差

（单位：%）

年份	S1	S3	S4	S6	S9	S11	S13	S14	S15
2008	-0.85	1.01	-0.20	-0.18	0.63	0.19	-0.11	-1.21	0.73
2009	0.47	-0.84	0.13	0.13	-0.33	-0.12	0.21	0.75	-0.40
2010	0.25	-0.34	0.04	0.16	-0.14	-0.13	0.01	0.38	-0.22
2011	0.09	-0.02	0.06	-0.01	-0.15	-0.08	0.10	0.12	-0.12
2012	-0.02	0.16	-0.03	-0.01	0.00	0.08	-0.11	-0.12	0.05

注：部门代码同表 1-4

据此可以对 2013～2020 年家庭间接能源消费的部门结构进行预测，结果如图 6-29 所示。首先从家庭间接能源消费部门来源所属三大产业来看，家庭间接能源消费的部门来源主要集中于服务业部门（S15、S14、S13）以及工业部门（S3），而农业部门占比较小（S1）。其次从具体部门来看，对比图 3-39 运输邮电业（S13）的间接能源消费量占比出现上升的势头，由 1996 年的 4.46% 上升到 2020 年的 9.8%，主要是近年来中国电子商务出现了"井喷式"的发展，对物流的需求量较大。农业部门（S1）的占比由 1996 年的 16.05% 下降到 2020 年的 5.4%，说明中国居民消费水平不断提高，将更多的家庭消费活动从吃的需求转向了其他需求。

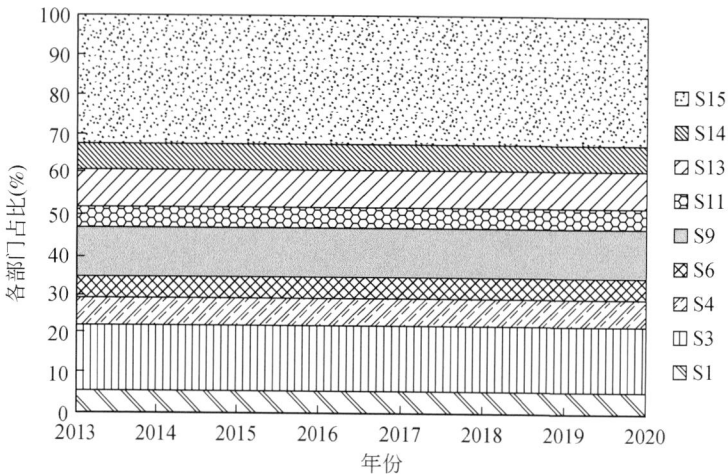

图 6-29　家庭间接能源消费部门结构变化趋势预测（2013～2020 年）

6.4.3.2 家庭间接 CO_2 排放部门结构变化趋势

由二次规划原理及 2007~2012 年中国家庭间接 CO_2 排放的部门结构数据，可得到中国家庭间接 CO_2 排放部门结构的一步转移概率矩阵 R（式6-30）。

$$R = \begin{pmatrix} 0.3067 & 0.0000 & \cdots & 0.0000 \\ 0.0837 & 0.2586 & \cdots & 0.0000 \\ \vdots & & \vdots & \vdots \\ 0.0000 & 0.0000 & \cdots & 0.8790 \end{pmatrix} \quad (6\text{-}30)$$

由一步转移概率矩阵以及 2007 年家庭间接 CO_2 排放的部门构成，可得到 2007~2012 年中国家庭间接 CO_2 排放部门结构的预测值。通过实际值与预测值对比，发现模型的预测误差最大不超过 1.5%（表6-28），可见模型的预测精度较高。

表6-28 2008~2012 年家庭间接 CO_2 排放部门构成的实际值与预测值的误差

（单位:%）

年份	S1	S3	S4	S9	S13	S14	S6	S11	S15
2008	−1.03	0.61	−0.21	0.93	0.16	−1.17	−0.19	0.14	0.76
2009	−1.41	1.31	−0.33	1.17	−0.08	−1.86	−0.26	0.35	1.10
2010	0.15	−0.81	0.11	0.07	0.12	0.45	0.02	0.03	−0.15
2011	0.09	−0.30	0.06	−0.06	−0.12	0.26	0.09	0.02	−0.05
2012	0.07	0.01	0.06	−0.09	0.04	0.04	0.03	−0.17	0.00

据此可以对 2013~2020 年中国家庭间接 CO_2 排放部门结构进行预测，结果如图6-30 所示。首先从家庭间接 CO_2 排放的部门构成来看，对比图3-30 农业部门的间接 CO_2 排放占比出现了大幅下降，工业部门的间接 CO_2 排放占比比较稳定，而服务业部门的间接 CO_2 排放占比出现了明显的增长。

如第3章所述，家庭间接 CO_2 排放与间接能源消费的部分构成变化特征较为类似，但由于各部门能源消费结构存在差异，所以二者又不完全相同。从表6-29 可以看出，机械设备制造业（S9）、商业饮食业（S14）等部门的 CO_2 排放比重大于能源消费比重，说明其能源消费结构相对高碳化；而化学工业（S6）、运输邮电业（S13）等部门的 CO_2 排放比重小于能源消费比重，能源消费结构相对低

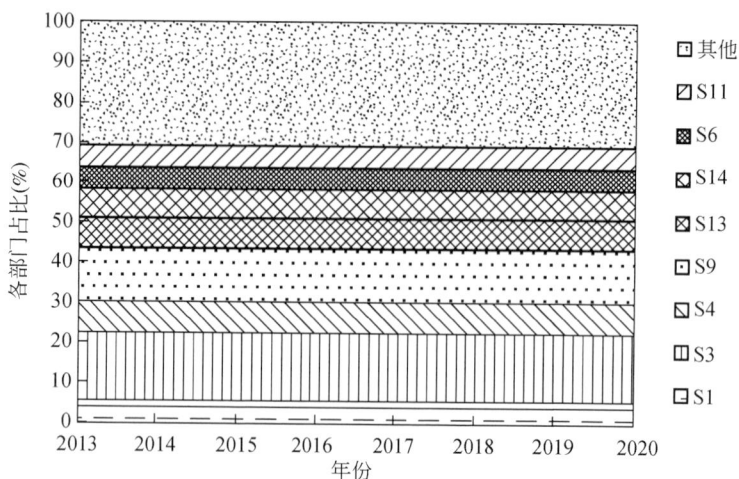

图 6-30   家庭间接 CO_2 排放的部门结构预测（2013~2020 年）

碳化。由此可见，要降低家庭间接 CO_2 排放总量，调整优化生产部门的产出结构以及能源消费结构，是非常重要的途径。

表 6-29   2013~2020 年部门家庭间接 CO_2 排放比重与能源消费比重差额

（单位：%）

年份	S1	S3	S4	S9	S13	S14	S6	S11	S15
2013	0.36	0.15	0.75	7.47	−5.16	2.92	−4.64	−1.16	−0.70
2014	0.22	0.23	0.74	7.71	−5.19	2.70	−4.76	−1.08	−0.57
2015	0.14	0.23	0.72	7.78	−5.24	2.61	−4.76	−1.03	−0.46
2016	0.10	0.20	0.71	7.86	−5.26	2.56	−4.80	−1.00	−0.38
2017	0.08	0.18	0.69	7.89	−5.28	2.54	−4.81	−0.98	−0.31
2018	0.07	0.15	0.69	7.92	−5.30	2.52	−4.83	−0.97	−0.25
2019	0.06	0.13	0.68	7.93	−5.31	2.51	−4.84	−0.97	−0.20
2020	0.06	0.11	0.67	7.95	−5.32	2.50	−4.85	−0.97	−0.16

6.5 小   结

本章首先运用 Logistic 模型对中国 2020 年的城市化发展水平进行了预测，预测结果为 59.01%，说明 2020 年之前，中国城市化仍将保持较快的发展速度。

　　然后运用 H-P 滤波分析方法、最小二乘回归法以及 ARIMA 模型对中国家庭直接能源消费和 CO_2 排放总量，以及间接能源消费和 CO_2 排放总量进行预测。结果发现 2013~2020 年，中国家庭直接以及间接能源消费和 CO_2 排放总量都将呈现出持续增加的态势，并且其增速也将超过 1996~2012 年这一历史时期。并且家庭直接能源消费和 CO_2 排放总量的增速快于间接能源消费和 CO_2 排放总量的增速。

　　最后，基于马尔科夫链，对中国家庭直接能源消费和 CO_2 排放在终端部门所占比重、燃料结构，以及家庭间接能源消费和 CO_2 排放在最终需求部门所占比重、部门结构进行预测分析。结果表明，家庭直接能源消费和 CO_2 排放在终端部门中的占比将保持稳定的状态。家庭直接能源消费结构呈现出以电力、原煤为主，家庭直接 CO_2 排放的燃料构成主要以原煤、电力、热力以及液化石油气。电力在能源消费以及 CO_2 排放中的占比都将持续上升，而原煤则将持续下降。家庭间接能源消费和 CO_2 排放在最终需求部门中的占比将不断上升。家庭间接能源消费和 CO_2 排放的部门结构中，农业部门以及食品制造等部门比重下降，而服务业部门，尤其是交通运输、仓储及邮政业的比重上升迅速。这些部门是城市化快速发展阶段节能减排关注的重点。

第7章 中国城市化发展进程中家庭节能减排途径分析

综合前文所述，随着中国城市化的快速发展，家庭部门成为节能减排的重点领域。家庭部门对能源商品的直接和间接消费，以及由此产生的直接和间接 CO_2，成为我国能源消费和 CO_2 排放的重要增长点。因此，中国在城市化快速发展阶段要想实现节能减排，就必须要注重家庭部门领域。但是目前我国制定的节能减排政策和措施，主要集中于以工业为主的生产部门，而对家庭部门的关注甚少。所以十分有必要根据家庭能源消费和 CO_2 排放的特点，"量身定制"家庭节能减排途径。

本章将在上述研究的基础上，结合家庭部门特征，从直接和间接两方面提出家庭能源消费和 CO_2 排放的减少途径，以期为中国城市化快速发展时期家庭节能减排战略的制定提供参考。

7.1 家庭直接能源消费和碳排放的减少途径

如第1章所述，家庭直接能源消费和 CO_2 排放主要是由于家庭的炊事、照明、取暖、洗浴、娱乐、私人交通等活动而引起的。1996 年以来，中国城市化进入了快速发展的中期阶段，随着城市化的发展，居民生活水平逐步提升，收入增加的同时，人们对于能源商品的消费也在增加，家庭直接 CO_2 排放也随之增长。第3章的研究表明，1996～2012 年，家庭直接能源消费总量和 CO_2 排放总量呈现出较快的增长趋势，年均增速分别为 4% 和 5%。可见相对于能源消费而言，CO_2 排放的增长更快，说明能源消费总量快速增长的同时，能源消费结构亟待进一步优化。

因此中国家庭直接能源消费和 CO_2 排放减少的途径可分为两方面：一是减少家庭直接能源消费总量；二是优化家庭直接能源消费结构。具体而言，城乡之间，乃至不同区域之间又会有所侧重（如第5章所述）。

7.1.1 减少家庭直接能源消费总量

7.1.1.1 城镇家庭直接能源消费总量减少途径

如第 5 章所述，城镇家庭直接能源消费及 CO_2 排放总量大的主要原因是人均消费支出增幅较大。如第 3 章所述，在各种能源消费类型中，电力消费逐渐占据主要地位。可见，家庭消费水平的提高使得家用电器电子产品等家庭耐用品数量增加，在较大程度上促进了城镇家庭直接能源消费和 CO_2 排放的增加。2000 年以来城镇每百户居民家庭耐用品数量见表 7-1。其中，移动电话、彩色电视机和空调等家庭耐用品使用量较大，平均每户家庭均有 1 台（部）以上。家庭电器电子产品的使用导致城镇家庭对电力能源的消费较多。

表 7-1　城镇每百户居民家庭耐用品数量

项目	2000 年	2005 年	2010 年	2011 年	2012 年	2013 年	2014 年
洗衣机（台）	90.50	95.51	96.92	97.05	98.02	88.4	90.7
电冰箱（台）	80.10	90.72	96.61	97.23	98.48	89.2	91.7
微波炉（台）	17.60	47.61	59.00	60.65	62.24	50.6	52.6
彩色电视机（台）	116.60	134.80	137.43	135.15	136.07	118.6	122.0
空调（台）	30.80	80.67	112.07	122.00	126.81	102.2	107.4
热水器（台）	49.10	72.65	84.82	89.14	91.02	80.3	83.0
移动电话（部）	19.50	137.00	188.86	205.25	212.64	206.1	216.6
计算机（台）	9.70	41.52	71.16	81.88	87.03	71.5	76.2

资料来源：《中国统计年鉴》2001~2015

此外，随着城市化的发展，生活水平不断提高，居民更加追求便捷和舒适的生活，私家车的数量不断增加，导致城镇交通对能源的消耗也明显增加。如图7-1所示，2000 年以来，我国城镇家庭私家车的使用数量呈现近"指数型"上升。2003 年城镇每百户家庭中约有一户家庭使用汽车，2014 年城镇每百户家庭私家车使用量已达近 26 辆。城镇私家车使用的增多导致家庭部门对汽油的消耗量呈明显的增加趋势。如第 4 章所述，尤其是城市化对家庭直接 CO_2 排放影响程度高的区域，如上海和北京，汽油的消费增加幅度较大，应成为中国城镇家庭节能减排的重要着眼点。

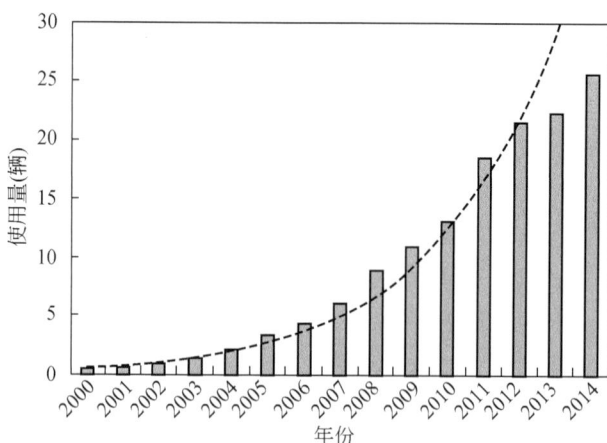

图 7-1　全国城镇每百户家庭私家车的使用量（2000～2014 年）

资料来源：《中国统计年鉴》2001～2015

因此，城镇家庭减少直接能源消费与 CO_2 排放量的主要途径可从减少家用电器用能以及减少交通用能两方面着手。

（1）减少家用电器用能途径

首先，使用节能产品，减少能源消耗。城市化水平的快速发展，促使家庭中的家电产品数量增长较快，种类日益增多，故使用具有节能认证和能效标识的家用电器是减少电力消费的重要途径。我国南方地区由于气候原因，相较于北方而言，家庭制冷的需求较大，由此夏季制冷消耗的电力和排放的 CO_2 较多。所以推广节能家电，如节能电风扇、节能变频空调等，是减少南方城镇家庭直接能源消费以及 CO_2 排放的重要途径。

其次，倡导节约意识，形成节约习惯。在照明方面，在白天可以利用建筑物采光；鼓励养成随手关灯的习惯，并在不使用家用电器时切断电源，避免由待机浪费掉部分能源。在取暖（制冷）方面，要注意节约，如在夏季（冬季）用电高峰，将空调调高（调低）1 度，把门窗堵严，养成良好的生活习惯。

（2）减少交通对汽油的消耗

个人出行是社会日常活动的重要行为，私家车数量的快速增长，已成为导致全国家庭交通能耗及 CO_2 排放快速增长的重要因素。因此，提倡低碳出行方式，减少家用汽车的使用是家庭在交通方面节能减排的最佳途径，通过发展公共交通以及近距离零排放出行等可以取得较好的效果。

第一，优先选择公共交通出行。在所有的城市机动车交通方式中，公共交通最具节能和环保优势，是低碳出行的最佳选择。政府部门要通过科学规划，建设安全、方便、舒适、快捷、经济的公共交通系统，尤其是快速公交、轨道交通等大运量的公共交通系统。要进一步搞活公共交通行业，完善支持政策，通过制定公共交通的价格优惠政策等，引导居民优先选择公共交通出行。

第二，鼓励近距离零排放出行。居民近距离出行时，应尽量避免消耗能源和产生 CO_2 排放，可以选择步行或自行车出行方式。这不仅有利于能源消费与 CO_2 排放量的减少，还有利于人们的健康。城镇应继续完善公共自行车的站点分布，以便于民众租借；并严格限制机动车占领非机动车道，保障行人和自行车的安全出行。

7.1.1.2 农村家庭直接能源消费总量减少途径

随着城市化的发展，居民收入水平的提高同样对农村家庭直接能源消费和 CO_2 排放产生重要影响（Yue et al.，2013）。农村家庭直接能源消费结构较为单一，以原煤和电力为主。如第 3 章所述，直至 2012 年原煤所占比重仍高达 46%，占据主要地位。农村家庭的原煤消耗主要用于炊事以及取暖方面，2010 年家庭炊事对煤炭的消耗比例为 49.33%，采暖消耗比重为 45.86%（李延庆，2013）。这一现象在北方农村家庭尤其普遍。

其次，农村家庭对电力的消费也较高，如第 3 章所述，1996 年比重为 8%，2012 年增加到 30%。随着居民消费水平的提高，一些现代化的家用电器设备开始走进农村家庭，从而增加了农村家庭的能源消费以及 CO_2 排放量（Liang et al.，2013）。2000 年以来农村每百户居民主要家庭耐用品数量见表 7-2。其中，移动电话和彩色电视机使用量较多，与城镇每户使用量相近。洗衣机、电冰箱、空调和计算机等家庭耐用品在每百户家庭的使用数量虽然少于城镇，但均有较大幅度的增长，导致电力消费量不断增加，也有较大的增长潜力（如第 6 章所述）。

表 7-2　农村每百户居民家庭耐用品数量

项目	2000 年	2005 年	2010 年	2011 年	2012 年	2013 年	2014 年
洗衣机（台）	28.58	40.20	57.32	62.57	67.22	71.2	74.8

项目	2000 年	2005 年	2010 年	2011 年	2012 年	2013 年	2014 年
电冰箱（台）	12.31	20.10	45.19	61.54	67.32	72.9	77.6
空调（台）	1.32	6.40	16.00	22.58	25.36	29.8	34.2
移动电话（部）	4.32	50.24	136.54	179.74	197.80	199.5	215.0
彩色电视机（台）	48.74	84.08	111.79	115.46	116.90	112.9	115.6
计算机（台）	0.47	2.10	10.37	17.96	21.36	20.0	23.5

资料来源：《中国统计年鉴》2001～2015

因此，农村家庭应重点从炊事和采暖、家用电器使用两方面减少直接能源消费及 CO_2 排放。

（1）减少炊事和取暖对煤炭的依赖

在炊事方面，由于生活习惯、资源条件等存在一定差异，不同地区农村炊事活动常用的能源也不尽相同。在我国东部，农村地区在炊事上使用液化石油气的比例较大，如天津、山东等；而在广袤的中、西部地区，农村家庭还是以煤炭为主，如山西、河南炊事以煤炭作为燃料的比例占近一半左右（索晨霞和杨勇，2013）。部分落后地区对薪柴等初级燃料的使用也较多，牧区家庭更多地使用牛羊粪便作为燃料，如内蒙古和西藏。

农业部发布的《全国农村沼气工程建设规划》提出，全国有4000万农户使用沼气，可以减少2420万 tce 的消耗。可见，增加沼气等清洁能源的使用，有资源禀赋的地区可以增加太阳能灶、天然气的使用，是摆脱农村家庭对煤炭依赖的重要途径，具有较大的节能减排潜力。例如，在西藏的某些农村和牧区家庭，使用太阳能灶烧水。

在取暖方面，不同于城镇大都采用集体供暖的方式，而农村大部分家庭主要使用煤炉或者分散的家庭自采暖，燃料以煤炭为主，成为北方农村家庭直接能源消费和 CO_2 排放的重要来源。此外，农村建筑保暖性差也是导致取暖耗能和 CO_2 排放量大的原因之一。

因此，改善取暖方式，适当调整分散取暖格局并改造建筑房屋等，是减少农村家庭直接能源消费和 CO_2 排放的重要途径。具体来看，首先要改变传统的取暖习惯，增加对电器类取暖设备的采购，尤其是节能电器，减少对煤炭的使用；其次要优化农村供暖布局，尽可能集中供暖，提高能源利用效率，在整体上减少能

源消耗和 CO_2 排放；最后要对农村的房屋进行节能改造。例如，使用双层玻璃，采取外墙保温措施等对建筑进行保温改造，减少热量散失浪费的能源。

（2）通过阶梯定价方式减少电力消耗

与城镇家庭不同，农村家庭对家用电器的使用量还有较大的增长潜力。一方面，推广节能产品的使用同样可以减少农村家庭对电力的消费。另一方面，农村家庭由于收入水平较低，对电力的需求量容易受电力价格的影响。因此可以在农村推行阶梯电价制度，利用价格机制促进农村家庭节约用电。

7.1.2 优化家庭直接能源消费结构

7.1.2.1 城镇家庭直接能源消费结构优化途径

城市化的快速发展促进城镇家庭直接能源消费和 CO_2 排放量不断增加，同时也促使城镇家庭的能源消费结构不断优化。如图 7-2 所示，1996 年全国城镇家庭的直接能源消费总量中，原煤占据一半的比重。2012 年原煤比重下降到 5%，而电力、天然气和热力比重分别增加到 26%、22% 和 16%，液化石油气和汽油比重也明显增加到 12% 和 10%。可见，城镇家庭对原煤的依赖越来越少，越来越倾向于对电力、天然气以及石油的使用。

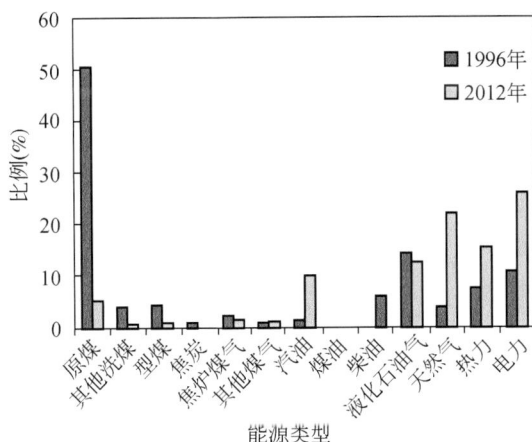

图 7-2 全国城镇家庭直接能源消费结构变化情况（1996~2012 年）

相应地，如第3章所述，1996年城镇家庭的直接CO_2排放结构中，原煤比例达一半左右，2012年比例下降到4%；而电力、热力和天然气比重分别增加到46%、17%和11%，汽油和液化石油气比重增加到7%和6%。其中，天然气的CO_2排放占比仅为能源消费占比的一半，说明与其他能源类型相比，天然气更为清洁低碳。

优化城镇家庭直接能源消费结构，可从推广天然气的使用并优化交通燃料着手。目前，多地已出台煤改气这一节能减排的硬性指标，然而天然气的使用由于面临一系列问题，始终没有取得较好的成效。

首先，要保障天然气运输、存储基础设施建设，并坚持走国际化道路，增加天然气进口。我国天然气资源主要分布在西部地区，其中四川盆地、鄂尔多斯可采储量占全国的48%，塔里木、柴达木和准噶尔盆地可采储量占25%。而我国东部和中部地区对天然气的消费有较大需求，因此需要完善管道运输设备建设。2014年，我国城镇天然气管道总长为434 571km，是1996年的23倍。其中，江苏、山东和四川城镇天然气管道明显高于其他省份，均在30 000km以上，而河北、河南和黑龙江等家庭直接能源消费大省，天然气管道长均不足20 000km。此外，贵州家庭直接能源消费总量居中，但天然气管道最短，不足1000km（图7-3）。需要进一步依托"西气东输"以及"俄气南供"等项目进一步增加天然气运输管道建设。此外，地下储气库对天然气高峰使用具有调节作用，目前我国仅建成3座投产的地下储气库，需要进一步提高建库规模及技术。

由于中国的能源资源禀赋为煤多、油少、缺气的状态，所以要想增加天然气的供应，保障城市化快速发展阶段急剧增长的城镇家庭用气需求，必须坚持走国际化道路，不断增加天然气进口，以弥补国内供应和需求之间的巨大缺口。

其次，进一步改善天然气定价机制。我国目前天然气价格是由中央政府和地方政府依据天然气供应的自然流程实行分段管制定价，主要是采用成本加成法定价。应在考虑综合成本的基础上结合城镇消费者特征，推动天然气价格进一步市场化。由于不同区域城市化发展水平不同，天然气的需求弹性也存在一定差异，因此不同区域的天然气价格也应具有较大差异，这样有利于节约用气。

最后，鼓励购买新能源汽车。世界石油开采的57%都用在了道路交通上，交通对石油的大量消耗不仅使能源枯竭速度加快，而且还伴随着CO_2排放量的增加。因此，开发新的代用燃料，如压缩天然气、液化石油气等清洁燃料，是减少家庭对汽油消耗的重要举措。此外，通过大力发展电动车、混合动力电动车，可

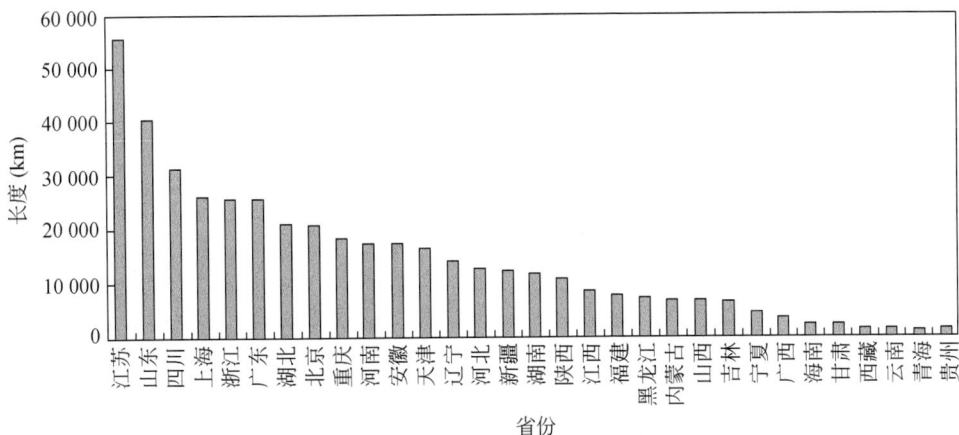

图 7-3　全国各省份城镇天然气管道长度（2014 年）

资料来源：《中国统计年鉴 2015》

以在一定程度上降低能耗与 CO_2 排放。家庭汽车消耗的石油属于不可再生能源，也可以考虑用乙醇或电力替代。目前，湖北省武汉市正在推广乙醇汽油，经检测，在汽油中加入 10% 的乙醇可使汽车排放的一氧化碳等有害气体降低 33%，取得不错的节能减排成效。

7.1.2.2　农村家庭直接能源消费结构优化途径

城市化快速发展过程中，农村家庭直接能源消费与 CO_2 排放量不断增加，同时其家庭能源消费结构也在逐渐优化。如图 7-4 所示，1996 年农村家庭能源消费中，原煤占近 80% 的比例，占据绝对地位。2012 年农村家庭对原煤的消费比例下降到 46%，仍占据主要地位，其次是电力，消费比例增加到 30%。

相应地，农村家庭 CO_2 排放结构也在逐步优化，原煤燃烧排放的 CO_2 占比由 1996 年的 71% 下降到 2012 年的 37%，电力消费排放的 CO_2 占比逐渐超过原煤，2012 年达 48%。可见与城镇相比，农村直接能源消费类型较为单一，且对原煤仍有较大的依赖。

因此，优化农村家庭直接能源消费结构的主要途径是根据区域资源禀赋情况，增加清洁能源的使用。首先，可以增加液化石油气和沼气等二次能源的使用。农村许多家庭做饭主要以消耗煤炭为主，燃烧产生大量的 CO_2。而农村地区农业部门产生的秸秆等含有丰富的生物质能，可以用来制成沼气。因此，可以考

— 225 —

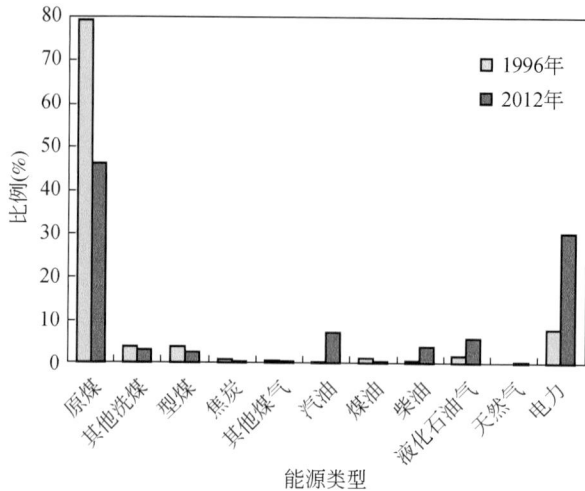

图 7-4　全国农村家庭直接能源消费结构变化情况（1996～2012 年）

虑用沼气或液化石油气等二次能源替代原煤，以减少家庭对煤炭的依赖。

其次，可以充分利用太阳能替代部分原煤等传统燃料。太阳灶作为一种简易而又新型的器具利用光学原理将太阳能资源转换成热能而被广泛利用。随着国家加大对农村地区太阳灶的扶持力度，太阳灶在农村地区得到了迅速发展，其数量从 2001 年的 40 万台增加到 2010 年的 170 万台，年平均增长率为 19.8%，甚至在 2006 年和 2007 年，增长率高达 25% 以上（邹晓霞等，2010）。太阳能的推广使用，直接减少了煤炭、电能等能源的消耗，取得较好的节能减排效果。

此外，在风能、地热能和潮汐能等可再生能源丰富的地区，可以充分利用这些可再生能源。例如，在我国内蒙古等风力资源丰富的地区，可使用风能发电替代煤炭的使用；在藏南、滇西和川西等地区，可以利用丰富的地热资源发电；对于沿海地区，可以开发潮汐能发电以供家庭炊事、家用电器用电。当然，提高可再生能源发电的稳定性、蓄电池的性能等，是确保可再生能源发电供农村家庭使用的前提。

总之，在城市化快速发展阶段，家庭对直接能源的需求呈刚性增长，是实现家庭节能减排应重点关注的领域。需要从数量和结构两方面入手，并结合城乡以及不同区域的特征，充分挖掘能源潜能、优化能源消费结构，以减少化石燃料等常规能源的使用，并降低家庭 CO_2 排放。

7.2 家庭间接能源消费和碳排放的减少途径

如第 1 章所述，家庭间接能源消费和 CO_2 排放是由于家庭消费非能源商品和服务而间接引起的。随着城市化的发展，居民生活水平逐步提升，人们对于非能源商品的消费必然会增加，间接消费的能源以及 CO_2 排放也会随之增长。第 3 章研究表明，1996 年以来，我国家庭间接能源消费总量年均增速为 2%，相应地，家庭间接 CO_2 排放总量年均增速为 3%。可见，与家庭直接能源消费和 CO_2 排放总量的增长相比，家庭间接能源消费和 CO_2 排放总量的增长相对缓慢。原因在于，在城市化发展的初期以及中期阶段，家庭对直接能源需求呈刚性，而对间接能源消费呈弹性需求。

然而，发达国家的经验表明，随着城市化发展进入后期阶段，家庭的消费水平进一步攀升，家庭对直接能源的需求增长将放缓，而对间接能源需求会不断增长，需求弹性也更大。也就是说，虽然目前对于正处于城市化中期阶段的中国而言，家庭直接能源消费和 CO_2 排放总量的增长更快，但是对于未来而言，间接能源消费和 CO_2 排放总量会增大（如第 3 章、第 4 章和第 6 章所述）。

而且城市化发展进入后期阶段以后，间接能源消费和 CO_2 排放将成为增长的主力，这在北京等城市化水平发达的区域已经非常明显，绝大部分的人口都集中在城镇，城镇家庭的人均能源消费和 CO_2 排放中，70% 以上是间接消费和排放，因此城镇家庭节能减碳的重点应放在间接能源消费及其 CO_2 排放上，而这在实践中往往容易被忽略。很多人以为，节能减碳就是减少家庭里直接消耗的每一度电、每一方气，其实对任何产品消费的节约，都是在间接地节能减碳，尤其是减少对高耗能产品的消费，会对减少间接能源及其 CO_2 排放做出重要贡献（李艳梅等，2014）。

家庭节能减排不能忽视间接消费领域，尤其是城镇地区尤为重要。首先要提倡节约型的消费模式，减少不必要的消费，是减少间接能源消费及 CO_2 排放的重要途径；其次可以通过优化产业部门的产出结构和提高能源效率，减少生产过程的能源消耗，进而减少家庭产品消费过程中所间接引致的能源消费和 CO_2 排放。

7.2.1 提倡家庭部门选择节约低碳型的消费模式

随着城市化的不断发展，居民的收入及消费水平不断提升，居民消费量和消费结构都在随之变化。如第 3 章所述，家庭对非能源商品和服务呈弹性需求。随着收入水平的提高，农村居民主要是在满足生活基本需求方面增加消费量，多余收入大部分用于储蓄。而城镇居民物质需求基本得到满足后，在精神需求方面的消费具有较大的增长潜力。所以根据城乡家庭消费的不同特征，剖析其节能减排路径（如第 5 章所述）。

7.2.1.1　城镇家庭节约型消费模式

随着城市化的快速发展，我国城镇家庭消费支出总量和结构发生了较明显的变化。2000 年，城镇家庭消费支出总量为 30 707 亿元，2012 年增长到 129 987 亿元，是 2000 年的 4 倍左右。从对部门产品的消费状况来看，2000 年以来，我国城镇家庭对农业部门产品的消费量基本稳定，对工业部门产品和服务业部门产品的消费量大幅增加，尤其是服务业部门产品，消费量超过工业部门（图 7-5）。可见，我国城镇家庭消费支出结构逐步得到优化。

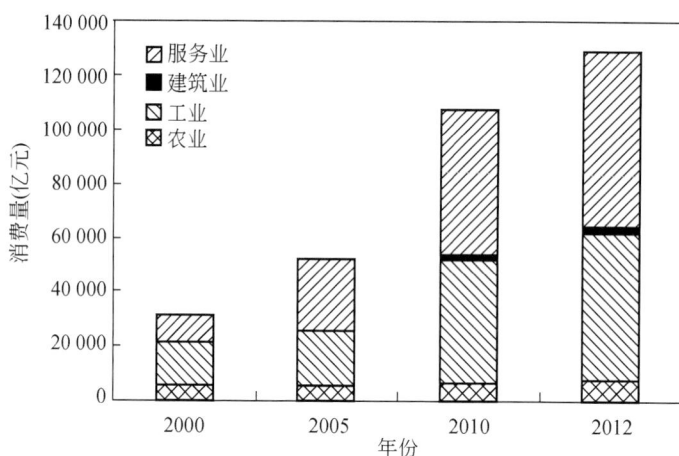

图 7-5　全国城镇家庭对部门产品的消费支出（2000~2012 年）

然而，城镇高收入群体往往存在过度消费现象。收入的"马太效应"导致居民贫富差距越来越大，高收入群体越来越追求精神方面的满足，出现超前消费或炫耀性消费现象，如购买豪华轿车、大面积豪宅以及华丽包装商品等，这些商品的消费浪费掉大量的能源。因此改善城镇高收入家庭的过度消费模式，是减少我国家庭间接能源消费与 CO_2 排放的重要途径。

首先，需要改良奢侈消费的社会风气，树立正确的消费观。高收入群体消费奢侈品多是满足虚荣心，展示成功形象。需要培养合理消费文化，逐步改善社会的奢侈之风，引导人们发扬节约的传统美德，树立正确的价值观和消费观。

其次，需要将适度消费纳入保障体系。在借鉴国外典型发达国家经验的基础上，完善我国家庭消费方面的法律体系，实施有效监督与约束，促进城镇高收入家庭节能减排。

7.2.1.2 农村家庭低碳型消费模式

同样，我国农村家庭的消费数量和结构也随着城市化的发展而变化。2000年，我国农村家庭消费支出总量为 15 147 亿元，2012 年增长到 38 970 亿元，是2000 年的 2.5 倍。从消费支出的部门来源来看，我国农村家庭对农业部门的消费量增长缓慢；对工业部门和服务业部门产品的消费呈较快的增加趋势，其中对工业部门产品的消费量最高（图 7-6）。

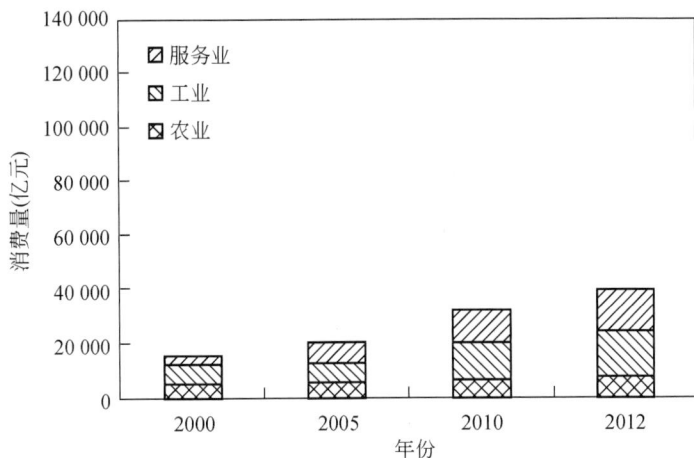

图 7-6 全国农村家庭对部门产品的消费支出（2000～2012 年）

可见，我国农村家庭消费支出量远远小于城镇，并且对工业部门产品的消费比例最高，消费结构不如城镇优化。因此，减少我国农村家庭间接能源消费与CO_2排放的主要途径是引导居民进行低碳消费。

对于农村居民，需要加强宣传教育，引导其树立低碳消费观念。目前，农村居民主要是对食品、住房等基本用品的需求弹性较大。因此，引导居民树立节能减排意识，运用经济手段激励居民购买绿色食品、修建节能低碳房屋等，是减少农村家庭间接消费与 CO_2 排放的重要途径。

7.2.2 优化产业部门的结构和提高能源利用效率

7.2.2.1 降低高能耗产业部门比重

我国正处于工业化的中期，重工业是拉动经济发展的主导产业。2013 年，我国 GDP 近 60 万亿元，其中制造业占 30%，明显高于其他产业（图 7-7）。随着城市化和工业化的快速发展，钢铁、水泥和化学材料等高耗能产品的需求量不断增加，导致金属、建筑材料以及化学工业等高耗能产业规模不断扩大。因而，减少家庭间接能源消费与 CO_2 排放量，需要进一步优化产业结构，降低高能耗产业部门的比重。

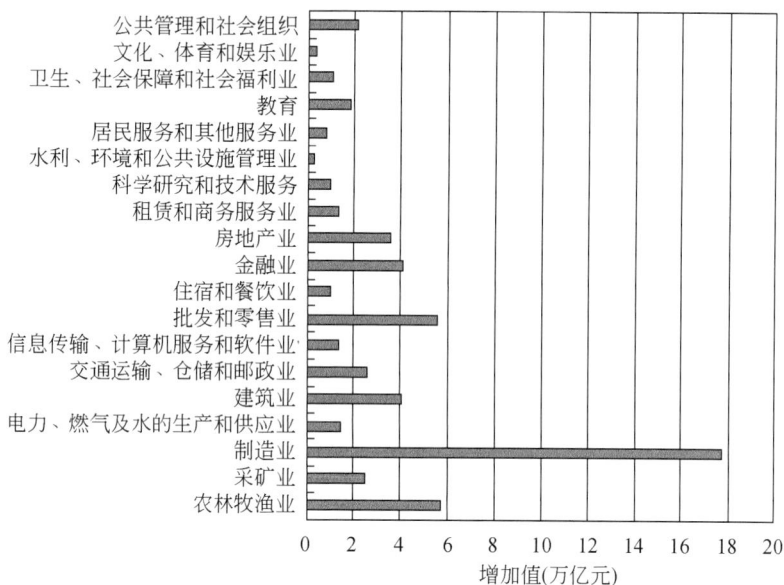

图 7-7 全国各产业部门增加值（2013 年）

资料来源：《中国统计年鉴 2015》

首先，要根据区域发展优势，合理布局产业，调整产业发展规模。我国东部地区经济发达，而中西部地区经济发展水平相对落后，尤其是第二产业发展薄弱。因此，在产业布局上，东部沿海地区可以加大服务业发展规模，提升服务业比例。中西部地区可以利用劳动力、资源禀赋方面的优势来发展相应的工业。而对于西藏等生态系统脆弱的地区，要注重保护原始生态环境，可以发展以旅游业为主的第三产业。

其次，限制高能耗、高污染产业的发展。高能耗、高污染产业不仅消耗大量的资源，而且造成较大的环境负担，对于资源、环境形势严峻的地区，如北京而言，已经不适合发展这类产业。政府部门应该严加监督管理这类产业，提高产业的准入门槛，淘汰技术落后的中小规模企业，并对排放超标企业加大监管和处罚力度，以促进节能减排的落实。

7.2.2.2 提高产业部门的能源效率

家庭间接能源消费和 CO_2 排放量由生产其需求品的部门能源消耗情况决定，因此提高产业部门的能源效率，降低各产业部门的能源消费与 CO_2 排放强度是减少家庭间接能源消费与 CO_2 排放的重要途径。我国经济一直以粗放的方式发展，以消耗大量的资源为代价。2010 年，我国 GDP 超过日本成为第二大经济体，但能源强度却是日本的 5 倍；GDP 刚刚达到美国的 1/3，而 CO_2 排放量早在 2007 年就超过了美国（朱永彬和王铮，2014）。因此，降低产业部门的能源消费强度和 CO_2 排放强度，是家庭部门节能减排的重要途径之一。

1996 年，我国各产业部门中，能源消耗强度较大的部门有建筑材料及其他非金属矿物制品业（S7）、运输邮电业（S13）、金属产品制造业（S8）和化学工业（S6），能源消耗强度均在 0.1kgce/元以上。2012 年，各产业部门的能源效率均有所提高，能源消耗强度均不足 0.05kgce/元，其中，S8、S7、S13 部门的能源消耗强度仍高于其他部门（图 7-8）。

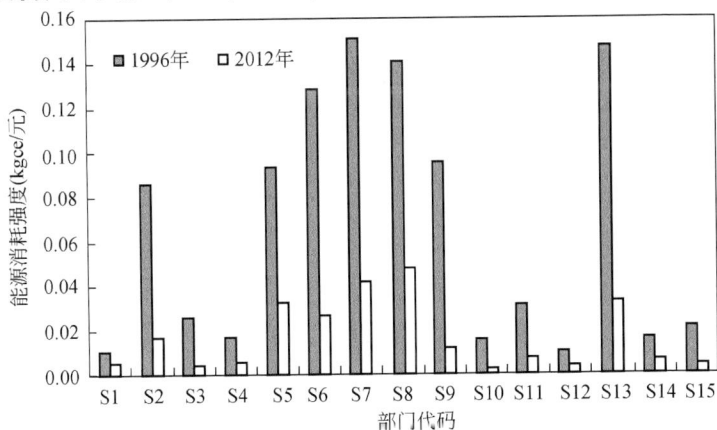

图 7-8 全国各产业部门的能源消耗强度（1996~2012 年）

注：横轴代码代表部门同表 1-4

相应地，1996 年我国各产业部门中，CO_2 排放强度较高的部门有金属产品制造业（S8）、建筑材料及其他非金属矿物制品业（S7）、机械设备制造业（S9）、化学工业（S6）以及运输邮电业（S13），其 CO_2 排放强度均在 0.3kg/元以上。2012 年，我国各产业部门的 CO_2 排放强度均有所降低，CO_2 排放强度均不足 0.2kg/元，其中，S8、S7、S6、S13、S9 的 CO_2 排放强度仍高于其他部门（图 7-9）。

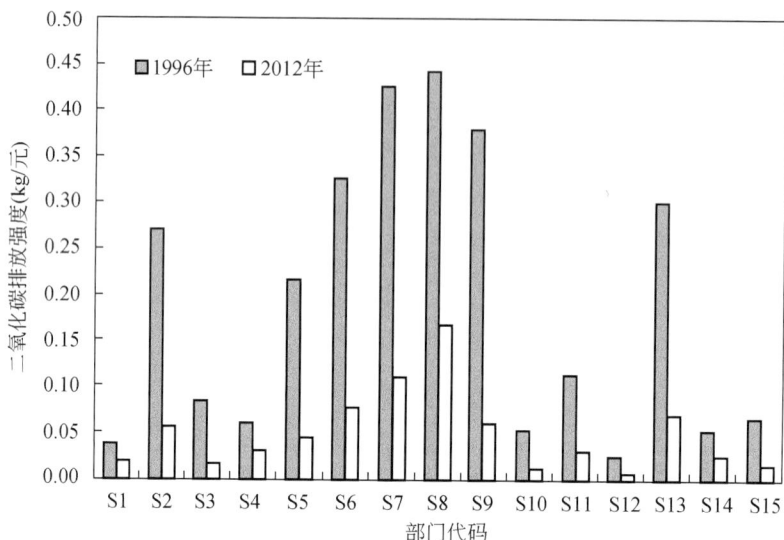

图 7-9　全国各产业部门的 CO_2 排放强度（1996～2012 年）

注：横轴代码代表部门同表 1-4

综合来看，金属产品制造业（S8）、建筑材料及其他非金属矿物制品业（S7）和运输邮电业（S13）的能源消费强度和 CO_2 排放强度均较高，而化学工业（S6）以及机械设备制造业（S9）的 CO_2 排放强度较高。因此，提高我国产业部门能源效率的重心在于提高这些高能耗、高碳化部门的技术水平。

首先，要注重生产技术的升级、改造。由于受产业发展基础薄弱等历史因素的影响，我国原有产业生产工艺落后，能源利用效率低下。通过提升我国高能耗、高碳化部门，尤其是中西部地区这些部门的生产技术，可以改造落后的生产线，促进集约化生产，以降低单位产值的能源消费强度，同时降低 CO_2 排放量。

其次，鉴于我国各地区产业部门的发展水平存在较大差异，可以实施产业转移战略，以提高产业的能源效率。例如，我国珠三角地区大量能源消耗型企业借助 2008 年的国际金融危机，加速转移到东南亚国家，另有部分转移到了广西的西北等地，从而提高了珠三角地区产业的能源效率。

最后，可以推进工业园区建设，通过产业协同发展来降低能源消耗强度和CO_2排放强度。例如，丹麦的卡伦堡工业园区在提高产业部门的能源效率方面取得显著的成效。

7.3 小 结

家庭部门能源消费与CO_2排放已成为我国节能减排的重要领域，本章在前面章节研究的基础上，结合城乡差异与区域特征，提出家庭直接能源消费与CO_2排放、家庭间接能源消费与CO_2排放的减少途径。

首先，减少家庭直接能源消费与CO_2排放是促进我国家庭部门节能减排的重点所在，结合其在城市化发展过程中的变化特征，提出家庭直接能源消费与CO_2排放的减少应从减少家庭直接能源消费总量和优化家庭直接能源消费结构两方面入手。第一，根据城乡消费的差异，提出城镇家庭重点从提倡节约用电以及减少交通对汽油的消耗两方面进行节能减排；农村家庭主要从减少炊事和取暖对煤炭的依赖以及阶梯定价减少电力消耗两方面进行节能减排。第二，结合城乡能源消费与CO_2排放的结构差异，提出优化城镇家庭直接能源消费结构的途径，可从推广天然气的使用并优化交通燃料着手；优化农村家庭直接能源消费结构的主要途径是增加清洁能源的使用，包括液化石油气和沼气等二次能源以及可再生能源的使用。

其次，虽然对于正处于城市化发展中期阶段的中国而言，家庭间接能源消费与CO_2排放总量的增速略慢于直接能源消费与CO_2排放总量，但是间接部分的总量更大，并且更具有增长的潜力。所以家庭节能减排活动除了关注直接能源消费与CO_2排放之外，也同样不能忽视间接能源消费与CO_2排放领域，这在城市化水平高度发达的区域尤为重要。一方面，要提倡节约低碳型的消费模式，城镇要关注如何减少高收入家庭的奢侈型消费；农村家庭要注重在饮食、住房等领域提倡低碳型消费。另一方面，要优化产业部门的产出结构和提高能源效率，减少生产过程的能源消耗，进而减少家庭产品消费过程中所间接引致的能源消费和CO_2排放。一是根据区域发展差异合理布局产业类型和规模，并发挥政府作用限制高能耗、高污染产业的发展来降低高耗能产业部门比重；二是通过生产技术的提升、实施产业转移战略、推进工业园区建设等途径提高能源效率。

第8章 中国城市化发展进程中家庭节能减排政策措施

第 7 章结合城市化发展进程中，家庭能源消费和碳排放的特征，以及城乡、区域之间的差异，对家庭能源消费和碳排放的减少途径进行了梳理。家庭节能减排目标的实现，不仅需要明确具体路径，还需要政府制定相应的政策措施给予保障。因此，在详细分析了城市化对家庭能源消费和碳排放的影响机理、影响效应、城乡差异、变化预测，以及节能减排的具体路径基础上，本章尝试从政策措施方面入手，借鉴已进入城市化后期的发达国家的家庭节能减排政策手段，提出中国城市化发展进程中家庭节能减排的政策建议，以期为节能减排目标的实现提供相应的政策保障。

8.1 城市化后期国家政策借鉴

由于西方国家，尤其是西欧和北美、日本等发达国家和地区工业化起步较早，经济发展带来的大量能源消费和碳排放已引起普遍关注。各国积极出台节能减排政策措施以应对能源危机和全球气候变化，签署《京都议定书》，做出减排承诺，制定法律、条例、强制性标准等。例如，英国最早提出了"低碳"概念，并在 2003 年的能源白皮书中提出了到 2050 年温室气体排放减少 60% 的目标；美国颁布《能源政策法》《国家电器节能法》等法律条例，约束能源消费；日本对节能技术开发、节能设备推广和示范项目实行财政补贴，并给予低息贷款、税收减免等支持；欧盟委员会颁布欧盟统一能效标识法规，制定最低能效标准，规定家用电器能耗、建筑物能耗、取暖制冷能耗等强制性标准，约束能源消费，促进节能减排。

随着经济社会发展，欧洲、北美、日本等发达国家已进入城市化后期阶段，城市化水平的不断提高不仅带来了居民收入和消费水平的提高，也加速了家庭能源消费和碳排放的增长。如前文所述，在发达国家城市化的进程中，家庭部门的能源消费和碳排放在整个能源消费体系中的比重越来越高，并成为仅次于工业部门的第二大能源消费主体，甚至欧盟一些国家的家庭能源消费已超过了工业部门。因此，发达国家对于家庭消费的节能减排关注较早，并在理论研究和政策实践中做出了诸多探索，形成了较为完整和成熟的机制，可为我国家庭节能减排政策机制的构建提供有益的经验借鉴。

8.1.1 英国家庭节能减排政策措施

英国是世界上最早推进城市化的国家，也是最早实现城市化的国家。大规模的城市化开始于 18 世纪中叶的工业革命，城市化率由 1700 年的 17% 增加至 1801 年的33%。工业革命使得英国的小城镇迅速发展为大城市，到 20 世纪 20 年代英国城市化率已超过 70%（图 8-1），基本实现城市化。超过 200 年的城市化历程使得英国经历过发达国家城市化进程中的所有现象，并在工业化以及城市化的快速发展进程中，出现了严重的生态环境问题。日益严重的资源消耗和环境污染给英国敲响了警钟，也使其较早地意识到家庭部门的能源消费和碳排放对生态环境的影响，并陆续采取了一系列政策措施推进家庭部门的节能减排。

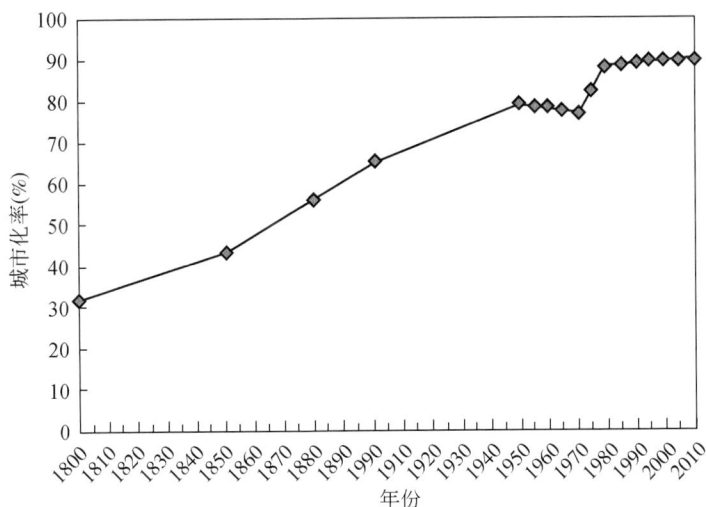

图 8-1　英国城市化进程

资料来源：World Urbanization Prospect：the 2011 Revision

8.1.1.1　法律、标准等强制政策

为实现节能减排，从 19 世纪晚期起，英国政府便已陆续推行了一些包括食品标准、环境卫生、资源和能源节约利用等方面的社会立法。在家庭节能减排方面，英国于 1995 年颁布实施了《家庭节能法》，以立法的形式对家庭的能源消费进行调控，并对能源浪费行为给予惩罚。2003 年英国发布《能源白皮书》，提出加强房屋保暖、改善供暖系统等措施，提高家庭能源利用效率。2006 年英国修订建筑节能标准，不断提高建筑物的最低能效标准，规定新建筑必须安装节能节水设施，使其能耗降低 40%（张通，2008）。2007 年的《应对能源挑战：能源白皮书》提出建立住宅建筑能源效率认证制度，旨在提高住宅兴建、租售、抵押等过程的能源利用效率，促进家庭节能减排。2009 年《英国低碳转变计划》白皮书提出了家庭碳排放量的减排目标，明确指出：到 2020 年，家庭、社区碳排放量较 2008 年减少 29%。并且给出了电力、重工业以及交通运输等方面的碳减排目标，即分别减少 22% 和 14%。

上述针对家庭或其他部门的法律、法规、标准等强制性节能减排条例，对于英国家庭直接和间接能源消费和碳排放具有一定的约束力，能够促进家庭部门的节能减排。

8.1.1.2　补贴、免税等财税政策

相较于强制性的立法等约束政策，对节能项目、行为等给予补贴或减免税收等经济手段，是城市化后期国家引导居民能源消费的主要政策工具。英国便采取了一系列财税政策促进家庭部门的节能减排。首先在补贴方面，英国为鼓励可再生能源的使用，出台"可再生能源电力强制收购补助计划""可再生能源供暖补贴"等政策，对使用小于 5MW 的小型太阳能发电系统的家庭用户，给予每年 900 英镑的补贴，补贴年限为 10～25 年；并以类似补贴电价的形式，为采用可再生能源采暖的家庭提供平均 1000 英镑的补贴。此外，还对购买绿色节能住宅、车辆的家庭给予减免税及直接补贴的优惠（宋晓晶，2012）。对购买电动车和小排量汽车的消费者给予免税鼓励，而对大型汽车和重污染的汽车用户则加倍征税（朱红琼，2009）。

此外，英国还设立了碳基金、能源效率基金等节能基金，以向社会公众所征集的各种税费为资金来源，用于提供家庭或企业节能减排行为的补贴等，以促进

家庭部门的节能减排。

8.1.2 日本家庭节能减排政策措施

日本作为世界发达国家之一，相较于英国，其城市化的发展起步较晚，1920年时的城市化率还不足20%（图8-2）。20世纪30~40年代，军事预算的增加促使了日本战略性产业的发展，城市人口增加；此后由于战争对城市的破坏，日本城市人口下降，城市化率不增反降。第二次世界大战后，日本的城市化进入快速发展阶段，1970年日本城市化率已达到72.1%，并基本达到饱和，随后的30年基本维持该城市化水平（沈悦，2004）。

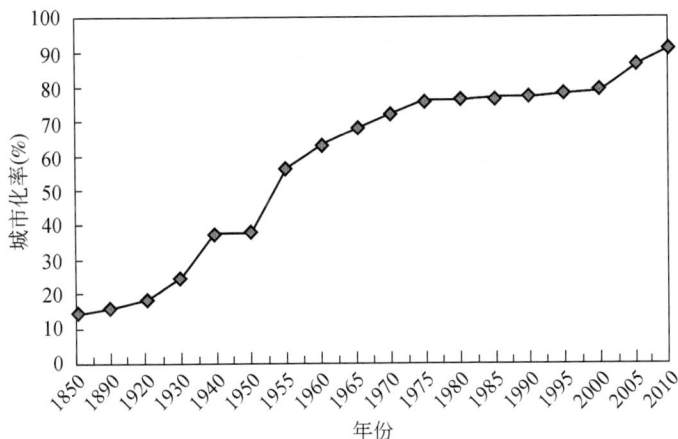

图 8-2　日本城市化历史进程

资料来源：World Urbanization Prospect：the 2011 Revision

日本由于其自身自然资源的匮乏，对节约能源十分重视，尤其是民众具有较强的节能环保意识，人均能源消费量在发达国家中处于较低水平，这与日本政府的一系列节能减排政策密切相关。

8.1.2.1　法律政策

日本在节能减排、资源循环利用等方面走在世界的前列，对节能环保方面的法律制度建设和政策引导十分重视，形成了行之有效的污染防控、资源循环再利用和节能促进体系。与居民家庭节能减排相关的法律包括《合理用能及再生资源利用法》《家用电器回收法》《食品回收法》《绿色采购法》等，对居民的家庭日常消费行为进行引导，以资源的回收、再生利用为减少家庭能源消费的重要途径。日本还具有严格的节能标准和能效标识制度，对汽车、家电等产品建立能耗最优标准制度，商家需向消费者提供产品的节能标识和节能信息，能耗标准必须达到或优于市场上能源利用效率最高同类商品的能耗水平，未达标企业将分别受到劝告、公布、命令和罚款等处罚（栾春玉，2012）。

8.1.2.2　财税政策

日本也积极出台财政补贴、税费减免等激励政策，鼓励家庭的节能减排行为。与居民的家庭消费直接相关的政策包括：给予电动汽车的购买者和租赁企业与普通汽车价格之差 50% 的补贴，并提供低息贷款和减税等优惠；对安装太阳能设备的用户发放补贴；对家庭住宅建设提供节能补贴；对购买节能环保家电的消费者实施"环保积分制度"，所获"环保积分"可用于兑换消费券等（宋晓晶，2012；朱红琼，2009）。

另外，日本的多项政策对于家庭间接能源消费和碳排放减少起到了促进作用。例如，对于一些重要的节能技术开发、节能设备推广和示范项目实行财政补贴，对企业投资安装节能设备和节能技术开发项目的节能投资企业给予低息优惠贷款，以鼓励节能项目和产品的推广应用；对于企业和家庭引进高效热水器给予固定金额的补助，对于住宅、建筑物引进高效能源系统给予其总投资 1/3 的补助等（邵冰，2010）。

8.1.2.3　宣传教育

日本民众的节能环保意识普遍较高，这与日本在节能减排、低碳环保等方面的宣传教育密不可分。政府通过宣传教育节能环保理念、知识、方法等，培养居民的节能环保意识，同时居民节能环保意识的形成促进了政策法规条例更好地贯彻执行。在实施有效可行的政策法案的同时，日本政府通过电视、网络、刊物等媒体宣传，并举办各类讲座向民众普及节能减排知识，使政策法案深入人心，增强市民的环保意识。

在法律、财税、宣传教育等政策手段的共同作用下，日本作为世界上城市化水平极高的国家之一，其能源消费和碳排放的总量和人均量在发达国家中均处于较低水平，节能减排效果得到世界的认可。节能减排的相关政策措施也值得借鉴。

8.1.3　美国家庭节能减排政策措施

美国作为世界的超级大国，也是高度城市化的国家之一。以工业化为初始动力的美国城市化发展进程，也经历了不同阶段。1830年以前，美国以农业生产为主，城市数量少、城市规模小；1830～1920年，大量移民的涌入以及现代工业的兴起，使得美国的城市化发展迅猛，1920年时，美国的城市人口超过农村人口，城市化率达到51.2%；此后，美国逐渐实现了高度的城市化，城市化的速度也有所放缓，同英国一样，美国的城市化进程中也出现逆城市化现象。截至2010年，美国城市化率达到80%以上，成为世界上城市化水平最高的国家之一（图8-3）。

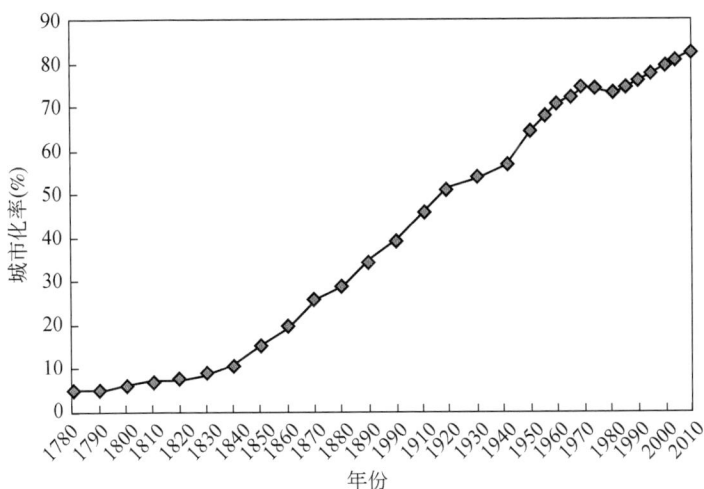

图 8-3　美国城市化进程

资料来源：World Urbanization Prospect：the 2011 Revision

高度城市化背景下的家庭能源消费和碳排放已不容忽视，与英国、日本、德国等其他发达国家相比，美国的人均能源消费和碳排放总量都是最高的。在家庭节能减排领域，美国作为大国，也积极地采取了政策措施，来保障家庭节能减排工作的顺利进行。

8.1.3.1 法律、标准等强制政策

作为全球 CO_2 排放量最大的国家之一，美国如同英国、日本一样，也通过立法、制定能效标准等强制性措施，促进节能减排。20 世纪 70 年代，美国通过立法确定了能效标准和标识的合法地位，并先后实施了强制性能效标准、标识和自愿性认证（即"能源之星"）制度（刘玫和李爱仙，2006）。通过生产厂家的自我执行、第三方认证、同行市场竞争等手段促进能效标准的实施。此外，与家庭节能减排相关的法律、标准等政策还包括《国家家用电器节能法案》、轿车燃料效率标准、最低能效标准等。

8.1.3.2 补贴、免税等财税政策

财税激励政策是美国推进节能减排工作的重要手段，包括现金补贴、税收减免和低息贷款等。与家庭节能减排密切相关的政策包括对购买环保电动车等新型车辆的消费者，根据车速、轻重型、车全重等，给予 1000 ~ 40 000 美元不等的抵税优惠；电动汽车还可享受免收停车费，高速公路养路费、过桥费、关费等优惠。政府通过提供税收减免优惠鼓励家庭住宅更换高耗能设施，如私人取暖设施、空调等；购买太阳能设施也可享受税收减免优惠。此外，美国的各州政府还有各自地方性的优惠政策。例如，2001 年美国加州政府启动的"能源回扣补贴项目"，规定如果家庭当年夏季的耗电量比 2000 年同期降低 20%，则返还当年夏季电费的 20%；对于节能型洗碗机、洗衣机、水加热设备等，还拥有 50 ~ 200 美元的减税额度（朱红琼，2009；黄鑫和陶小马，2008）。

8.1.4 其他国家家庭节能减排政策措施

其他城市化后期国家如法国、德国、加拿大以及欧盟各国，在家庭节能减排方面也有诸多值得借鉴的政策措施。总体来说，各国的节能减排政策大同小异，主要集中在财政补贴、税费政策以及法规标准等方面。表 8-1 列举了除英国、日本、美国外，其他已进入城市化后期的国家，在家庭节能减排方面具有代表性的政策措施，以供参考借鉴。

表 8-1　其他发达国家家庭节能减排政策措施

政策类型	国家	政策内容
财政补贴政策	比利时	发放节能购物券、对选择自行车出行的居民给予补贴
	瑞典	购买环保型汽车的消费者享受免税待遇
	法国	购买清洁汽车等节能产品实施免税政策，对低收入家庭的节能行为提供补贴
	荷兰	对购买能效标识为 A 级的冰箱用户，每台冰箱补贴 100 欧元
税费政策	瑞典	家庭使用非可再生能源加征碳税
	德国	对汽车燃料、天然气、电能征收能源税，同时开征 CO_2 税
	法国	对高污染的大型车辆则征收双倍行车执照费
法规标准	匈牙利	法律规定冬季白天气温低于 16℃进行供暖
	德国	颁布《家庭使用可再生能源补助计划》《建筑物节能法家》《机动车辆税法》《节能标识法》《节能电器法案》等

8.2　中国家庭节能减排政策建议

通过上述对英国、日本、美国三个代表性国家，以及其他国家的家庭节能减排政策的梳理，可以发现，上述政策措施可以概括为激励性政策和约束性政策两大类。激励政策工具主要通过改变能源消费行为的经济收益和经济成本来，促使行为主体主动向节约能源、清洁高效使用能源的方向努力，使环境的外部成本内部化，从而达到改变行为和修正行为的政策目标（芈凌云，2011）。激励机制主要通过补贴、税收价格优惠等经济手段实现，一方面，可以弥补家庭效益；另一方面，能够降低家庭成本，让节能减排的家庭成本与收益对等，体现家庭节能减排的社会价值。除激励政策外，约束政策与激励政策相呼应，共同构筑起家庭节能减排的政策屏障。约束政策不仅包括法律、条例、标准等强制性政策，还包括增加税费等约束性措施。故此借鉴已进入城市化后期的发达国家的家庭节能减排政策经验，结合中国的实际情况，从激励和约束两方面提出我国城市化发展进程中家庭的节能减排政策建议。

8.2.1　中国家庭节能减排的激励政策

激励政策包括财政补贴、价格补贴、税费减免、信贷支持等，实施对象涵盖个人消费者、家庭部门以及生产销售企业等，从直接和间接两方面促进家庭部门的节能减排。由于中国的城市化水平还偏低，且存在区域上的差异，因此激励政策的制定不能一刀切，应充分结合我国的城乡、区域间的不平衡发展特征，"因地制宜"地制定激励政策，保障家庭节能减排措施的实施。

8.2.1.1 城镇家庭节能减排的激励政策

由第 3 章的分析可知，中国城市化发展在区域层面上存在着显著的差异，东部区域最高，东北次之，中部区域和西部区域的城市化水平则低于全国水平。如第 2 章所述，高城市化水平地区的家庭能源消费和 CO_2 排放，在城镇高度集聚，所以家庭节能减排的激励政策，在高城市化水平地区应重点针对城镇地区。

（1）鼓励选乘公共交通工具，增加新能源汽车购买补贴

对东部地区的北京、天津、上海等城市化发展较快的地区，家庭节能减排的重点在于减少家用汽车的能源消费和碳排放。因此，保障节能减排的激励政策可从以下两方面考虑：第一，提供免费公共自行车，并加大公交、地铁等公共交通的优惠力度。例如，可对公共交通消费满一定额度的消费者给予奖励，以返现、奖品、免费乘车等方式激励民众选乘公共交通。第二，扩大电力、天然气等新能源汽车的"特权"。对于新能源汽车的推广，要在现有补贴的基础上，继续加大优惠力度，如新能源汽车可享受免费充电、免费停车、减免高速养护费、优先选择车牌号等"特权"，鼓励消费者购买新能源汽车，以减少石油消耗。

（2）鼓励使用节能产品，增加节能建筑补贴

高城市化水平地区的另一节能减排重点领域为取暖制冷的能源消费和碳排放。因此，针对北方地区城镇冬季取暖和全国夏季制冷能耗的减少途径，提出以下激励政策：第一，高城市化水平地区的电视、洗衣机、空调等家庭耐用品已基本达到饱和，但节能家电比例仍有提升空间，并且价格补贴对于高城市化水平地区的家庭吸引力不大。针对城镇居民对销售服务要求高的特点，为更换节能家电的家庭提供免费送货、免费安装、免费修理、高价回收旧家电等优质服务，是扩大城镇家庭节能家电比例的重要激励政策。第二，北方地区冬季取暖必不可少，除使用节能设备，增加能源效率等措施外，还可通过增加建筑保暖性能而减少热能供应。因此，对有助于提高建筑节能效果的产品进行补贴，如外墙保温材料、

隔热材料等，鼓励家庭、建筑商提高房屋的保温性能，促进节能减排。

8.2.1.2　农村家庭节能减排的激励政策

如第 2 章所述，中低城市化水平地区的家庭能源消费和 CO_2 排放，更多地集中在农村地区，所以家庭节能减排的激励政策，在中低城市化水平地区应更多地关注农村地区。我国农村人口众多，山区面积广大，农村及欠发达地区的家庭节能减排重点在于节能家电的推广，以及电力、液化石油气等能源对传统能源的替代。激励政策对于收入水平不高，对价格较为敏感的农村家庭具有良好效果。

首先，继续推进节能家电下乡、以旧换新、以物换物等活动，并保持节能家电的补贴优惠力度；对于西部及偏远的贫困山区，可采取免费更换节能灯、免费赠送节能家电等政策，在低能耗水平下提高农村家庭生活品质。其次，加大对农村使用太阳能、液化石油气、沼气等能源的补贴力度，优化农村能源结构。例如，对安装太阳能热水器、太阳灶等的家庭给予补贴、价格优惠或无/低息贷款补助；免费帮助农村家庭建造沼气利用工程，并提供免费（或少收费）维修服务；降低农村家庭电价、液化石油气价格，鼓励以电代煤、以气代煤，减少煤炭消费。

总之，激励政策要根据城乡、地域的城市化差异，合理制定。针对不同地区家庭可以制定不同的财政补贴政策，如东部沿海地区家庭收入水平较高，而中西部地区家庭收入水平相对较低，那么给予中西部地区家庭财政补贴的力度就要大于东部沿海地区。同时，还应对生产、销售清洁能源、环保产品的产业部门采取财政补贴、税收减免等措施，激励产业部门继续为家庭生活提供清洁环保能源产品，从而减少家庭间接能源消耗和 CO_2 排放。

8.2.2　中国家庭节能减排的约束政策

借鉴城市化后期国家家庭节能减排的政策措施，除上述激励政策外，约束政策也必不可少。约束不仅可以通过法律、法规、标准等强制性的政策手段来实现，还可以通过良好的社会意识、习惯等道德约束手段来实现。因此，在中国家庭碳排放市场经济体制不健全，法律体系不完善，各项市场机制、调控机制欠缺，家庭节能减排意识淡化等背景下，为约束家庭的高能源消耗、高碳排放行为，十分有必要从完善法律法规、健全财税政策、提高节能意识等方面，约束家庭节能减排行为。

8.2.2.1　法律约束

首先，要完善环保、节能类法律法规，以及强制性的命令、标准等。虽然我国已颁布出台许多能源政策、低碳政策和环保政策等，如《节约能源管理暂行条例》、《中国节能技术政策大纲》和《节约能源法》等法律，但这些法律主要是针对工业、建筑、交通等方面的企业和团体节能，对家庭能源消费的减少作用是间接的。目前尚缺乏专门针对家庭能源消费和低碳消费方面的法律法规、引导政策等，以减少家庭直接能源消费和碳排放。因此，可借鉴英国的《家庭节能法》，制定适合我国城市居民的家庭低碳节能法规，引导其适度合理地消费能源，并对违规者采取一定的处罚措施，以起到约束的作用。

其次，还应制定一些明确的标准和规范，加强产品能效标识的管理工作，规范节能产品的认证与监管，实施产品节能分级标签制度。例如，通过制定强制性规定或规范，要求耗能产品的生产企业在产品的销售包装上对产品的能效水平予以明确标识，建立产品节能等级评定和认证制度，强制性要求企业在产品的销售包装上明示产品在节能水平上的效能和等级，让消费者在购买选择时对产品的节能性能和节能等级有明确的认知和信息掌握，弥补消费者对信息掌握的不足，从而引导消费者的节能消费行为。

8.2.2.2　经济约束

经济手段除补贴、减免税费等激励政策外，还可以通过限制性金融条款、征收消费税等手段，来起到约束家庭高能源消耗、高碳排放行为的作用。我国当前还没有开征家庭碳税，因而要尽早出台碳税征收条文。并且中国可借鉴外国成功的税收政策体系，将能源税的类别细化，在增加能源消费税和环境税、开征碳税的基础之上，改革增值税，完善所得税，保证税收策略的两个方面都顺利实施。例如，私家车的增多，使得石油的消耗增多，因此可以改革我国汽车税制：调整汽车消费税的税率和征税范围，加大保有、特别是使用环节的税收比重，以限制大排量汽车的购买和使用。

还可以通过价格手段约束家庭对能源的过度消费。如实施阶梯电价、阶梯气价政策，约束家庭合理用电、用气。农村家庭收入水平不高，对价格的敏感度高，经济约束手段对于农村家庭节能减排应该十分奏效。

8.2.2.3　道德约束

通过加强宣传教育，提高全民意识，形成良好社会风气，以社会常态约束个别浪费能源的行为。例如，可以通过视频短片、报纸等形式对家庭碳排放过多所带来的潜在危害加强宣传，引导家庭成员树立节能减排意识。因为城市家庭人均收入、平均受教育水平相对较高，对节能减排相关的价格政策敏感度不高，所以作为"软条款"的节能减排宣传政策应该更多地应用到城市家庭。可将节能减排作为工作考核的一部分，进而对节能减排意识较为薄弱的人起到一定的宣传教育以及行为约束作用。

综上所述，本章所尝试提出的激励与约束政策，囊括了家庭节能减排的诸多方面，在政策的具体实施过程中，要"因地制宜"，注意城乡之间以及区域之间的差异。

8.3　小　　结

本章在前述几章理论和实证研究的基础上，尝试提出中国城市化快速发展进程中，家庭节能减排的政策措施。选取英国、日本、美国等作为已进入城市化后期的典型国家，梳理其与家庭部门相关的节能减排政策，包括制定法律法规和标准、补贴和免费等财税政策以及宣传教育等。总结起来，可以概括为激励型政策和约束型政策两种手段，所以据此提出中国家庭节能减排的政策建议。

一方面，激励政策以财政补贴、价格优惠、税费减免等手段为主，在城市化水平较高和较低地区的侧重点又不同。对城市化水平较高地区主要关注城镇家庭，侧重对公共交通和新能源汽车的补贴和优惠。对城市化水平较低地区应较多关注农村地区，注重对节能家电和能源价格的补贴和优惠。

另一方面，约束政策通过完善法律法规及能效标准等强制性政策，增加能源消费税及碳税等经济制约政策，以及增强社会意识对家庭行为的道德约束力来实现。当然城乡之间的政策重点也应有所差异，农村地区以经济约束手段为主，城镇地区以法律约束和道德约束手段为主。

参 考 文 献

陈明星，叶超，周义．2011．城市化速度曲线及其政策启示——对诺瑟姆曲线的讨论及发展．地理研究，（30）：1500-1506．

陈明星，叶超．2011．健康城市化：新的发展理念及其政策含义．人文地理，（2）：56-61．

陈彦光，周一星．2005．城市化 Logistic 过程的阶段划分及其空间解释——对 Northam 曲线的修正与发展．经济地理，25（6）：817-822．

大卫·F. 盖茨，尹尊声．2002．中国城市化发展中的能源结构调整//陈甬军中国城市化：实证分析与对策研究．厦门：厦门大学出版社：393-398．

范登堡．1987．城市发展阶段说//城市化与小城镇课题组．国外城市化译文集．北京：中国城市科学研究会

冯俊新．2012．经济发展与空间格局：城市化、经济集聚和地区差异．北京：中国人民大学出版社．

高珮义．2004．中外城市化比较研究．天津：南开大学出版社．

高铁梅．2009．计量经济分析方法与建模：Eviews 应用与实例．第二版．北京：清华大学出版社．

工业化与城市化协调发展研究课题组．2002．工业化与城市化关系的经济学分析．中国社会科学，（2）：44-55．

顾朝林，谭纵波，刘宛，等．2009．气候变化、碳排放与低碳城市规划研究进展．城市规划学刊，（3）：38-45．

国家发展和改革委员会能源研究所课题组．2009．中国 2050 年低碳发展之路：能源需求暨碳排放情景分析．北京：科学出版社．

郭建，董秀梅，孙惠莲．2006．气候变暖与城市化相关互动性分析．生态经济，（8）：130-132，141．

韩智勇，魏一鸣，焦建玲．2004．中国能源消费与经济增长的协整性与因果关系分析．系统工程，（12）：17-21．

郝寿义．2005．中国城市化快速发展期城市规划体系建设．武汉：华中科技大学出版社．

何江宏，陈启明．2006．基于 Markov 链的最优化预测模型及其应用研究．合肥学院学报，3（1）：97-100．

黄升旗．2010．我国城市化发展问题研究．长沙：湖南师范大学出版社．

黄鑫，陶小马．2008．欧美国家节能政策演变趋势及对中国的启示．经济纵横，09：98-100．

简新华，黄锟．2010．中国城市化水平和速度的实证分析与前景预测．经济研究，3：28-38．

姜德昌，夏景才．1989．资本主义现代化比较研究．长春：吉林人民出版社．

姜启源，谢金星，叶俊．2011．数学建模．第四版．北京：高等教育出版社．

李培祥，李诚固．2003．区域产业结构演变与城市化时序阶段分析．经济问题，(1)：4-6．

李嫣怡，刘荣，丁维岱．2013．Eviews 统计分析与应用．第二版．北京：电子工业出版社．

李延庆．2013．中国农村家庭能源消费结构研究．大连：大连理工大学硕士学位论文．

李艳梅，陈豹，杨涛．2014．北京市城乡家庭能源消费与 CO_2 排放差异分析．陕西师范大学学报（自然科学版），42 (2)：88-94．

李艳梅，杨涛．2013．城乡家庭直接能源消费和 CO_2 排放变化的分析与比较．资源科学，35 (1)：115-124．

李艳梅．2007．中国城市化进程中的能源需求及保障研究．北京：北京交通大学博士学位论文．

李艳梅，张雷．2008a．中国城市化发展与重工业扩张的协整分析．经济地理，28 (2)：200-204．

李艳梅，张雷．2008b．中国居民间接生活能源消费的结构分解分析．资源科学，30 (6)：890-895．

梁进社，洪丽璇，蔡建明．2009．中国城市化进程中的能源消费增长——基于分解的 1985 ~ 2006 年间时序比较．自然资源学报，24 (1)：20-29．

林伯强，刘希颖．2010．中国城市化阶段的碳排放：影响因素和减排策略．经济研究，(8)：66-78．

刘玫，李爱仙．2006．国际能效标准实施和监督模式及对我国的启示．中国能源，11：30-33．

刘起运，陈璋，苏汝劼．2011．投入产出分析．第二版．北京：中国人民大学出版社．

刘琰．2010．低碳生态城市——全球气候变化影响下未来城市可持续发展的战略选择．城市发展研究，17 (5)：35-41．

刘耀彬，杨新梅．2011．基于内生经济增长理论的城市化进程中资源环境尾效分析．中国人口·资源与环境，21 (2)：24-30．

刘耀彬．2007．中国城市化与能源消费关系的动态计量分析．财经研究，33 (11)：72-81．

刘易斯·芒福德．2005．城市发展史．倪文彦，宋俊岭译．北京：中国建筑工业出版社．

卢道典，黄金川．2012．从增长到转型——改革开放后珠江三角洲小城镇的发展特征、现实问题与对策．经济地理，32 (9)：22-25．

陆莹莹，赵旭．2008．家庭能源消费研究述评．水电能源科学，26 (1)：187-191．

栾春玉．2012．日本节能环保法律、政策的经验与启示．税务与经济，06：56-59．

马力．2014．后工业化时期中国城市化研究．经济与管理研究，(8)：33-37．

迈克尔·P. 托达罗．1999．经济发展．黄卫平，彭刚译．北京：中国经济出版社．

芈凌云．2011．城市居民低碳化能源消费行为及政策引导研究．北京：中国矿业大学博士学位论文．

仇保兴 . 2005. 中国城市化进程中的城市规划变革 . 上海：同济大学出版社 .

钱纳里，塞尔奎因 . 1989. 发展的格局 . 北京：中国财政经济出版社 .

邵冰 . 2010. 日本低碳经济发展战略及对我国的启示 . 北方经济 ，07：27-28.

沈悦 . 2004. 日本的城市化及对我国的启示 . 现代日本经济 ，01：60-64.

施发启 . 2005. 对我国能源消费弹性系数变化及成因的初步分析 . 统计研究，(5)：8-11.

宋晓晶 . 2012. 发达国家促进节能减排的财税政策及对我国的启示 . 财会研究，22：9-11.

宋永昌，电文辉，王祥荣 . 2000. 城市生态学 . 上海：华东师范大学出版社 .

孙慧宗，李久明 . 2010. 中国城市化与二氧化碳排放量的协整分析 . 人口学刊，(5)：32-38.

索晨霞，杨勇 . 2013. 中国农村能源消费和节能改造关系研究 . 开发研究，(4)：78-81.

汪臻 . 2012. 中国居民消费碳排放的测算及影响因素研究 . 合肥：中国科学技术大学博士学位论文 .

王宝强 . 2014.《欧洲城市对气候变化的适应》报告解读 . 城市规划学刊，(4)：64-70.

王婧，方创琳 . 2011. 城市建设用地增长研究进展与展望 . 地理科学进展，30（11）：1440-1448.

王莉，曲建升，刘莉娜，等 . 2012. 1995~2011 年我国城乡居民家庭碳排放的分析与比较 . 干旱区资源与环境，29（5）：6-11.

王研，石敏俊 . 2009. 中国城镇居民生活消费诱发的完全能源消耗 . 资源科学，31（12）：2093-2100.

西蒙·库兹涅茨 . 1989. 现代经济增长 . 北京：北京经济学院出版社 .

新玉言 . 2013. 国外城镇化：比较研究与经验启示 . 北京：国家行政学院出版社 .

徐和平 . 2000. 美国城市郊区化与城市功能及空间结构的演变 . 城市开发，1：20-22.

徐丽杰 . 2014. 中国城市化对碳排放的影响关系研究 . 宏观经济研究，(6)：63-70，79.

鄢琼伟，陈浩 . 2011. GDP 与能源消费之间的关系研究 . 中国人口、资源与环境，21（7）：13-19.

杨波，朱道才，景治中 . 2006. 城市化的阶段特征与我国城市化道路的选择 . 上海经济研究，(2)：34-39.

杨德平，刘喜华，孙海涛，等 . 2012. 经济预测方法及 MATLAB 实现 . 北京：机械工业出版社 .

叶裕民 . 2001. 中国城市化之路 . 北京：商务印书馆 .

易丹辉 . 2014. 数据分析与 Eviews 应用 . 第二版 . 北京：中国人民大学出版社 .

查建平，唐方方，傅浩 . 2010. 中国直接生活能源碳排放因素分解模型与实证 . 山西财经大学学报，32（9）：9-15.

张成龙，李继峰，张阿玲，等 . 2013. 1997~2007 年中国能源强度变化的因素分解 . 清华大学学报（自然科学版），53（5）：688-693.

张雷.2004.矿产资源开发与国家工业化.北京：商务印书馆.

张守忠，芦少春.2010.黑龙江省城市化进程缓慢发展的动力机制研究.资源开发与市场，26（5）：416-419.

张通.2008.英国政府推行节能减排的主要特点及对我国的启示.中共中央党校学报，01：54-59.

张馨，牛叔文，赵春升，等.2011.中国城市化进程中的居民家庭能源消费及碳排放研究.中国软科学，（9）：65-75.

中国社会科学院经济学部课题组.2007.我国进入工业化中期后半阶段.中国社会科学院院报，（2）：1-6.

周一星.1995.城市地理学.北京：商务印书馆.

朱红琼.2009.国外促进节能减排的财税政策及对我国的启示.经济师，（8）：67-68.

朱勤，魏涛远.2013.居民消费视角下人口城镇化对碳排放的影响.中国人口·资源与环境，23（11）：21-29.

朱永彬，王铮.2014.中国产业结构优化路径与碳排放趋势预测.地理科学进展，（12）：1579-1586.

邹晓霞，万运帆，李玉娥，等.2010.我国农村太阳能资源利用节能减排效果研究.可再生能源，28（3）：93-98.

Biesiot W，Noorman K J. 1999. Energy requirements of household consumption：A case study of the Netherlands. Ecological Economics，28：367-383.

Cai J，Jiang Z G. 2008. Changing of energy consumption patterns from rural households to urban households inChina：An example from Shaanxi Province, China. Renewable and Sustainable Energy Reviews，（12）：1667-1680.

Davis J C，Henderson J V. 2003. Evidence on the political economy of the urbanization process Original Research Article. Journal of Urban Economics，53（1）：98-125.

Dong X Y，Yuan G Q. 2011. China's greenhouse gas emissions' dynamic effects in the process of its urbanization：A perspective from shocks decomposition under long-term constraints. Energy Procedia，（5）：1660-1665.

Eden R，Posner M，Bending R，et al. 1981. Energy economics：Growth, resources and policies. Cambridge：Cambridge University Press.

Framklin M. Fisher，Karl shell，1972. The Pure theory of the national output deflator, New York：Academic Press.

Gates D F，Yin J Z. 2004. Urbanization and energy inChina：Issues and implications//Chen A M，Liu G，Zhang K. Urbanization and Social Welfare in China. Burlington VT：Ashgate Publishing：14-16.

Guan D, Hubacek K, Weber C L, et al. 2008. The drivers of Chinese CO₂ emissions from 1980 to 2030. Global Environmental Change, (18): 626-634.

Henderson J V. 2010. Cities and development. Journal of Regional Science, 50: 515-540.

Herendeen, Robert, Tanaka, et al. 1976. Energy cost of living. Energy, 1 (2): 165-178.

Hiroyuki I M A I. 1997. The Effect of urbanization on energy consumption. the Journal of Population Problems, 53 (2): 43-49.

Jones D W. 1991. How urbanization affects energy- use in developing countries. Energy Policy, 19 (7): 621-630.

Li G Z, Niu S W, Ma L B, et al. 2009. Assessment of environmental and economic costs of rural household energy consumption in Loess Hilly Region, Gansu Province, China. Renewable Energy, (34): 1438-1444.

Li Y M, Zhao J F. 2014. The impact of income on the household energy consumption and behavior— analysis basing on the urban of Beijing. Bio Technology: An Indian Journal, 10 (12): 5836-5843.

Liang Q M, Fan Y, Wei Y M. 2007. Multi-regional input-output model for regional energy requirements and CO₂ emissions in China. Energy Policy, (35): 1685-1700.

Liu Z M, Zhao T. 2015. Contribution of price/expenditure factors of residential energy consumption in China from 1993 to 2011: A decomposition of analysis. Energy conversion and management, (98): 401-410.

Munksgaard J, Pedersen K A, Wien M. 2000. Impact of household consumption on CO₂ emissions. Energy Economics, (22): 423-440.

Northam R M. 1979. Urban Geography. New York: John Wiley & Sons.

Pachauri S, Jiang L W. 2008. The household energy transition in India and China. Energy Policy, (36): 4022-4035.

Pachauri S, Spreng D. 2002. Direct and indirect energy requirements of households in India. Energy Policy, 30 (6): 511-523.

Parikh J, Vibhooti S. 1995. Urbanization, Energy use and greenhouse effects in economic development: Results from a cross- national study of development countries. Global Environmental Change, 5 (2): 87-103.

Park H C, Heo E. 2007. The direct and indirect household energy requirements in the Republic of Korea from 1980 to 2000—an input- output analysis. Energy Policy, 35 (5): 2839-2851.

Perman A S, Perera R, Kumar S. 2008. Understanding energy consumption pattern of households in different urban development forms: A comparative study in Bandung City, Indonesia. Energy Policy, (36): 4287-4297.

参考文献

Poumanyvong P, Kaneko S. 2010. Does urbanization lead to less energy use and lower CO_2 emissions? Across-country analysis. Ecological Economics, (70): 434-444.

Reindersa A H M E, Vringerb K, Blokc K. 2003. The direct and indirect energy requirement of households in the European Union. Energy Policy, 31 (2): 139-153.

Sathaye J, Meyers S. 1985. Energy use in cities of the developing countries. Annual Review Energy, (10): 109-133.

Schurr S H, Netschert R. 1960. Energy in the American Economy. 1850-1975. Baltimore and London: Johns Hopkins University Press.

Shen L, Cheng S K, Gunson A J, et al. 2005. Urbanization, sustainability and the utilization of energy and mineral resources in China. Cities, 22 (4): 287-302.

Shui B, Dowlatabadi H. 2005. Consumer lifestyle approach to US energy use and the related CO_2 emissions. Energy Policy, (33): 197-208.

Smil V. 1994. Energy in World History. Boulder: Westview Press.

United Nations, 2015. World Urbanization Prospects: The 2014 Revision. New York.

Vringer K, Blok K. 1995. The direct and indirect energy requirements of households in the Netherlands. Energy Policy, 23 (10): 893-910.

Wang Q. 2014. Effects of urbanization on energy consumption in China. Energy Policy, (65): 332-339.

Wei Y M, Liu L C, Fan Y, et al. 2007. The impact of lifestyle on energy use and CO_2 emission: An empirical analysis of China's residents. Energy Policy, (35): 247-257.

Yue T, Long R Y, Chen H. 2013. Factors influencing energy-saving behavior urban households in Jiangsu Province. Energy Policy, 62: 665-675.

Yusuf S, Saich T. 2008. China Urbanizes: Consequences, Strategies, and Policies. Washington, D. C. : World Bank.

Zarzoso I, Maruotti A. 2011. The impact of urbanization on CO_2 emissions: evidence from developing countries. Ecological Economics, (70): 1344-1353.

Zhang M, Mu H, Ning Y, et al. 2009. Decomposition of energy-related CO_2 emission over 1991-2006 in China. Ecological Economics, 68 (7): 2122-2128.

Zhang X L, Luo L Z, Skitmore M. 2015. Household carbon emission research: an analytical review of measurement, influencing factors and mitigation prospects. Journal of Cleaner Production, (103): 873-883.